迄今唯一全本 白話正說明朝大歷史

明朝那些事兒

當年明月 著

壹 朱元璋卷

歷史本身很精彩，
歷史可以寫得很好看！

輕鬆讀歷史——《明朝那些事兒》序

歷史離我們太遠。歷史書籍太多。有一句話說：「一部二十四史不知從何說起」，就多少表現了人們面對久遠的歷史和浩瀚史籍時往往會出現的迷茫。

其實，「一部二十四史不知從何說起」這句話，提出了兩方面的問題，一是說史或寫史的人如何說或寫；二是聽史或讀史的人如何聽或讀。自司馬遷的《史記》以來有所謂「二十四史」或「二十五史」，它們是「正史」，一般說是代表官方意志的，寫法有一定的體例；還有各種各樣的私人修史，野史、稗乘、筆記，它們思想的表達相對自由，寫法也多種多樣；至於家傳、族譜、碑銘、方志，也莫不可歸於歷史。而如此眾多的史書，大都是與一般讀者和民眾無緣的。至於那些經過苦心研究產生的學術著作，本來就不是給老百姓看的。百姓也將其視為畏途，根本不看。

那麼，老百姓就不讀歷史了嗎？顯然不是。老百姓，不論識字不識字，幾乎每天都在讀歷史，有他們的父親、母親、爺爺、奶奶說的，有評書裡講的，有戲裡唱的，有連環畫裡畫的，有小說裡寫的，當然，現在還有電視裡演的。一般人從各種各樣的管道獲得了他們的歷史知識和歷史觀念，就這樣一代一代傳下去，懂得了忠奸善惡，明白了做人的道理和匹夫的責任。

歷史學家想要承擔褒貶春秋，以史為鑒的責任，但是他們使用的語言，他們的敘述方式使他們與百姓漸行漸遠。

歷史是如此生動活潑，豐富多彩！為什麼到了史學家手裡就變得枯燥無味了呢？歷史學家就不能把生動活潑的歷史呈現給大眾嗎？是受制於能力、才力，還是受制於觀念？

其實，古代史官們不是一開始就這樣的，我們至今還可以從古老的《尚書》中讀到當時人的音容笑貌，從《左傳》中讀到生動的故事。他們使用當時的口語，進行樸素平直的敘述，並沒有故作深沉。至於《史記》，由於善於以優美的文字敘述故事、描摹人物，竟被稱為「史家之絕唱，無韻之離騷」，作者太史公司馬遷世世代代受人景仰。然而，越到後來，體例越僵化，文字離口語越遠，更由於才力不及，文章無色，許許多多的史書，被指為「斷爛朝報」，讀之味同嚼蠟。

百姓對於詰屈聱牙的古代史書不能置喙，就任它們束之高閣吧。對於為他們寫的史書，百姓也感到多有隔膜，因而也反應不夠熱烈。於是種種「戲說」連篇累牘，大行其道，糟踐歷史，拿老百姓尋開心。對於這種情況，老百姓感到無奈，許多史學工作者、教育工作者感到憤怒，感到難堪。

一九八二年，一本來自大洋彼岸的書，留美華人學者黃仁宇先生的《萬曆十五年》在北京出版了。猶如一場隨風潛入夜的好雨，及時灑向了正在萌動變革的史壇，也吸引了史學圈外的廣大讀者，至今風頭猶勁。歷史原來是可以這樣寫的，嚴肅的史學著作原來也是可以吸引人的。流風所及，許多歷史著作嘗試變換他們的敘述方式和敘述角度，一批又一批文筆優美、姿彩各異的史學著作出現了。也許是由於宣傳不夠，一些好的史書還不被大家了解，也許是由於數量不夠，正經歷史還不足以抵擋「戲說」的洪流。無論是作者還是讀者都有所期待，期待有更多嚴肅但是足以吸引人的歷史書能夠勝過「戲說」，清理、糾正它們對歷史的曲解、誤讀。

就在這時，一個遠在廣東的學習法律出身的公務員不宣而戰了。他在公務之餘熱中於心理和歷史方面的寫作，開始時是「想到哪裡，寫到哪裡」，到後來，經過認真構思，決心寫一部他眼中的明史。他還不想把它叫做「明史」，或許因為那樣會顯得過於沉重，或許因為那樣會被讀者誤認為又是一本「學究書」。因此，他把它命名為《明朝那些事兒》，而且在事的後面又特意加了「兒」化。這題目，讀者一看就有一種解放感，親近感。其實作者首先解放了自己。他可以不受任何體例限制，不受任何成規約束，雖然已經不是「想到哪裡，寫到哪裡」了。

我早就從一些年輕朋友的口中聽說有一部《明朝那些事兒》，聽說它在網上受到了廣泛的歡迎。朋友們問我，你怎麼看待這種寫法呢？我說，歷史是千百萬人的歷史，是大家的歷史，每個人都有解讀歷史的權力。而且，從來每個人由於立場和學養的不同，所看到的歷史都是不同的。我們既不能要求歷史寫作的手法千人一面，又不能要求對歷史的結論定於一尊。如同我們聽歌唱，無論是學院派的美聲的、民族的，還是山野的原生態的，都有存在的價值，其根本在於歌唱者的態度是嚴肅的，所獻出的是精品。換句話說，無論是學院派的美聲的、民族的，還是山野的原生態的歌唱者，如果其態度是不嚴肅的，所獻出的不是精品，也是得不到歡迎的。

作者當年明月說：自己的寫法是「以史料為基礎，以年代和具體人物為主線，並加入了小說的筆法和對人物的心理分析，以及對當時政治經濟制度的一些評價」，並且說，其作品「不是小說，不是史書」，「姑且叫做《明札記》」。這的確是別開生面的，是一種創造。我熱情地支持這種探索和創造！期待他把這三百年寫完。

讓我們以更為輕鬆的狀態走進歷史吧。

作者當年明月寫輕鬆的歷史，其實並不輕鬆；大家輕鬆地讀歷史，希望真的很輕鬆。

毛佩琦

二〇〇六年八月二十八日於北京北七家村

目錄

明朝皇帝年表（西元一三六八—一六四四）

廟號	姓名	在位期間	年號
太祖	朱元璋	一三六八年—一三九八年	洪武
惠宗（惠帝）	朱允炆	一三九九年—一四〇二年	建文
成祖（*）	朱　棣	一四〇三年—一四二四年	永樂
仁宗	朱高熾	一四二五年	洪熙
宣宗	朱瞻基	一四二六年—一四三五年	宣德
英宗	朱祁鎮	一四三六年—一四四九年 一四五七年—一四六四年	正統一四三六—一四四九 天順一四五七—一四六四
代宗	朱祁鈺	一四五〇年—一四五七年	景泰
憲宗	朱見深	一四六五年—一四八七年	成化
孝宗	朱祐樘	一四八八年—一五〇五年	弘治
武宗	朱厚照	一五〇六年—一五二一年	正德
世宗	朱厚熜	一五二二年—一五六六年	嘉靖
穆宗	朱載坖	一五六七年—一五七二年	隆慶
神宗	朱翊鈞	一五七三年—一六二〇年	萬曆
光宗	朱常洛	一六二〇年	泰昌
熹宗	朱由校	一六二一年—一六二七年	天啟
思宗	朱由檢	一六二八年—一六四四年	崇禎

*本來叫「太宗」，嘉靖時改為「成祖」。

引子

好了，就此開始吧！

我很喜歡歷史，喜歡那些過去的人和事，在歷史的長河中，有太多的事情值得我們去回味，在我第一次接觸歷史的二十年之後，我開始動筆，把我的想法用文字記錄下來，寫給我自己，也寫給所有喜愛歷史的讀者。

這部書我構思了六個月左右，主要講述的是從西元一三四四年到西元一六四四年這三百年間關於明朝的一些事，以史料為基礎，以年代和具體人物為主線，並加入小說的筆法和對人物的心裡剖析，以及對當時政治、社會經濟制度的一些評價。

要說明的是，本書描寫的是正史，資料來源包括《明實錄》、《明通鑒》、《明史》、《明史紀事本末》等二十餘種明代史料和筆記雜談，雖然用了很多流行文學的描寫手法和表現的方式，但文中絕大部份的歷史事件和人物，甚至人物的對話都有史料來源的，為了文章的流暢，出處就不一一列出了。

我寫文章有個習慣，由於早年讀了太多學究書，那些故作高深的文章讓人解讀歷史變成一種負擔，其實歷史本身很精彩，所有的歷史都可以寫得很好看，我希望自己也能做到。

其實我也不知道自己寫的算什麼體裁，不是小說，不是史書，但在我看來體裁似乎並不重要。

我想寫的，是一部可以輕鬆了解歷史的書，一部好讀好看的歷史。
僅此而已！

一 童年

我們從一份檔案開始

姓名：朱元璋

別名（外號）：朱重八、朱國瑞

性別：男

民族：漢

血型：？

學歷：無文憑，秀才舉人進士統統的不是，後曾自學過

職業：皇帝

家庭出身：（至少三代）貧農

生卒：一三二八～一三九八

最喜歡的顏色：黃色（這個好像沒得選）

社會關係：父親：朱五四　農民

母親：陳氏　農民

（不好意思，史書中好像沒有她的名字）

座右銘：你的就是我的，我的還是我的。

主要經歷：

一三二八年～一三四四年　放牛

一三四四年～一三四七年　做和尚，主要工作是出去討飯（這個……）

一三四七年～一三五二年　做和尚，主要工作是撞鐘

一三五二年～一三六八年　造反（這個猛）

一三六八年～一三九八年　主要工作是做皇帝

一切的事情都從一三二八年的那個夜晚開始，農民朱五四的妻子陳氏生下了一個男嬰，大家都知道了，這個男嬰就是後來的朱元璋。大凡皇帝出世，後來的史書上都會有一些類似的怪象記載。

比如颳風啊，下暴雨啊，冒香氣啊，天上星星閃啊，到處放紅光啊，反正就是要告訴你，這個人和別人不一樣。朱元璋先生也不例外，他出生時，紅光滿地，夜間房屋中出現異光，以致於鄰居以為失火了，跑來相救（《明實錄》）。

然而當時農民朱五四的心情並不像今天我們在醫院產房外看到的那些焦急中帶著喜悅的父親們，作為已經有了三個兒子、兩個女兒的父親而言，首先要考慮的是吃飯問題。

農民朱五四的工作由兩部分構成，他有一個豆腐店，但主要還是要靠種地主家的土地討生活，這就決定了作為這個勞動家庭的一員，要活下去只能不停的幹活。

在小朱五四出生一個月後，父母為他取了一個名字（元時慣例）：朱重八，這個名字也可以叫做朱八八，我們這裡再介紹一下，朱重八家族的名字，都很有特點。

朱重八高祖名字：朱百六

朱重八曾祖名字：朱四九

朱重八祖父名字：朱初一

他的父親我們介紹過了，叫朱五四。

取這樣的名字不是因為朱家是搞數學的，而是因為在元朝，老百姓如果不能上學和當官就沒有名字，只能以父母年齡相加或者出生的日期命名（登記戶口的人一定會眼花）。

朱重八的童年在一間冬涼夏暖、四面通風、採光良好的破茅草屋裡度過，他的主要工作是為地主劉德家放牛。他曾經很想讀書，可是朱五四是付不起學費的，他沒有李密牛角掛書那樣的情操，自然也沒有楊素那樣的大官來賞識他，於是，他很老實地幫劉德放了十二年的牛。

因為，他要吃飯。

在此時，朱重八的夢想是好好的活下去，到十六歲的時候，託村口的吳老太作媒，找一個手腳勤快、能幹活的姑娘當媳婦，然後生下自己的兒女，兒女的名字可能是朱三二、或者朱四零，等到朱三二等人大了，就讓他們去地主劉小德家放牛。

這就是十六歲時的朱重八對未來生活的幸福嚮往。

此時的中國，正在極其腐敗的元王朝的統治下，那些來自蒙古的征服者似乎不認為在自己統治下的老百姓是人，他們甚至經常考慮把這些佔地方的傢伙都殺掉，然後把土地用來放牧（《元史》），從賦稅到徭役，只要是人能想出來的科目，都能用來收錢，過節要收「過節錢」、幹活有「常例錢」、打官司有「公事錢」，怕了吧，那我不出去還不行嗎？不做事還不行嗎？那也不行，平白無故也要錢，要收「撒花錢」。服了吧。

於是，在這個馬上民族統治中國六十餘年後，他們的國家機器已經到了無法承受的地步，此時的元帝國就好像是一匹不堪重負的駱駝，只等那最後一根稻草。

這根稻草很快就到了。

一三四四年是一個有特殊意義的年份，在這一年，上天終於準備拋棄元了，他給中國帶來了兩個災難，同時也給元挖了一個墓坑，並寫好了墓誌銘：石人一隻眼，挑動黃河天下反。

他想的很周到，還為元準備了一個填土的人：朱重八。

當然，朱重八不會想到上天會交給他這樣一個重要的任務。

這一年，他十七歲。

很快一場災難就要降臨到他的身上，但同時，一個偉大的事業也在等待著他，只有像傳說中的鳳凰一樣，歷經苦難，投入火中，經過千錘百鍊，才能浴火重生，成為光芒萬丈的神鳥。

朱重八，來吧，命運之神正在等待著你！

二 災難

元至正四年（一三四四）到來了，這一年剛開始，元帝國的首腦們就收到了兩個消息，首先是黃河氾濫了，沿岸山東河南幾十萬人淪為難民。即使不把老百姓當人，但還要防著他們造反，所以修黃河河堤就成為了必須要做的事情。

可是令人意外的是，在元的政府中，竟然出現了兩種不同的意見，一種認為一定要修，另一種認為不能修。在現在看來，這似乎是不可思議的事情，黃河氾濫居然不去修，難道要任黃河改道淹死那麼多人？在中國歷史上有著太多不可思議的事情，這個也不例外。

客觀的講，在這樣一件事上，就維護元朝的統治而言，主張修的不一定是忠臣，反對修的也未必就是奸臣，其中奧妙何處？要到七年後才會見分曉。

極力主張修的是元朝的著名宰相脫脫，他可以說是元朝的最後一個名臣，實行了很多的改革政策，為政清廉，而且十分能幹（《宋史》就是他主持修的），可是他沒有想到的是，他的極力主張，已經給元朝埋下了一個大大的炸藥包，拉好了引線，只等著那微弱的火光。

另一個是淮河沿岸遭遇嚴重瘟疫和旱災，對於元政府來說，這個比較簡單一點，反正餓死病死了就沒麻煩了，當然表面功夫還是要做的，皇帝（元順帝）要下詔賑災，中書省的高級官員們要聯繫糧食和銀兩，當然了自己趁機拿一點也是可以理解的。賑災物品撥到各路（元代地方行政單位），地方長官們再留下點，之後是州、縣。一層一層下來，到老百姓手中就剩穀殼了。然後地方上的各級官員們上書向皇帝表示感謝，照例也要說些感謝天恩的話，並把歷史上的堯舜禹湯與皇上比較一下，皇帝看到了報告，深感自己做了大好事，於是就在自己的心中給自己記上一筆。

皆大歡喜，皆大歡喜，大家都很滿意。

但老百姓是不滿意的，很多人都不滿意。

朱重八肯定是那些極其不滿意的人中的一個。

災難到來後，四月初六朱重八的父親餓死，初九大哥餓死，十二日，大哥長子餓死，二十二日，母親餓死。

如果說這是日記的話，那應該是世界上最悲慘的日記之一。

朱重八的願望並不過分，他只是想要一個家，想要自己的子女，想要給辛勞一生，從沒欺負過別人，老實巴交的父母一個安詳的晚年，起碼有口飯吃。

他的家雖然不大，但家庭成員關係和睦，相互依靠，父母雖然貧窮，但每天下地幹活回來仍然會帶給重八驚喜，有時是一個小巧的竹蜻蜓，有時是地主家不吃的豬頭肉，這就是朱重八的家，然而現在什麼都沒有了。

朱重八的姐姐已經出嫁，三哥去了倒插門（注）。除了朱重八的二哥，這個家庭已經沒有了其他成員。

＊注：倒插門：入贅。

十七歲的朱重八，眼睜睜的看著他的親人一個一個死去，而他卻無能為力。人世間最大的痛苦莫過於此！

他唯一的宣洩方式是痛哭，可是哭完了，他還要面對一個重要的問題，要埋葬他的父母，可是沒有棺材、沒有壽衣、沒有墳地，他只能去找地主劉德，求劉德看在父親給他當了一輩子佃戶的分上，找個地方埋了他爹。

劉德乾淨俐落的拒絕了他，原因簡單，你父母死了，關我何事，給我幹活，我也給過他飯吃。

朱重八沒有辦法，只能和他的二哥用草席蓋著親人的屍體，然後拿門板抬著到處走，希望能夠找到一個地方埋葬父母。可是天下雖大，到處都是土地，卻沒有一塊是屬於他們的。

幸好有好心人看到他們確實可憐，終於給了他們一塊地方埋葬父母。「魂悠悠而覓父母無有，志落魄而泱佯」這是後來能吃飽飯的朱元璋的情感回憶。

朱重八不明白，自己的父母在土地上耕作了一輩子，卻在死後連入土為安都做不到。地主從來不種地，卻衣食無憂。為什麼？可他此時也無法思考這個問題，因為他也要吃飯，他要活下去。

在絕望的時候，朱重八不止一次的祈求上天，從道教的太上老君到佛教的如來佛祖，只要他能知道名字的都拜，祈禱的唯一內容只是希望與父母在一起生活下去，有口飯吃。

但結果讓他很失望，於是他那幼小的心靈開始變得冰冷，他知道沒有人能救他，除了他自己。

復仇的火焰開始在他心底燃燒。

如此的痛苦，使他從脆弱到堅強。

為了有飯吃，他決定去當和尚。

和尚的生涯

朱重八選擇的地方是附近的皇覺寺，在寺裡，他從事著類似長工的工作，他突然發現那些和尚除了沒有頭髮，對待他的態度比劉德好不了多少，這些和尚自己有田地，還能結婚（元代），如果錢多還可以去開當鋪。

但他們也需要人給他們打雜，在那裡的和尚不念經，不拜佛，甚至連佛祖金身也不擦，這些活自然而然的由剛進廟的新人朱重八來完成。

朱重八一直忍耐著，然而除了要做這些粗活外，他還要兼任清潔工，倉庫保管員，添油工（長明燈）。即使這樣，他還是經常挨罵，在那些和尚喝酒吃肉的時候，他還要擦洗香客踩踏的地板，每一個孤獨的夜晚，他只能獨坐在柴房中，看著窗外的天空，思念著只與自己相處了十餘年的父母。

他已經很知足了，他能吃飽飯，這就夠了，不是嗎？

然而命運似乎要鍛鍊他的意志，他入寺僅五十餘天後，由於饑荒過於嚴重，所有的和尚都要出去化緣，所謂化緣就是討飯，我們熟悉的唐僧同志（注1）每次的口頭禪就是：悟空，你去化些齋來。用俗話來說就是：悟空，你去討點飯來。我曾經考察過化緣這個問題，發現朱重八同志連化緣也被人欺負。由於和尚多，往往對化緣地有界定，哪些地方富點，就指派領導（注2）的親戚去，哪

＊注1：同志：在中國大陸同志是人與人之間的一種稱呼。
＊注2：領導：單位上的長官統稱之。

些地方窮，就安排朱重八同志去。

反正餓死也活該，誰讓你是朱重八。

朱重八被指派的地點是在淮西和河南。這裡也是饑荒的主要地帶，誰能化給他呢？

然而，就從這裡開始，命運之神向他微笑。

在遊方的生活中，朱重八只能走路，沒有順風車可搭，是名副其實的驢行。他一邊走，一邊討飯，穿城越村，挨家挨戶，山棲露宿，每敲開一扇門，對他都是一種考驗，因為面對他的往往只是白眼、冷嘲熱諷，對朱重八來說，敲開那扇門可能意味著侮辱，但不敲那扇門就會餓死。

朱重八已經沒有了父母，沒有了家，他所有的只是那麼一點可憐的自尊，然而討飯的生活使他失去了最後的保護。要討飯就不能有尊嚴。

生命的尊嚴和生存的壓力，哪個更重要？

是的，朱重八，只有失去一切，你才能明白自己的力量和偉大。

朱重八和別的乞丐不同，也正是因為不同，他才沒有一直當乞丐（請注意這句話）。

在討飯的時候，他仔細研究了淮西的地理、山脈、風土人情，他開闊了視野，豐富了見識，認識了很多豪傑（實際上也是討飯者）。此時，他還有了自己的宗教信仰——明教，他相信當黑暗籠罩大地的時候，偉大的彌勒佛一定會降世的。其實就他的身世遭遇來說，他是不是真的相信彌勒倒是很難說的，我們有理由相信，他心中真正的彌勒是他自己。

但朱重八最重要的收穫是：他已經從一個只能無助地看著父母死去的孩童，一個被人欺負後只能躲在柴堆裡小聲哭的雜役，變成了能堅強面對一切困難的戰士。一個武裝到心靈的戰士。

長期的困難生活，最能磨練一個人的意志，有很多人在遇到困難後，只能怨天尤人，得過且過，而另外一些人雖然也不得不在困難面前低頭，但他們的心從未屈服，他們不斷的努力，相信一定能夠取得最後的勝利。

朱重八毫無疑問是後面的一種。

如果說，在出來討飯前，他還是一個不知所措的少年，在他經過三年漂泊的生活回到皇覺寺時，他已經是一個有自信戰勝一切的人。

這是一個偉大的轉變，很多人可能究其一輩子也無法完成。轉變的關鍵在於心。

對於我們很多人來說，心是最柔弱的地方，它特別容易被傷害，親情的失去，愛情的背叛，友情的遠離，都將是重重的一擊。然而對於朱重八來說，還有什麼不可承受的呢？他已經失去一切，還有什麼比親眼看著父母死去而無能為力，為了活下去和狗搶飯吃、被人唾罵鄙視更讓人痛苦！我們有理由相信，就在某一個痛苦思考的夜晚，朱重八把這個最脆弱的地方變成了最強大的力量的來源。

是的，即使你擁有人人羨慕的容貌，博覽群書的才學，揮之不盡的財富，也不能證明你的強大，因為心的強大，才是真正的強大。

當朱重八準備離開自己討飯的淮西，回到皇覺寺時，他仔細的回憶了這個他待了三年的地方，思考了他在這裡得到的和失去的，然後收拾自己的行囊踏上了回家的路。

也許我還會回來的，朱重八這樣想。

三 踏上征途

至正十一年（一三五一），上天給元朝的最後一根稻草終於壓了下來，元朝的末日到了。

我們的謎底也揭開了，現在看來，脫脫堅決要求治黃河的願望是好的，然而他不懂得那些反對者的苦心，元朝那些腐敗到極點的官吏也是他所不了解的。現在他終於要嘗到苦果了。

當元朝命令沿岸十七萬勞工修河堤時，各級的官吏也異常興奮，首先，皇帝撥給的修河工錢是可以克扣的，民工的口糧是可以克扣的，反正他們不吃不喝也事不關己。這就是一大筆收入，工程的費用也是可以克扣的，反正黃河氾濫也淹不死自己這些當官的。

這是管河務的，那麼不管河務的怎麼撈錢呢，其實也簡單，既然這麼大工程，必然有徭役指標，找幾十個人，到各個鄉村去，看到男人就帶走，理由？修河堤，不想去？拿錢來。

沒有錢？有什麼值錢的都帶走！

可憐的脫脫，一個好的理論家，卻不是一個實踐家。

老把戲出場了，當民工們挖到山東時，他們從河道下挖出了一個一隻眼睛的石人，背部刻著「石人一隻眼，挑動黃河天下反」。民工們突然發現，這正是他們在工地上傳唱了幾年的歌詞。於是人心思動。

這真是老把戲，簡直可以編成電腦程式，在起義之前總要搞點這種封建迷信，但也沒辦法，人家就吃這一套。

接著的事情似乎就是理所應當的了，幾天後，在朱重八討過飯的地方（潁州，今安徽阜陽），韓山童和劉福通起義了，他們的起義與以往起義並沒有不同，照例要搞個宗教組織，這次是白蓮教，當然既然敢起義，身分也應該有所不同，於是，可能是八輩子貧農的韓山童突然姓了趙，成了宋朝的皇室，劉福通也成了劉光世大將的後人。

他們的命運和以往第一個起義的農民領袖也類似，起義、被鎮壓、後來者居上，這似乎是陳勝吳廣們的宿命。

儘管他們的起義形式毫無新意，但這並不妨礙他們的偉大和在歷史上的地位，在史書上，將永遠的記錄著：西元一三五一年，韓山童、劉福通第一個舉起了反抗元朝封建統治的大旗。

自古以來，建立一個王朝很難，毀滅一個卻相對容易得多，所謂牆倒眾人推，破鼓萬人捶，不是沒有來由的。

在元代這個把人分為四個等級的朝代裡，最高等級的蒙古人殺掉最低等級的南人，唯一的懲罰是賠償一頭驢，碰到個閒散民工之類的人，可能連驢都省了。蒙古貴族們的思維似乎很奇怪，他們即使在佔據了中國後，好像仍然把自己當成客人，主人家的東西想搶就搶，想拿就拿，反正不關自己的事。在他們的思維中，這些南人只會忍受也只能忍受他們的折磨。

但他們錯了，這些奴隸會起來反抗的，當憤怒和不滿超過了限度，當連像狗一樣生存下去都成為一種奢望的時候，反抗是唯一的道路。反抗是為了生存。

這把火終於燒起來了，而且是燎原之勢。

在短短的一年裡，看似強大的元帝國發生了幾十起暴動，數百萬人參加了起義軍，即使那縱橫天下無敵手的蒙古騎兵也不復當年之勇，無力拯救危局。元帝國就像一堵朽牆，只要再踢一腳，就會倒下來。

此時的朱重八卻仍然在寺廟裡撞著鐘，從種種跡象看，他並沒有參加起義軍的企圖。雖然他與元朝有著不共戴天的仇恨，但對於一個普通人朱重八來說，起義是要冒風險的，捉住後是要殺頭的，這使得他不得不仔細的考慮。

在很多的書中，朱重八被塑造成一個天生英雄的形象，於是在這樣的劇本裡，天生英雄的朱重八一聽說起義了，馬上回寺廟裡操起傢伙就投奔了起義軍，表現了他徹底的革命性等等。

我認為，這不是真實的朱重八。

作為一個正常人，在做出一個可能會掉腦袋的決定的選擇上，是絕對不會如此輕率的，如果朱重八真的是這樣莽撞的一個人，他就不是一個真正的英雄。

真正的朱重八是一個有畏懼心理的人，他遭受過極大的痛苦，對元有著刻骨的仇恨，但他也知道生命的可貴，一旦選擇了造反，就沒有回頭路。

知道可能面對的困難和痛苦，在死亡的恐懼中不斷掙扎，而仍然能戰勝自己，選擇這條道路，才是真正的勇氣。

我認為這樣的朱重八才是真正的英雄，一個戰勝自己，不畏懼死亡的英雄。

朱重八在廟裡的生活是枯燥而有規律的，但這枯燥而規律的生活被起義的熊熊烈火打亂了。諷刺的是，具體打亂這一切的並不是起義軍，而是那些元的官吏們。

在鎮壓起義軍的戰鬥中，如果吃了敗仗，是要被上司處罰的，但鎮壓起義的任務又是必須要完成的，於是元朝的官吏們毅然決然的決定，拿老百姓開刀，既然無法打敗起義軍，那就把那些可以欺負的老百姓抓去交差，把他們當起義軍殺掉。

從這個角度來看，元的腐朽官吏也為推翻元朝的統治實在是不遺餘力，立了大功。

此時擺在朱重八面前的形勢嚴重了，如果不去起義，很有可能被某一個官吏抓去當起義者殺掉，然後冠以張三或者李四的名字。但投奔起義軍也有很大的風險，一旦被元軍打敗，也是性命難保。

就在此時，一封信徹底改變了他的命運。

他小時候的朋友湯和寫了一封信給他，信的內容是自己做了起義軍的千戶，希望朱重八也來參加起義軍，共圖富貴，朱重八看過後，不動聲色，將信燒掉了。他還沒有去參加起義的心理準備。

然而晚上，他的師兄告訴他，有人已經知道了他看義軍信件的事情，準備去告發他。

朱重八終於被逼上了絕路。

接下來的是痛苦的思考和抉擇，朱重八面前有三條路，一、守在寺廟裡；二、逃跑；三、造反。

朱重八也拿不定主意，他找到了一個人，問他的意見，這個人叫周德興，我們後面還要經常提到他。

周德興似乎也沒有什麼好主意，他給朱重八的建議是算一卦（這是什麼主意），看哪條路合適。

算卦的結果是「卜逃卜守則不吉，將就凶而不妨」，意思是逃跑、待在這裡都不吉利，去造反還可能沒事。

朱重八明白自己已經沒有退路了，自己不過想要老老實實的過日子，種兩畝地，孝敬父母，卻做不到，父母負擔著沉重的田賦和徭役，沒有一天不是勤勤懇懇的幹活，還落得個家破人亡的下場。躲到寺廟裡不過想混口飯吃，如今又被人告發，可能要掉腦袋。

忍無可忍

那就反了吧！反他娘的！

這是一個真實版本的逼上梁山，也是那封建時代貧苦農民的唯一選擇。誰不珍惜自己的生命？誰願意打仗？在活不下去時，那些農民被迫以自己的鮮血和生命去推動封建社會的發展，直至它的滅亡。

這是他們的宿命。

所以我認為中國歷史上的農民起義確實是值得肯定的，他們也許不是那麼厚道，他們也許有著自己的各種打算，但他們確實別無選擇。

湯和就這樣成了朱重八的第一個戰友。他在今後的日子裡將陪同朱重八一起走完這條艱苦的道路。

然而湯和也絕對不會想到，自己居然是唯一一個陪他走完這條路的人。

四 就從這裡起步

至正十二年（一三五二），濠州城。

城池的守衛者郭子興正在他的元帥府裡，苦苦思索著對策，濠州城已經被元軍圍了很久，這樣下去是堅守不了多久了。

就在此時，手下的軍士前來報告，抓住了一個奸細，要請令旗去殺人，如果是以往，郭子興是不會過問的，讓士兵直接拿了令旗去殺就是了，但今天，他開口問了一句：「你怎麼知道那個人是奸細？」軍士回答道：「這個人說是來投軍的，現在元軍圍困，哪裡還有人來投軍，他一定是元軍奸細。」

郭子興差點笑了出來，投軍？元軍快打進城來了，還有來投軍的，這個藉口可是真不高明，他不禁起了好奇心，想去看看這個奸細。

於是他騎馬趕到了城門口，看見了一個相貌奇怪的人，用今天的話來說，這個人的相貌是地包天，下巴突出，更奇特的是，他的額頭也是向前凸出的，具體形狀大概類似獨門兵器月牙鏟，上下凸，中間凹（參見朱元璋同志畫像）。

這個人當然就是我們的朱重八。

郭子興走到朱重八的面前，讓人鬆開綁，問他：「你是奸細麼？來幹什麼？」

朱重八平靜的回答：「我不是奸細，我是來投軍的。」

郭子興大笑：「什麼時候了，還有人來投軍，你不用狡辯，等會就把你拉出去殺頭！」

朱重八只是應了一聲：「喔。」

郭子興看著朱重八的眼睛，希望能看到慌亂，這是他平時的樂趣之一。

但在這個人眼睛裡，他看到的只有鎮定。

郭子興不敢小看這個人了，很明顯，這是一個嚇不倒的人。於是他認真的詢問了朱重八的名字、來歷，當朱重八說出是千戶長湯和介紹他來時，郭子興這才明白，這個人真的是來投軍的。

朱重八給他的印象實在是太深了，於是他沒有將朱重八編入湯和的部隊，而是將他放在自己身邊，當自己的親兵（警衛員）。

在軍隊裡，朱重八很快就表現出了他的才能，比起其他的農民兵士，他是一個很突出的人，不但作戰勇敢，而且很有計謀，處事冷靜，思慮深遠（注意這個特點），而且很講義氣，有危險的時候第一個上，這一切都讓他有了崇高的威信。加上他的同鄉湯和幫忙，他在當士兵兩個月後，被提拔為九人長，這是他的第一個官職。

作為郭子興的親兵長，朱重八是很稱職的，他不像其他的士兵，從不貪圖財物，每次得到戰利品，就獻給郭子興，如果得到賞賜，就分給士兵，由於他很有天賦，自學過一些字，分析問題準確，郭子興漸漸把他當成自己的智囊，朱重八在軍中的地位也逐漸重要起來。

也就在此時，朱重八將他的名字改成了朱元璋，所謂璋，是一種尖銳的玉器，這個朱元璋實際上就是誅元璋，朱重八把他自己比成誅滅元朝的利器，而這一利器正是元朝的統治者自己鑄造出來的。在今後的二十年裡，他們都將畏懼這個名字。

湯和

在軍隊中，湯和算是個奇特的人，他在朱元璋剛參軍時，已經是千戶，但他卻很尊敬朱元璋，在軍營裡，人們可以看到一個奇特的現象，官職高得多的湯和總是走在士兵朱元璋的後邊，並且毫不在意他人的眼神，更奇特的是朱元璋似乎認為這是理所應當的事情，也沒有推託過。

我們不得不佩服湯和的遠見，他知道朱元璋遠非池中物，用今天的話說，他很識實務。相信也正是這個優點，使得他能夠在後來的腥風血雨中倖存下來。

在軍隊裡，朱元璋娶了老婆，與後來的那些眾多妃嬪相比，這個老婆可以算是朱元璋成功的關鍵因素之一。這個女孩是郭子興的義女，她的父親姓馬，是郭子興的朋友，後來死去，將這個女孩託付給郭子興，女孩名字不詳，軍隊裡的人都叫她馬姑娘。就這樣，朱元璋成了元帥的女婿，而郭子興則多了一個幫手。

我們可以想像到朱元璋喜悅的心情，他終於有了一個自己的家，不再是那個沒人管、沒人問的朱重八，他餓了，有人做飯給他吃，冷了，有人送衣服給他，有家的感覺真好。這種感情一直陪伴了他很多年。

此時，朱元璋已經升任了軍隊中的總管，這個職位大致相當於起義軍的辦公室主任，他幹得不錯，對於某些喜歡貪公家便宜、胡亂報銷的人，朱元璋是講原則的，由於他嚴於律己，大家也沒有什麼話說，如果就這麼幹下去，他可能會成為一個優秀的財務管理人員。可是上天偏偏不讓他舒服的過下去，不久的將來，他將面對更大的麻煩。

主要問題是，郭子興的身分並不是農民，而是地主（想不通他怎麼會起義），當時在濠州的統帥除了郭子興外，還有四個人，以孫德崖為首，而這四個人都是農民，他們和郭子興之間存在著深刻的矛盾。

不久，矛盾爆發了。一天郭子興在濠州城裡逛街，突然被一群來路不明的人綁票，這些人似乎對索取酬金之類也沒有什麼興趣，把郭子興死打一頓，然後關了禁閉。朱元璋得到消息，大吃一驚，立刻趕去孫德崖家裡要人，孫德崖開始還裝傻，表情驚訝，要出去找郭子興，並且說了一些與綁架者不共戴天之類的話，充分表現出一個業餘演員的演技。

朱元璋把參與打人的軍士帶到孫德崖面前，並且告訴孫，你的那些貪污公款、胡亂報銷的爛賬都在我這裡，自己看著辦。

於是，朱元璋從孫家的地窖中將已經被打得半死的郭子興救了出來，這件事情讓朱元璋意識到，跟著這些人不會有前途。

而郭子興也越來越討厭朱元璋，原因很簡單，朱元璋比他強，對於郭子興這樣一個性情暴躁、心胸狹小的統帥來說，他是不能容忍一個可能取代他地位的人在身邊的。終於有一天，他把朱元璋關了起來，落井下石一向是某些人的優良傳統，郭子興的兒子就是某些人中的一個。他吩咐守兵不能給朱元璋送飯，想要把朱元璋餓死，善良的馬姑娘為了救朱元璋，便把剛燙好的烙餅揣在懷中，到牢中探望朱元璋時送給他吃，每次胸口都會燙傷，但每次都送。

有妻如此，夫復何求。

郭子興畢竟還是不想殺朱元璋，於是將他放了出來，朱元璋經歷此事後，終於下定了決心，要和這些鼠目寸光的人決裂。他向郭子興申請帶兵出征，郭子興高興的答應了。

這就是朱元璋霸業的開始，一旦開始，就不會停止。

就從這裡起步吧！

朱元璋奉命帶兵攻擊郭子興的老家——定遠，從這一點可以看出他的岳父實在存心不良，當時的定遠有重兵看守，估計郭子興讓他去就是不想再看到活著的朱元璋，但朱元璋就是朱元璋，他找到了元軍的一個縫隙，攻克了定遠，然後在元軍回援前撤出，此後，連續攻擊懷遠、安奉、含山、虹縣，四戰四勝，銳不可當！

在召集（也可能是搶）了壯丁後，朱元璋來到了鐘離（今安徽鳳陽東面），這是他的家鄉，在這裡他遇到了二十四個來朱元璋隊伍裡找工作的人。這二十四個人素質是相當高的，其中有為他算過命的周德興，還有堪稱天下第一名將的徐達。

這些人還有親戚，一傳十，十傳百，什麼叔叔、舅舅、子侄、外甥都來了，很快，他的部隊（直屬）就有了七百人。

當朱元璋再次回到濠州的時候，他已經完全明白了自己的前途所在，所以他向郭子興辭職，郭子興非常高興，這個討厭的人終於可以走得遠遠的了。

朱元璋在出發前，又做了一件出人意料的事，他從自己的七百人中重新挑選了二十四個人，然後將其餘的人都給了郭子興，郭子興多少有些意外，但仍然高興的接受了。

朱元璋的這個行動似乎可以定義為一次挑選公務員的工作，比例是三十比一，沒有筆試，考官就是朱元璋和他的眼光。他挑的確實很準，看看這些人的名字：徐達、湯和、周德興，這二十四個人後來都成為明王朝的高級幹部。

唐時的黃巢在考試落榜後，站在長安城門前，惆悵之餘，豪氣叢生，吟詩一首，大大的有名——《詠菊》：

待得秋來九月八，我花開時百花殺。

沖天香陣透長安，滿城盡帶黃金甲。

數年後，他帶領著十餘萬大軍，打進長安。

此時的朱元璋，站在濠州的城門前，看著自己身後的二十四個人，他知道，邁出這一步，他就將孤軍奮戰，或者兵敗身死，或者開創霸業。

他仰望天空，還是那樣陰暗，這個時候作出這個選擇，似乎並不吉利，他又想起了那次無奈的占卜。

父母去世的時候，在廟裡幹苦力的時候，夜裡望天痛哭的時候，也是這樣的天空。

什麼都沒有變，變的只是我而已。

百花發時我不發，我若發時都嚇殺，

要與西風戰一場，遍身穿就黃金甲。

什麼都不能阻擋我，就從這裡開始吧！

出發！

五 儲蓄資本

朱元璋的第一桶金

朱元璋又來到了定遠，對於他而言，拉壯丁已經是輕車熟路，很快他組織了上千人的部隊，他聽說在定遠附近的張家堡有一支三千人的部隊，現在孤立無援，需要找個新老闆，於是朱元璋打起了這支部隊的主意。

他親自來到張家堡，一看寨主，大喜過望：「原來是你啊！」

這個寨主他認識，原來還打過交道，而寨主叫他「朱公子」。

兩人見面後，照例自然要敘敘交情，我認識誰，你認識不，喔，你說的是那個誰啊，認識認識，還是兄弟啊，還有張三死了，李四病了等等，越說感情越好，就一起吃飯。

在飯桌上，朱元璋終於說出了他的來意，既然目前你們沒有主，不如跟著我混，將來混出名堂，有你們的股份。寨主也真是個實在人，馬上就答應了。

朱元璋非常高興，可是他忘了中國人的習慣，酒桌上的話只能信一半，有時一半都不到。

朱元璋後來估計會想：當時實在應該簽個合同的。

三天後，朱元璋的使者到了寨中，寨主熱情的接待了他。

來啦，快點請坐啊，別客氣，您這趟來是？什麼，讓我們一起走，這個我們還要考慮一下啊。

什麼？我已經答應過了？

什麼時候啊？三天前？好像沒有吧，（回頭看看手下）你們想想，當時有嗎？是吧，沒有啊。誤會，誤會啊，你說的我們一定好好考慮，讓朱公子不要急啊。

什麼，你要走，別走，再坐會，啊，有事就不留你了，回去給朱公子帶個好，有空來玩啊！

就這樣，朱元璋被結結實實的忽悠了一回。

可是朱元璋豈是容易欺負的，他讓部下去請寨主吃飯，特別交代是準備了很久的名菜，寨主一聽有飯局，屁顛屁顛的就來了，一到大營，朱元璋就把他捆了起來，飯沒有吃成，倒是自己成了粽子。然後朱元璋以寨主的名義傳令山寨的人轉移，就這樣三千人變成了朱元璋的屬下。

下一個目標是橫澗山，這個地方有兩萬軍隊，但這卻不是一支可以勸降的部隊，此部隊的主帥叫繆大亨（從這個名字就可以看出身分），原先跟隨元軍圍攻濠州，希望能順便搶個劫，不料沒有攻下來，於是帶領部隊守在這裡，朱元璋帶領了四千人對他發起了進攻。

這是朱元璋第一次領軍以少對多的戰鬥。

朱元璋很聰明的避開了白天，選在晚上對這支部隊發動了夜襲，像繆大亨這種土包子當然不是對手，他沒有怎麼抵抗就投降了，於是朱元璋的部隊變成了兩萬人。

朱元璋對部隊進行了改編，出人意料的是，他並沒有說一些類似同生共死，有福共享之類的話，而是對這些投降的士兵進行了譴責，讓他們反省為什麼這麼大的一支部隊，如此沒有戰鬥力，輕易地投降了，然後他說出了結論，這是因為沒有紀律和訓練，要想成就事業，只有加強訓練，建立嚴格的紀律。

這一番話，有理有節，大家聽了都很服氣。

也就是在這次之後，朱元璋的部隊與那些烏合之眾的農民暴動軍有了本質的區別，在他的手中，有了一支精兵。

此時，兩兄弟從定遠來投奔了朱元璋，一個叫馮國用，另一個叫馮國勝，朱元璋覺得這兩個人都是人才，就留下了他們，這個馮國勝就是後來的威震天下、橫掃蒙古的馮勝。

至正十三年（一三五三），朱元璋決定攻擊滁州，也就在此時，一個人走進了他的軍營。

這是一個穿著書生裝的中年人，相貌溫文爾雅，朱元璋開始時並未在意此人，只是看他字寫得好，便讓他當了文書，此人倒也不在意，依然做好自己的工作，有一天，朱元璋在營房裡烤火，似乎是自言自語地說了一句：「天天處處打仗，何時是個頭啊（四方戰鬥，何時定乎）。」

此人從容答道：「秦朝亂時，漢高祖劉邦也是百姓出身，他豁達大度，知人善任，只用了五年就成就了帝王之業，現在天下已不是元的了，元帥你的戶口在濠州（公濠產），離劉邦老家不遠，就算沒有王氣所在，也多少能沾點邊。」說到這裡，他停了下來，然後說出了最關鍵的兩句話：

「只要元帥能向劉邦學習，按照他的行為去做，天下就一定是你的！」

朱元璋詫異地看著眼前的這個讀書人，是的，這正是自己的方向，劉邦做得到的，我為什麼做不到。於是，他擺正了自己的坐姿，向眼前的這個人行禮。

這個人就是開國第一功臣李善長。

滁州，地勢險要，宋歐陽修曾有過「環滁皆山也」的議論，可見這確實是一塊易守難攻的要害之地。

但滁州的守軍卻遠不像地勢那麼難以對付，開戰之初，朱元璋手下勇將花雲即率領上千騎兵以中央突破戰術直衝對方陣地，元軍潰敗，朱元璋率領全軍一舉攻佔滁州。

在佔據了滁州後，朱元璋又迎來了三個重要的人，分別是他的侄子朱文正、姐夫李貞和外甥李文忠。請大家記住這幾個名字，他們都將是後來那場驚天動地的戰爭的主角。

這樣看來，朱元璋出生的位置實在是人才多多，他招納的謀士和將領無論和哪個時代的人才相比都不遜色（何安徽之多才邪！）。

此時的朱元璋手下精兵強將、謀士如雲，並佔據了滁州這個進可攻退可守的險要之地，他的眼界已經不是小小的濠州，也不是滁州，而是天下。

這一年，他二十六歲。

最後一個障礙

朱元璋的順利似乎並不能給他的岳父帶來好運，郭子興此時正被整得夠嗆，用今天的話說就是批鬥，每次開會總是四個批一個，孫德崖幾次都想下手，想想朱元璋就在不遠的地方，實在不好善後，於是他就把郭子興擠出了濠州城，讓他下崗，自謀出路。

此時的郭子興才明白了人生的艱難，他沒有其他選擇，只能去投靠他的女婿朱元璋，但想想自己以前那樣對他，他還能善待自己嗎？

到了滁州，他的顧慮打消了，朱元璋不但不念舊惡，而且還把統帥的位置讓給了他，更讓人吃驚的是，朱元璋做出了一個誰也想不到的決定。

他決定把自己屬下三萬精兵的指揮權讓給郭子興，統帥的位置也就罷了，畢竟是個虛的，但兵權也交出去，就讓人吃驚了，郭子興百感交集，他其實從來沒有信任過這個女婿，甚至還考慮過害他，他也曾問過朱元璋，為什麼要這樣對自己。朱元璋誠懇地說，如果沒有您，就沒有我的今天，我不能忘記您的恩德。

郭子興終於明白，自己錯了，朱元璋是對的。

當得知這個消息後，原先企圖殺害朱元璋的人也對他敬佩萬分，這中間包括郭子興的兒子郭天敘。

一個人要顯示自己的力量，從來不是靠暴力，挑戰這一準則的人必然會被歷史從強者的行列中淘汰，歷來如此。

郭子興帶了自己的幾萬人來，滁州的糧食不夠吃了，朱元璋進攻和州，攻下來後就住在那裡，將滁州讓給了郭子興。

而此時濠州城中的孫德崖由於兵多糧少，強行要求到和州混飯吃，朱元璋正頭疼，此時卻得到了另一個消息，郭子興得知孫德崖來了，也帶了幾萬人來，要打孫德崖。於是小小的和州一下子擠了十幾萬人，而且兩個對頭正好碰上了，那就打吧。

可是打不起來，為什麼呢？

因為人太多了，和州只是一個小縣城，一下子來十幾萬人，城裡城外水洩不通，就好像我們今天的黃金周（注）旅遊景點一樣，別說打仗，想轉個身都難。

既然不能打，那就談吧。

看來孫德崖還是講道理的，他表示，自己畢竟是外來的，還是自己走吧，朱元璋當即去為他送行，此時孫德崖在城內，而朱元璋在城外與孫德崖的士兵在一起，但誰也沒有想到，還有一個人在蠢蠢欲動。

這就是郭子興，郭子興是不講道理的，他只記得孫德崖多次羞辱過他，也管不了什麼信義了，看到城內的孫德崖身邊沒有什麼士兵，就命令手下人將孫德崖抓起來，這就害了還在城外的朱元璋。

孫德崖的士兵聽說主帥被抓，就認定是朱元璋指使的，而此時朱元璋也得到了這個消息，場面極其緊張，朱元璋一看勢頭不妙，撥馬就往回走，士兵早就有準備，鐵索往朱元璋的頭上一套，下來吧您吶。孫德崖的士兵抓住了朱元璋，就去找郭子興談判。

郭子興正在一邊喝酒一邊欣賞著孫德崖的表情，突然消息傳來，說朱元璋被抓住了，他一下子懵了，孫德崖固然不想放，可是朱元璋也是不能少的，於是他只好決定放人。

可誰先放，就又成了問題，此時，徐達站了出來，他願意用自己去換朱元璋，朱元璋回去後，再放孫德崖，孫德崖回去後再放徐達，這簡直成了順口溜，麻煩啊。

總算解決了這個問題，可是郭子興臨到手的敵人跑了，一時嚥不下這口氣，得了心病，過了一

＊注：中國每年五月一日至七日，十月一日至七日各放假一周，俗稱黃金周。

個月居然死掉了，可見心胸不寬廣的人實在不能做大事。

但這對朱元璋來說並不是個壞消息，他仁至義盡，現在終於可以放開手幹了，真正的事業在等待著他。

六　霸業的開始

和州太小了。

朱元璋迫切地感受到了這一點，在這個小縣城不可能有大的發展，他的眼睛轉向了集慶（南京）。

迷信是封建時代人們的通病，要想佔有天下，必須要佔據王氣之地，南京就是這麼一個地方，紫金山縱橫南北，恰似巨龍潛伏，而石頭山則臨江陡峭，如虎盤踞，這就是南京龍蟠虎踞的由來，此外在南京的前方還有一條長江，皇帝和我們一樣，買房子前都要看風水，南京背山面水，實在是風水寶地。在明之前，已經有六朝定都於此，到了元朝，這個地方叫集慶。不但地勢險要，而且還很富呢。

附近不但是重要的糧食產區，還兼顧著商業中心的作用，最重要的是，這裡有運河之利，在那個從北京走到南京要幾個月的年代，水路實在是太重要了。

馮國勝（馮勝）此人不但作戰勇敢，而且非常有遠見，他向朱元璋建議，應立即渡過長江，佔領集慶，這個建議深深打動了朱元璋，他下定了決心，佔領集慶！

可是船呢，朱元璋的這班人馬不是騎兵就是步兵，唯獨少了水軍，他正苦無對策，一個人的到來帶給了他解決的方法。

此人名叫俞通海，明史上說他是水軍頭目，其實這人就是沿江打劫的海盜，經常幹的就是類似水滸傳上「到得江心，且問你要吃板刀麵還是吃餛飩」的那路勾當。

但是到朱元璋那裡，他就是個重要的人物，殺點人，搶點錢沒關係，有用就行。

於是他召集了上千條戰船先攻采石，再破太平，終於到達了最後的目的地——集慶。

這所謂的上千條戰船其實只是些小漁船，朱元璋的這一重大軍事缺陷——水軍，也成為制約他後來軍事作戰方法的主要因素。

集慶就在眼前！

此時的朱元璋是義軍的左副都元帥，而郭天敘是都元帥，郭子興的妻弟張天祐是右副都元帥，這個職位是劉福通封的，朱元璋的地位最低，但是顯而易見，這兩個人根本沒有與朱元璋抗衡的本錢，軍隊的實際統帥是朱元璋。此時元朝的統治者們已經十分頭疼，到處都是起義軍，沒有工夫去理會小小的朱元璋，朱元璋正是抓住這個機會，向集慶發動了總攻。

由於船隻太差，而且過於小看集慶的城防，朱元璋於至正十五年（一三五五）八月和九月連續兩次攻擊集慶，都被元軍擊敗，然而失敗對朱元璋來說並不一定是壞事，因為在這兩次戰鬥中，郭天敘和張天祐都戰死了，朱元璋順理成章的成為了都元帥。

第二年（一三五六）朱元璋親自帶兵分三路進攻集慶，用了十天時間攻破了集慶，並改集慶為應天。

窮人朱元璋終於擺脫了鳳陽，擺脫了濠州，擺脫了滁州，來到了富裕的南京，但真正的事業才剛開始，繼續努力！

不好惹的鄰居

朱元璋佔據了應天，對他來說是件好事，但從歷史大勢上看，他的形勢並不樂觀，自古佔據北方即有天時地利，中國地勢由北向南，由南方起兵進攻北方最後獲得勝利，少有先例。

可是朱元璋此時佔據應天，卻是佔了個大便宜。

我們介紹一下朱元璋的鄰居們，住在他東邊鎮江的是元朝軍隊，而住東南方平江（蘇州）的是張士誠，東北面的是張明鑒的起義軍，南面是元將八思爾不花（名字很有特點），西面是徐壽輝。

表面上看，朱元璋的鄰居們個個都比他強，家大業大，朱元璋被他們圍在中間，就好像是到外地打工的民工，寄人籬下，而這些鄰居們雖然並不喜歡朱元璋，但也正是因為他過於弱小，誰也沒把他看在眼裡，自己打來打去，沒空搭理他。

更關鍵的是，朱元璋北面的鄰居是劉福通，這個是兄弟單位的部隊。幫助朱元璋擋住了元朝軍隊的進攻。元朝的統治者倒是很重視朱元璋，可是打不著。於是就出現了這樣的情形，能打的不想打，想打的不能打。

朱元璋充分利用了這一特點，對他而言，元朝雖然是他苦大仇深的報復對象，但還不到時候，他先要料理他的兩個鄰居。對他而言，這兩個鄰居才是真正可怕的對手。

下面我們要介紹他的兩個鄰居，他們的名字分別是張士誠和陳友諒。

七 可怕的對手

這兩個人都是當世之豪傑，如果他們分別出現在不同的朝代，應該都能成就大業，可惜，歷史注定要讓這個時代熱鬧一點。

這是一場淘汰賽，只有堅持到最後的人才能獲得勝利。

根據顧愷之吃甘蔗的理論，我們先介紹弱一點的：

張士誠，男，一三二一年生，職業是販私鹽，泰州人，在這裡要先說一下販私鹽這一封建時代長期存在的行業。鹽是國家管制的物品，非經允許不能販賣，但海水就在那裡放著，不曬白不曬，不賣白不賣，所以很多人都看上了這條發財之道。

根據經濟學的理論，壟斷必然造成行業的退化和官僚化，古代鹽業也不例外，老百姓只要花三分之一的價錢就可以買到比官鹽好得多的私鹽。為了嚴格控制這一行業利益，歷代封建政府，無論是漢、魏、南北朝、隋唐、五代十國、宋元，也不管他們治國的方法是道家、儒家還是法家，在對這一問題的處理上，他們都遵照了韓非子的理論。

這一理論認為：老百姓明知去河裡撈金要處死刑還要去做，是因為存在著僥倖心理，所以要加大處罰力度。

對待販賣私鹽的處罰也是不斷的加重，到了隋唐時期，販賣一石（約一百斤）私鹽就要處死刑，大家知道，程咬金就是私鹽販子，看他的個頭，應該不止賣一百斤私鹽，居然還能通過大赦出獄，確實讓人費解。

那麼張士誠的性格應該就清楚了，首先他應該是一個不怕死的人，怕死就不能做這個行業，此外，他應該是一個比較有錢的人，有錢就能交到很多朋友，最後，他對元朝統治應該有著刻骨的仇恨，因為這個政府不讓他賣私鹽，還處死了很多他的朋友。

至正十三年（一三五三），張士誠在泰州起義，他是私鹽販子，所以他的起義兄弟也大都是幹這行的，他不屬於以貧苦農民為主的紅巾軍序列，這就為他和朱元璋的長期矛盾打下了伏筆。

作為當時眾多起義者中的一個，張士誠是通過一場艱苦卓絕的戰役決定他的歷史地位的

最艱苦的戰役——高郵之戰

至正十三年（一三五三），張士誠起兵後，連續攻佔泰州、興化等地，在高郵建都，稱誠王，國號大周，以天祐為紀年。

現在看來，這個天祐的名字實在是取得好。

張士誠的王位還沒有坐多久，元朝就派兵打來了，其實元朝的官員們也是認死理的，誰稱王就去打誰，要是碰到個埋頭造反不稱王的，他反倒是不理的，朱元璋就是佔了這個便宜。

元朝名臣脫脫率領百萬大軍（注意，這個是實數）攻擊高郵，所謂「出師之盛，未有過之者」（《元史》），此時私鹽販子張士誠表現了他的勇氣和決心。

當時很多人都建議放棄高郵，張士誠考慮良久，說出了一句話：「我們還能去哪裡呢？」

是啊，還能去哪裡呢？

死也要死在這裡！

元軍用各種武器攻城，包括多種火炮，張士誠和他的兩個弟弟張士義、張士德就在城樓上堅守，所有的將士都可以看到他們的身影。更重要的是，這些起義者的心中有著這樣一個信念。

投降也是死，抵抗也是死，不如抵抗而死！至少死得悲壯！

於是，看似柔弱的小城高郵就在這種精神的支持下抵抗了百萬元軍三個月，這就是敢於拚命的力量。

正在高郵即將被攻下時，元朝政府內部出現了問題。

在以往的史書中，我們總是看到很多奸臣，這些人只顧自己不顧國家，是大家痛恨的對象，比如秦檜，比如賈似道，總是在關鍵時刻來那麼一下，壞了國家大事。事實證明，少數民族政權也有奸臣，也會來這麼一手。

之後的內容就是俗套了，小人向皇帝進讒言，皇帝擔心外面的將軍造反，限令立刻回來，於是脫脫撤離了高郵，他挽救元王朝的努力也就這麼付之東流。

關鍵時候有天祐，名字固然取得好，但如果不能堅持那三個月，也不會有最後的勝利，所以決定張士誠命運的不是好的年號，而是他的勇氣。

此戰之後，張士誠名揚天下，他再接再厲，連續攻克江蘇、浙江等富饒地區，成為佔地不是最大，卻最富有的人（不愧是做私鹽生意的）。

然而從此之後，張士誠就變了，從來都是做小本生意的他，突然間有了全國最富的地盤，再也不用販私鹽了，有錢了，有房子了，拿著饅頭，想蘸白糖蘸白糖，想蘸紅糖蘸紅糖。

朱元璋對他有一個精準的評價：器小。

這個人確實沒有大志向，但他的的確確是個好人，還是個大好人，他生來就沉默寡言，待人寬大，免除了江浙一帶的賦稅，江浙一帶的百姓受了他的恩惠，紛紛為他修建祠堂。但他的過於寬大和無主見也使得他無法成為梟雄，而只能做一個豪傑。

下面我們要介紹的陳友諒是一個真正的梟雄。

但在介紹他之前，我們必須介紹他原來的老闆，徐壽輝。

徐壽輝，出生年月不詳（死期倒是很精確），湖北羅田人，是個布販，據說小夥子長得很體面，而且為人正直，是羅田第一美男子，由於經常被元朝的官吏勒索，所以對元朝心懷不滿，至正十一年（一三五一），劉福通起義經過他的家鄉，徐壽輝長期積累的怒火終於壓抑不住，準備造反，他的手段還是宣傳封建迷信，這次是明教。

為了搞宣傳，他還找了兩個幫手，一個是在麻城打鐵的鄒普勝（強人），另一個是江西和尚彭瑩玉（大家應該熟悉），在宣傳明教幾個月後，他在大別山區發動起義，一舉攻克羅田，他是紅巾軍的支流，所以也戴紅巾，起義軍連續作戰，先後攻克黃州和浠水，並最終定都浠水縣城。

他的國號很值得一提，堪稱自古以來最為奇特，叫天完（不是年號），這國號是怎麼來的呢，請大家和我一起做一個拆字遊戲，把天完兩個字的上面去掉，就可以發現是大元，這位布販子唯恐自己的國號不能壓制元朝，就想了這麼個餿主意，在字上面討個便宜。我每次看到這個年號總覺得是過幾天就完蛋的意思。

當時徐壽輝的地盤很小，只有黃州和浠水這一片地方，但他的排場卻很大，元朝有的機構他都有，才那麼幾千人，就設置了統軍元帥府、中書省、樞密院、中央六部，真不知道他手下還有沒有兵，估計是都去當幹部了。另鄒普勝為太師，倪文俊為領軍元帥，此時一個浠水人參加了他的隊伍，此人相貌不凡，寫得一手好字，正是陳友諒。

厲害的陳友諒

在那些元朝末年的起義軍中，很多的領袖沒有抵擋住元朝糖衣炮彈的攻擊，被招安，即使是朱元璋也曾經與元朝暗通消息，只有這個人從頭到尾反抗元朝外族統治，敢作敢當，不屈不撓，堅持到底，端的是一條好漢！

陳友諒，男，一三二〇年生，原姓謝，工作是漁民，沔陽（今湖北仙桃）人，曾經在縣裡做過文書，當徐壽輝起義軍來到他的家鄉後，他參加了徐壽輝的部隊，由於他很有文化，外加有計謀，很快得到了徐壽輝和當時的丞相倪文俊的信任。

至正十三年（一三五三），由於當時徐壽輝已經稱帝（不識時務），元統治者調集幾省軍隊，圍剿徐壽輝，攻破國都，彭瑩玉戰死，徐壽輝這才清醒過來，他率領部隊退到湖北黃梅一帶打游擊，同時對軍隊也進行了整頓。然後紅巾軍大舉反攻，重新奪取江西、湖南，並於漢陽縣城（今武漢漢陽）重新建都，改年號為太平。

當時的徐壽輝整編部隊的手法實在厲害，他在每個士兵的背後寫下了一個佛字，並說這樣可以刀槍不入，這個謊話似乎容易被揭穿，因為士兵到了戰場上就會發現不是真的（不信扎你一槍試試），這個謊話還有下半部分，如果你不幸陣亡，那並不是這個字不靈，而是因為你的心不誠。也就是說沒有死就是因為我寫了字，死了怪自己，誰讓你心不誠！

這種類似二十二條軍規的荒唐邏輯在當時倒是很有市場，所以他的士兵在上戰場前都要念經，使得很多元朝政府軍也莫名其妙，還以為是碰上了和尚。

與之相對的是他的將領們，這些人可不是吃素的，都是一等一的名將，在徐壽輝手下有所謂四大金剛之稱，分別是鄒普勝（總司令）、丁普郎（狂人，原因後來會說到）、趙普勝（雙刀無敵）、傅友德（從來沒有打過敗仗）。此四人帶領部隊橫掃元朝軍隊，創立了天完政權。

在徐壽輝的部隊裡，兄弟義氣是為人看重的，如果有誰背叛了兄弟，是要受到大家的鄙視和懲罰的，這種組織體系很容易讓我們想起著名的洪興幫，可是有講義氣的就一定會有不講義氣的。自古以來從無例外。

丞相倪文俊就是這樣一個人，他一直在徐壽輝身邊，深知此人除了長得帥，並沒有什麼突出的才能，自己是博學通才，文武雙全，憑什麼在徐壽輝手下做事，於是他企圖暗殺徐壽輝，篡奪帝位，卻被人捅破，沒有辦法，只能自漢陽逃往黃州，因為黃州是陳友諒的老巢。

倪文俊一直很相信陳友諒，他不但是陳友諒的領導，還提拔了陳友諒，讓他成為了軍隊中的高級幹部，可以算是他的師傅。

可他忘記了一條中國人的古話：有什麼樣的老師，就有什麼樣的學生。

陳友諒是一個什麼樣的人呢，用八個字可以形容他，心黑手狠，膽大妄為，從他後來的行為看，確實沒有什麼是他不敢做的，別人把義氣看得比什麼都重要，他卻把義氣當成狗屎。

別人不敢殺上司，殺兄弟，他幹起來毫不猶豫，幹完後還大大咧咧的承認，就是我幹的，你能怎麼樣。

要分析這個人物，需要從他的童年說起，他本是漁民，而且還是那種最低等的漁民，這種漁民在元代一般不上岸，吃住都在船上，村民都不和他們打交道，因為他們身上總是有著揮之不盡的魚腥味，陳友諒就在這樣的環境中長大。

從小就飽受別人的歧視、唾罵，以及那種看見他就躲得遠遠的行動和眼神，使得他心中有著深厚的自卑感，對他而言，要改變自己的命運只有靠自己！

他努力讀書，終於在當地縣衙找到了一份寫作文書的工作，但這個工作並沒有給他帶來尊嚴，那些瞧不起他的人依舊瞧不起他，時常聽見的低語聲和議論聲讓他發瘋。

原來讀書也無法改變自己的身分，在長時間的思考後，陳友諒似乎終於找到了一條可以讓別人敬重自己的方法。

往上爬，不斷的往上爬，直到那最高的頂點，那些瞧不起我的人最終要在我的面前低下頭來。

於是，當徐壽輝的起義軍來到家鄉時，本是元朝政府公務員的陳友諒參加了起義，將矛頭對準了發工資給他的元朝，他參加起義的動機明顯與那些貧苦農民不同，這動機是一個信號，代表著在陳友諒的心中，信義和忠誠不存在。

在他的心中，唯一重要的就是權力和地位，是當他高高在上的時候，無人再敢藐視他！

在陳友諒所學習的東西中，四書五經和經史子集都是不重要的，他掌握得最好的是「殺人滅口」、「斬草除根」、「無毒不丈夫」之類的人生哲學，厚黑學應該也是他的專長，倪文俊欣賞他的也就是這一點，但他想不到的是，有一天，陳友諒會把這一招用在自己身上。

倪文俊鼻子不是鼻子、臉不是臉地跑到陳友諒處時，陳友諒仍然友善的接待了他，為他準備了房間和換洗的衣服，陪他談話，倪文俊頓感自己沒有看錯人，便把內幕和盤托出，越說越氣憤，留下了眼淚，陳友諒平靜地看著他，問出了關鍵的一句話：

「趙普勝他們怎麼樣了？」

聽到這話，倪文俊更是悲從心中起，「他們那幾個人，你還不知道，都是徐壽輝的死黨，不過，我們聯手，一定可以打敗他們。」

好了，這就夠了，我不用再問了。

一天之後，漢陽的徐壽輝收到了倪文俊的頭顱。

八 可怕的陳友諒

陳友諒在殺掉倪文俊後，以所謂匡扶之功成為了天完國的第一重臣，他的能力也充分表現了出來，他知人善任，有很強的組織能力，更為難得的是，他是一個很有帶兵才能的人。

漢高祖劉邦問過韓信，自己能帶多少兵，韓信告訴他只有十萬，這件事充分說明了兵不是越多越好，關鍵看在誰的手裡，怎麼使用，而陳友諒的能力遠遠不是十萬兵可以包容的。

與他相比，徐壽輝就差得太遠了，這個人確實是個好人，但除了好人，他什麼也不是。陳友諒每天看見徐壽輝高高在上地坐在寶座上就來氣，這個廢物為什麼坐在上面，我還要向他請示，當這個念頭出現的頻率越來越高、越來越頻繁時，思想中的圖謀就將變成行動。

要除掉徐壽輝很容易，但之前一定要先解決他的那些明教兄弟，第一個就是趙普勝。

於是，不久後，趙普勝以圖謀不軌的名義被殺掉，丁普郎和傅友德不是白癡，看情形不對，就溜了，跑道朱元璋處繼續當差。

此時的徐壽輝真正成為光桿司令，是陳友諒手中的棋子，於是在幾乎所有的歷史書中都出現了這麼一段奇怪的描述：至正二十年（一三六〇），徐壽輝在陳友諒的挾持下進攻朱元璋。

進攻，還是被人挾持的，做皇帝到了這個地步，還不如死了好。

徐壽輝並不想死，他把權力交給了陳友諒，只是希望活下去。

陳友諒是屬於那種「臥榻之旁豈容他人酣睡」的人，他絕不會放過徐壽輝。

這一天終於來到了，至正二十年六月十六日（夠精確），陳友諒率領十萬軍隊順江而下攻克朱元璋的采石，他邀請徐壽輝去采石城的五通廟拜神，徐壽輝一向對這些活動很是熱衷。於是他應邀來到了廟裡。

當他來到廟裡時，陳友諒正站在窗前，身邊站著兩個衛士，外面下著很大的雨。

陳友諒沒有理他，徐壽輝多少有些尷尬，他走到陳友諒身邊，以一種近乎討好的語氣說道：「我們就要打下應天了，這都是你的功勞啊。」

陳友諒沒有回頭，只是淡淡地說：「可惜你看不到那一天了。」

徐壽輝懵了，他不是沒有想過這一天的到來，但當它到來時，還是那麼殘酷。

兩個人都不說話了。

死一般的沉默。

徐壽輝的汗和眼淚都流下來了，他心中的恐懼就像一隻大手將他拖入無底深淵。

「我把皇位讓給你，我做平章，你看這樣行嗎？」

陳友諒終於回頭了，他用一種難以置信的眼神看著徐壽輝，說出了他一生中聽到的最後一句話：「你是怎麼在這個亂世上生存下來的？」

衛士上前，從預先準備好的鐵錘打碎了徐壽輝的腦袋。

徐壽輝倒下時最後看到的是陳友諒那冰冷的目光。

衛士們洗乾了前任老闆的血跡，布置好大殿，因為這裡馬上就要舉行新皇帝的登基大典。

至正二十年六月十六日，陳友諒在暴風雨中，於五通廟登基為帝，定國號為漢。

這就是亂世的生存法則，徐壽輝，你不懂。

陳友諒雖然算是個不折不扣的不講道義的人，但他卻是一個敢做敢當的人，他的大漢國的年號是「大義」。

真是夠狠，弒君奪位的人居然敢把自己的年號取名大義，這又告訴了我們一個信息，這是一個不遵守遊戲規則的人，在他眼裡，什麼仁義道德都是狗屁，你們不是不恥於弒君的行為嗎，道學先生們，我就做給你們看看，我的年號就叫大義！

誠然，這樣的一個人是難於對付的，要對付這樣的人，君子的做法是不行的，守規矩是不行的。

誰能夠對抗這樣一個可怕的人？

看來只有朱元璋了。

在朱元璋攻佔應天後，陳友諒和張士誠都感覺到了這個對手的潛力。他們都是非常厲害的人，誰對他們威脅最大，他們的心裡很清楚。雖然朱元璋還很弱小，但絕不能小看他。

但是陳友諒當時並未掌控天完國的政權，所以最先與朱元璋發生衝突的是張士誠，雙方從至正十六年（一三五六）朱元璋攻克應天後，就沒消停過，大大小小打了上百仗，朱元璋對張士誠極為頭疼，自己只是佔了點地盤，幹嘛總和自己過不去，本來兵力已經不堪敷用，但屋漏偏逢連夜雨，同年六月，朱元璋的部將投降了張士誠，此時朱元璋做出了一個重要的決定。

他要和張士誠談判，並寫信給張士誠，大致內容是：我是貧苦農民，你是私鹽販子，大家都是苦人啊，幹嘛非要打我呢，咱們兩家和平相處吧，時不時去串個門不是很好嗎。

朱元璋這樣做是因為他已經和徐壽輝開戰，兩線作戰非常不利於他，可張士誠也不是等閒之輩，看出了朱元璋的計謀，他回信給朱元璋，大意是：你是從哪裡來的就滾回哪裡去，我已經和徐壽輝約好，非滅了你不可。

談不攏，那就打吧。

同年七月，張士誠大舉進攻朱元璋控制的鎮江，朱元璋早有準備，命令當時手下的王牌將領徐達和常遇春應戰，大敗張軍於龍潭，然後猛將常遇春一路打過去，到了第二年（一三五七）攻克了常州，之後在攻克寧國的戰鬥中，常遇春充分繼承了夏侯敦受傷不下火線的精神，身中三箭（貫通傷）仍然堅持作戰，又攻下了寧國。張士誠一敗塗地。

其實張士誠的軍隊戰鬥力並不差，人數也多於朱元璋軍，但卻慘敗，從以上情況我們可以得出千軍易得，一將難求的結論。

常遇春

常遇春跟隨朱元璋的時間並不長，他於至正十五年（一三五五）朱元璋攻克和州的時候才來投奔，雖然晚來，他卻一點也不客氣，開口就說：「我到這裡來就是當先鋒的，把先鋒印給我吧。」

朱元璋見過的狂人不少，但從來沒有見過這麼狂的，他很生氣的說：「你小子不過是個吃不飽飯的難民，到我這裡來混飯吃的，我怎麼可能給你這樣的官位呢（《明史記事本末》）。」常遇春卻笑著說：「你等著看吧。」

他用行動證明了自己的實力。

在朱元璋攻克采石的戰役中，元朝軍隊在岸邊列陣，朱元璋的水軍無法靠近，看著乾著急，正在此時，常遇春的船隻經過，朱元璋頓時想起了他的話，對常遇春大喝道：小子，你不是要當先鋒嗎，現在是時候了！常遇春應聲奮勇向前，單槍匹馬持長戈向岸邊元軍刺去，元軍接住了他的長戈（遇春應聲，奮戈直前，敵接其矛），卻沒有想到常遇春的目的正是在此，他手握長戈順勢跳上了岸邊（這似乎是個撐竿跳的動作），連殺數人開闢了灘頭陣地，後面士兵一擁而上，佔領了采石。

此戰後，朱元璋重新認識了這個叫常遇春的年輕人，並親自授予他總督府先鋒的官位。

常遇春是個天生的先鋒材料，他善於使用騎兵進行突破，選擇進攻位置準確，能冷靜判斷戰場形勢，除此之外，他還是一個武林高手，個人武藝也甚是了得，這一優點在後來起了極大的作用。

但他也有個致命的弱點，他嗜好殺戮，而且是最不道德的那種——殺降。

古語有云，殺降不祥，從道義上說，對方已經投降，再動手似乎就不那麼光彩，可他偏偏嗜好這個，這個嗜好也為朱元璋惹來了大禍。

九 決戰不可避免

朱元璋擊敗了張士誠後，便把主要精力放在對付徐壽輝身上，但他明白，自己真正的對手並不是那個虛有其表的徐壽輝，而是他背後那巨大陰影——陳友諒。

在這段時間裡，朱元璋做出的兩個決策使得他成為了最終的戰爭勝利者，第一個決策是高築牆、廣積糧、緩稱王，正是這個決定讓他避開了天下人的注意，當其他農民起義領袖帝王思想膨脹，扯張虎皮做大旗，鍋裡沒幾兩米就敢開幾千人的飯時，朱元璋充分利用了時間，不斷發展自己的實力。

另一個決策是在陳友諒和張士誠兩個人中間拿誰開刀，當時大家普遍認為張士誠比較弱，希望先對付他，並利用佔據的江浙一帶土地擴張自己的勢力，從而與陳友諒決戰。應該說這個決策無論從哪個角度看都是正確的，但朱元璋在此時表現了他的天才的戰略眼光。

在實際決策中，不受他人，特別是多數人的意見的影響是很困難的，當許多人眾口一辭時，很多人都會從大流，甚至改變自己原來的看法，而朱元璋用他的智慧告訴了人們，真理往往是站在少數人一邊的。

朱元璋對他的謀士們說，你們的看法是有道理的，但你們沒有看到問題的關鍵，張士誠的特點是器小，陳友諒的特點是志驕，器小無遠見，志驕好生事。如果我進攻陳友諒，張士誠必然不會救他，而進攻張士誠，陳友諒就一定會動員全國兵力來救，我就要兩線作戰，到時就很難說了。

精彩！真精彩！

如此之見識，此人不取天下，何人可取！

大戰的序幕

無論怎麼躲避，決戰這一天終究會到來，這是朱元璋和陳友諒的共識。

至正十九年（一三五九），陳友諒已經完全控制了天完國，他的兵比朱元璋多，訓練水準也比朱元璋的士兵高，更要命的是，他的長處正是朱元璋的短處——水軍。

陳友諒佔據了湖北和江西，也就是說，他佔據了長江上游，而朱元璋佔據的應天是下游，必須要仰首而戰，由於他們正好在一條水路上，水戰就成為不可避免的戰爭方式。朱元璋一再避免決戰的原因也就在於此。

雖然朱元璋不懂物理，但他也知道拿漁船去和戰船決戰於水上，無異於自殺。

恰在此時，一件事情的發生使決戰提前爆發了。這是朱元璋萬萬沒有想到的。

至正十九年十一月，常遇春率部攻克池州，陳友諒大為吃驚，準備安排部隊奪回，但事情洩漏，朱元璋有了準備，命令徐達與常遇春採用伏擊方式作戰，常遇春與徐達在九華山下設伏，打敗了陳友諒的軍隊，並俘獲了三千人。

此時，常遇春的老毛病犯了，他對徐達說，我要殺掉這三千人，徐達堅決不同意，並表示要上報朱元璋，但他沒有想到常遇春膽子大到驚人的程度，竟敢不經過請示，連夜將三千人全部活埋了！

常遇春殺降是有目的的，他留下了幾個人沒有活埋，讓他們回去給陳友諒帶去了一句話。

我是常遇春，是我打敗了你！

麻煩大了。

陳友諒的憤怒

陳友諒真的憤怒了，自他從軍以來，沒有人敢再欺負他，在他面前總是畏畏縮縮的，常遇春何許人也，居然敢向自己挑釁！

他終於動手了，這次不再是小打小鬧了，打到應天，把朱元璋趕回去種田！

當然這是朱元璋所不願意看到的。

這次常遇春是真的把狼招來了。

至正二十年，陳友諒率領他全中國最強大的艦隊向應天進發，他的戰船名字十分威風，在此要詳細說說，分別是混江龍、塞斷江、撞倒山、江海鰲等，就差取名為驚破天了。

船名威風，那麼戰船呢，應該說戰船也很厲害，這些戰船大都有三層樓高，各種火炮齊備，用這樣的船來與朱元璋的漁船打仗是不用攻擊的，只要用撞就可以了。

陳友諒在攻擊前通知了張士誠，讓他夾攻朱元璋，然後他以迅雷不及掩耳之勢命令他的無敵艦隊向應天出發。

陳友諒指揮作戰有個很大的特點，這個人似乎從來不去仔細研究作戰計畫，而是率意而為，打到哪算哪，這個特點也一直讓他為軍事專家所垢，但客觀看來，這正是他的作戰特點，也是他的指揮藝術的精華之處。

連他自己都不知道要攻擊什麼地方，敵人能知道麼？碰到這種不按常理出牌的人，誰能頂得住？朱元璋就吃了他的虧。

當朱元璋得知陳友諒率領大軍攻擊時，陳友諒的艦隊已經攻佔了軍事要地采石，速度之快，讓朱元璋咋舌，而應天最重要的屏障太平現在就孤零零的屹立在陳友諒的十萬大軍面前，由於沒有想到陳的漢軍攻擊如此迅速，城內只有三千士兵，由花雲任統帥，陳友諒在攻擊太平的戰役中充分顯示了他的艦隊的可怕實力。

他並沒有讓士兵去攻城，只是讓士兵將船隻開到太平城靠江的城牆邊，用短梯從容的爬上了城頭，一舉殲滅了三千守軍，當陳友諒的漢軍從城牆爬下來時，很多守軍還沒反應過來，呆呆的看著漢軍，他們無論如何想不通，這麼高的城牆，還有長江天險，難道這些人是飛過來的？

太平被攻破了，應天就像一個赤裸的孩子，暴露在陳友諒的利劍下，陳友諒已經殺了徐壽輝，成為了皇帝，現在他的目標只有朱元璋，僅有一萬水軍，看似不堪一擊的朱元璋。

天下已經在我手裡！

看來上天要拋棄朱元璋了，無論從哪個角度來看，他都沒有贏的希望，每次當他到玄武湖看到那些破爛的漁船時，總有想一把火把這些垃圾燒掉的衝動。

但事情總是有轉機的，就在陳友諒大軍南下之前不久，上天送了一份大禮給他，這份大禮是一個人。

天文學很重要

至正二十年四月，朱元璋的部下胡大海攻下了處州，胡大海是一個愛惜人才的將領，他聽說附近有幾個隱士很有才能，便派人去請，所謂隱士，是指神龍見首不見尾，別人已經吃完午飯，他還在洗臉的那種人，未必真有本事，但不管如何，多拉一個人下水總是好的。

這幾位隱士的名字分別是葉琛、章溢、劉基。

前兩個人接到邀請，立刻就來了，可是最後的這個劉基是怎麼請都不來。

胡大海覺得此人架子太大，不想再去請了，可有人對他說，葉琛和章溢請不請無所謂，這個劉基一定要請，因為這個人懂天文。

今天的人們對天文學的興趣有限，可在當時，這可是一項了不起的本事，不是什麼人都能學的，屬於帝王之學的一種，地上的君王們覺得遼闊的土地已經不能滿足自己的欲望和虛榮，便把自己的命運和天上的星星聯繫在一起，出生的時候是天星下凡（一般要颳風下雨），即位時候是紫微星閃耀，被人奪位是異星奪宮，死的時候的是流星落地。

總而言之，都和星星有關，懂這門學問的何止是人才，簡直是奇才。

於是胡大海就上報朱元璋，朱元璋甚是感興趣，便派了一個叫孫炎的人來召劉基，但劉基就是不給面子，逼急了就回贈了一把寶劍給孫炎，這是一個不友好的舉動，而孫炎眼見使命不能完成，也急了，撕下了溫情的面具，對劉基說了一句意味深長的話：你這把劍應該獻給天子，天子用劍專門斬殺那些不聽話的人（劍當獻天子，斬不順命者）。

劉基明白了，這個眼前虧吃不得，乖乖的去朱元璋的手下做事。但當時的朱元璋對他的真實能力並不了解，把他看成算命先生之類的角色。

金子總會發光的。

決斷

當太平失守的消息傳到應天後，朱元璋召集他的謀士們商量對策，在會議出現了不同的意見，大部分（注意這個詞）主張逃跑，另外一部分主張退守紫金山，但這兩部分人在一個問題上是一致的，那就是放棄應天。

這些平日自吹神機妙算的謀士在此時露出了他們的真面目，除了痛罵常遇春外，他們做的事情也只是吹噓漢軍的強大，太平如何失守，自己的軍隊如何差等等。

總而言之，言而總之，絕不能戰，戰則必亡。

朱元璋失望的看著這些人，他相信他們中的大部分人都打好了包裹，給老婆孩子準備了逃跑的車輛，隨時準備投靠新的老闆，然後在他摔跤倒地的時候再踩上一腳。落井下石、趁火打劫從來都是這些人的特長。

此時，他看到了臉色陰晴不定的劉基，似乎有話要說，他開口問道：「劉基，你有話說？說吧。」

劉基的那些同僚們停止了議論，看著劉基，自從這個人到了朱元璋手下擔任謀士後，沉默寡言，也沒有出過什麼主意，大家不怎麼瞧得起他，只是因為此人脾氣很好，從不發火，人緣倒還不差。

劉基站了起來，長時間的等待和傾聽已經消磨了他所有的耐心，他露出了自己的真面目，不再是一個好好先生，是上知天文，下知地理，運籌帷幄，決勝千里的劉伯溫！

他用輕蔑的眼光俯視著這些平日自視甚高的所謂才子們，用一種幾乎歇斯底里的語氣大聲說道：「那些說要投降和逃跑的人應該立刻殺掉！你們就這麼膽怯嗎！現在敵人雖然強大，但卻驕橫，只要我們誘敵深入，使用伏兵攻擊，打敗陳友諒是很容易的！一味只想著逃跑的人，難道也有臉自稱為臣嗎？」

他訓斥了那些懦弱的人，並詳細分析了局勢，告訴所有的人，陳友諒並不是不可戰勝的，周圍的人被他驚呆了，愣愣地看著他。

「如果我們失去了應天，還能去哪裡呢，我雖力薄，也能拼命！要走你們走，我絕不走！」

「我哪裡也不去，誓與應天共存亡！」

他的聲音如同狂風暴雨，掃蕩著大殿的每一個角落。

朱元璋百感交集，看著這麼多的所謂從龍之臣只為自己打算，而這個剛剛到自己手下做事的人卻能以自己的勇氣說出與城共存亡這樣的話，他不是沒有畏懼感，他很明白，如果陳友諒攻下了應天，自己多年奮鬥的心血會毀之一旦，他也會像徐壽輝一樣成為陳友諒皇位的墊腳石，不可能做和尚，不可能做農民，等待他的只有死亡。

他當然想一戰殲滅陳友諒，讓這個討厭的人從世界上消失，可是陳友諒太強大了，強大到似乎無法戰勝，那龐大的戰船就象可怕的怪獸，會將他和他那弱小的水軍吞沒。

那就躲躲吧，可是又能躲到哪裡去呢，滁州？濠州？像狗一樣被人追來追去，最後又像狗一樣被人殺死？

劉基的話給了他勇氣，一個弱不禁風的書生尚有如此決心，我又畏懼什麼！我本一無所有，經過多少的艱難險阻才走到今天，難道就不能放手一搏嗎！

他站了起來，用威嚴的目光掃視著每一個人，斬釘截鐵的吐出了四個字：此地決戰！

在確定了戰略方向後，他召集謀士談論如何對敵，大凡這個時候，狗頭軍師們會提出一大堆建議，好的壞的都有，就看拿主意的人識不識貨，這是個一本萬利的工作，如果建議對了，而且被使用了，自己就會成為大功臣，如果沒有被使用，事後也可以證明自己有先見之明，如果出的是壞主意，那也沒關係，老婆不好找，老闆還是好找的，換一個就是了。

有謀士說，應該先攻下太平，然後以太平為屏障與陳友諒決戰。

又有謀士說，應趁陳友諒立足未穩，馬上出擊與他決戰，擊敵半渡，可收全功。

我們客觀的來看，這兩種主意似乎都不錯，提出謀略的人也是很有見識的，但真的行得通嗎？

朱元璋再度表現出了他的軍事天才，這種天分將在今後的軍事生涯中不斷地幫助他。

他分析道，先攻太平是不行的，因為太平城堅固，不能保證一定能攻下來，即使攻下來後，也無法在短時間內守住，陳友諒就會一鼓作氣攻克太平繼而攻擊應天，而那時主力部隊已經極為疲勞，根本守不住應天。主動出擊決戰也是不可取的，因為捨棄堅城不守，貿然出擊，一旦未能與敵軍進行決戰或是戰敗，整個戰局就會陷入被動。

最後，他說出了自己的見解，用手指向了應天城外的龍灣：

「就在這裡。」

計畫與陰謀

朱元璋的計畫是這樣的，考慮到自己的水軍不如陳友諒，他決定把陳友諒誘上岸來，引他進入預定地點，設伏打他。他分析了陳友諒水軍的進攻方向，認為陳友諒的水軍一定會經過長江，進入秦淮河並直抵南京城牆之下，在這條水路上，戰船唯一的阻礙是長江到南京西城牆的三叉江上的一座木製橋，這座橋的名字叫江東橋。

如果陳友諒走這條路，朱元璋的軍隊將直接面對漢軍的可怕艦隊，所以不能讓陳友諒走這條路。

朱元璋為陳友諒的漢軍選定的墓地是龍灣。龍灣有一大片的開闊地，漢軍到此地只能上岸，而自己的軍隊能利用當地的石灰山作屏蔽，隨時可以在後面突襲漢軍。這裡是最好的伏擊地點。

朱元璋召集了他的高級將領們，這些人和他一起從濠州打到應天，個個身經百戰，朱元璋充分地信任他們，在這些將領面前，朱元璋一掃之前的猶豫和躊躇，帶著自信的表情宣布了他的計畫。

首先，他指示駐守城正北方的邵榮放棄陣地，因為他鎮守的正是那個關鍵的地方——龍灣。

其次，他命令楊靖、趙德勝、常遇春、徐達帶領部隊埋伏在龍灣和南城，一旦漢軍進入伏擊圈就進行攻擊。

最後，他本人帶著預備隊駐紮在西北面的獅子山，作為最後的決戰力量。

「此次攻擊，我為總指揮，當我揮舞紅色旗幟時，即代表敵軍已經到達，當我揮舞黃色旗幟時，你們就要全力進攻，決戰只在此時！」

然而徐達提出了疑問：如果陳友諒軍不攻佔龍灣，而直接從秦淮河攻擊應天，這個計畫是無法執行的。

是的，說的有道理，陳友諒帶領的是水軍，必定會走水路，他又憑什麼放棄自己的優勢去和朱元璋打陸地戰呢。

朱元璋的臉上浮現出了一絲狡黠的微笑，他指著將領中的一個人說道：「這就要靠你了。」

這個人叫康茂才。

這是一個戰略意義上的陰謀，康茂才原先是陳友諒手下大將，後來投奔朱元璋，但他仍在朱元璋的指示下與陳友諒有著秘密接觸，用今天的話說，他是一個兩面間諜，是朱元璋埋在陳友諒身邊的一顆棋子。

康茂才早已派人送信給陳友諒，說他將倒戈，建議陳友諒採取水路進攻，他將會在江東橋與陳友諒回合，並將這座唯一阻擋水軍前進的橋樑挪開，讓陳友諒的水軍經過秦淮河直抵南京城牆之下。陳友諒大喜過望，並表示一定會在勝利後重賞康茂才，在得到陳友諒的回音後，朱元璋命令李善長連夜重造了一座石橋。

這座石橋將給予陳友諒最為沉重的精神打擊。

朱元璋宣布了他的全部作戰計畫，以堅定的目光看著他的將領們：「我們自濠州出發以來，經歷了無數困苦，打敗了無數敵人，才取得今天的一方土地，雖然陳友諒比我們強大，但只要我們敢於迎戰，勝利一定屬於我們！」

「我相信我是對的。」

朱元璋是一個了不起的人。

在通往勝利之門的路上，你會撿到很多鑰匙，這些鑰匙有的古色古香，有的金光閃閃，但只有一把才能打開那扇門。

在進行決策時，會有很多人在你耳邊提出他們自己的意見，將他們手中的鑰匙交給你，讓你去選擇，但這個遊戲最殘酷的地方在於：

你只有一次嘗試的機會。

如果失敗了，你將失去一切。

在戰役實施中，只有一個時機是最適合的，能抓住這個時機的，即是天才——拿破崙。

朱元璋在那紛繁複雜的環境中，在無數的建議中，堅持了自己的看法，牢牢地抓住了那把開啟勝利之門的鑰匙。

他的成功不是僥倖的，他當之無愧。

他正等待著陳友諒的到來。

陳友諒此時正沉浸在巨大的喜悅中，他已經成為了皇帝，現在所有的文武百官都在面前低著頭，聆聽他的訓示，他的艦隊已經兵臨城下，應天指日可克，朱元璋將永遠消失在世界上，這片大地上的百姓將在他的管理下，成為他的臣民。

我不是漁民的後代，從來都不是！

好消息一個接著一個，安插在朱元璋軍中的康茂才已經成為我的內線，他將在明天為我打開通往應天的道路，我的艦隊將一往無前，征服這個富庶的地方。然後就是張士誠，他不過是個軟弱的傢伙，絕不會是我的對手，我將是最後的勝利者！

龍灣的圈套

至正二十年六月二十三日，也就是徐壽輝被殺後的第七天，陳友諒率領他的艦隊沿秦淮河一路進攻，到達了江東橋，陳友諒難掩激動的心情，親自登岸，在夜色中輕聲叫出了聯絡的暗號：

老康！

無人應答。

第二聲：

老康！

仍舊無人回答。

陳友諒借著皎潔的月光仔細觀察了江東橋，他驚奇的發現這並不是康茂才所說的木橋，而是石橋！

陳友諒感覺血液凝固了，他喊出了之前無數人喊過，之後還會有無數人喊的名言：中計！

按照他的估計，此時應該是「火把叢生，殺聲遍地，伏兵殺出」，可是在他驚慌一陣後，卻發現什麼也沒有發生，這是怎麼回事，一向精明的陳友諒現在也是丈二金剛摸不著頭腦，康茂才莫非是有事來不了了？

無論如何，這裡很危險，不能久留。

正在此時，他得到了消息，自己的弟弟陳友仁已經統率一萬人馬在新河口之北的龍灣登陸，並擊敗了駐守在此地的軍隊，正等待大軍的到來。

那就去龍灣登陸吧。

陳友諒命令船隊加快速度，於當日下午到達了龍灣，之後他組織士兵上岸，一切都很順利，但他不知道的是，一雙眼睛正在不遠處的獅子山上看著他。

那是朱元璋的眼睛。

他的預料沒有錯，陳友諒果然放棄了在江東橋進攻的企圖，他是一個疑心重的人，必然選擇穩妥的進攻方法。

在確定所有的士兵都進入了伏擊圈後，朱元璋搖動了紅旗。

此時，隱藏在石灰山後、應天南城、大勝關的五路軍隊從不同的地方出現，但他們並沒有搖旗吶喊，而是靜靜的看著漢軍，他們沒有接到進攻的命令。

漢軍的士兵們終於發現自己掉進了一個大大的麻袋裡，敵人就在眼前，甚至可以看見他們盔甲上的反光，而這些敵人紋絲不動，正用一種奇怪的眼神看著他們，那種眼神好似家鄉過年時屠戶看著圈裡的豬羊。

戰場上出現了可怕的寧靜。

比死亡更可怕的寧靜。

這是令人毛骨悚然的一幕。

他們並沒有在這種可怕的沉默中等待多久，獅子山上的朱元璋揮動了黃旗。

五路軍隊在徐達、常遇春、馮勝的率領下對漢軍展開了輪番衝擊，騎兵來往縱橫，所向披靡！早已經驚慌失措的漢軍無法抵抗，他們紛紛奔向自己的船隻，然而此時正是退潮之時，船隻擱淺，大多數漢軍只能跳入長江逃生。陳友諒擠進能夠開動的小船上逃命，一路逃到九江，勝利的夢想就此破滅。

此戰漢軍在戰場上留下了二萬具屍體，七千名俘虜，而朱元璋的軍隊幾乎沒有受到什麼損失，還俘獲了一百艘大船和數百條小船，朱元璋借助這些船隻為即將到來的最後決戰做好了準備。

陳友諒打了敗仗，逃回了江西，而張士誠正如朱元璋所說的那樣「器小」，眼睜睜的看著陳友諒被痛打一頓，只派了幾千兵馬在江浙與朱元璋接壤一帶武裝遊行了一番，就打道回府了，這個人確實如陳友諒所說，刀架在脖子上才會著急。

不速之客

龍灣之戰勝利後的一天，紫金山上的禪寺迎來了一位香客。當時的應天雖然已經為朱元璋所管轄，但治安情況仍然不好，所以寺中僧眾一到晚上就會緊閉寺門，這天黃昏時分，這個香客走進了寺廟的大門，口稱天晚無法趕路，希望留宿一夜，看門的小僧看此人相貌不俗（很醜）且十分兇惡，竟然不敢阻攔，讓他進了內寺。

禪寺的主持聞聽此事，慌忙出來看，當他初見此人，也不禁吃了一驚，但他畢竟是見慣大場面的人，細看之下頓覺此人身上自有一股豪邁之氣，且帶一把寶劍在身，他暗自揣測這人極有可能是出外打劫的強盜，像這種人一定不能得罪，如果激怒了他，一把火燒了禪寺，自己和老婆孩子怎麼辦，於是作主留他一晚。

此人正是應天的鎮守者朱元璋，在龍灣戰勝後，他也頗有些得意，常微服出巡，這也成為他之後幾十年的習慣，這天他來到紫金山下，見山上有一座禪寺，回憶起自己當年做和尚的情景，便到寺中一遊。

這天夜裡，住持左思右想睡不著，他怕那個強盜嫌疑極重的人晚上會出來鬧事，可這話也不能直說，他思慮良久，終於想出了個好主意。他決定邀請這個人去大殿講禪。

所謂講禪和魏晉時期的清談差不多，一群人吃飽了飯，坐在一起吹牛，反正吹牛也不上稅。

朱元璋深更半夜被吵醒，得知居然是讓他去講禪，哭笑不得，他是何等精明的人，自然明白住持的意思，住的還是人家的地方，禮貌起見，他隨住持來到了大殿。

此時，空曠的大殿裡，只有他們兩個人，分東西坐定後，住持開始仔細的打量起朱元璋來，他發現此人衣著樸素，雖面相兇惡，但舉止還透著一股土氣，頓時對此人大為藐視。做強盜做到這個地步，連件好點的衣服都沒有，說他是強盜都抬舉他了，頂多是個鄉巴佬。但既然是講禪，還是要說點什麼的，於是住持開口了：「施主何方人氏？」

朱元璋答道：「敢煩禪師下問，在下祖籍淮右。」

「所持何業？」

「目下無業，唯四處遊俠而已。」

住持一聽此言，便覺自己判斷不錯，他準備教訓一下這個鄉巴佬

「我觀施主面相，似有殺氣，目下天下大亂，望施主早擇良業，安分守己，閒來無事探研佛道，可悟人生之理。」

朱元璋不動聲色的問道：「不知何謂人生之理。」

「人生之理即心境二字，我送施主兩句真言，望好自揣摩。」

「敢情賜教。」

「先祖有云：境忘心自滅，心滅境無侵，人生無非虛幻，得此境界即可安享太平。」

朱元璋看著眼前這個面露輕蔑之色的和尚，沉默良久，突然大笑！

笑聲在空曠的大殿裡迴盪，久久不去。

住持大驚失色，朱元璋站起身來，緩步走向住持，突然抽出腰間寶劍，將劍架在他的脖子上！

住持再也掩飾不住，驚慌失措，顫聲說道：「你想幹什麼，如要錢財，可以給你。」

朱元璋厲聲說道：「禪師心境如此了得，為何也會害怕！方今天下，所以大亂，唯因民不聊生，兵荒馬亂，只由隔岸觀火！如天下太平，誰願遊俠，如爾等人，飽食終日，娶妻生子，只是妄談心境，苟且偷生，可恥！！」

言畢，朱元璋歸劍回鞘，朝自己的禪房走去。

住持此時才發現，眼前的這個衣著簡樸的人實在深不可測。

他對著朱元璋的背影大聲喊道：「貧僧有眼不識泰山，敢問施主高姓大名？」

朱元璋的背影沒有停留，越走越遠。

住持歸房一夜未眠，他的直覺告訴他，這個人是個了不起的人物，他決定第二天要問個明白。

第二天，他起身後，便跑到朱元璋的禪房，但已是人去房空，在大殿的牆壁上，卻留著用朱砂寫就的幾行大字：

殺盡江南百萬兵，腰間寶劍血猶腥！

老僧不識英雄漢，只管嘵嘵問姓名。

十 等待最好的時機

對於陳友諒來說，失敗是他所不能承受的，畢竟一直以來，他都是成功者，但這次他是徹徹底底的輸了。他認為上次戰敗的教訓在於沒有充分利用自己的水軍，所以他更加用心調教自己的艦隊，應該說陳友諒為中國的造船事業做出了貢獻，後來偉大的鄭和船隊使用的航船技術和造船技巧就是從陳友諒那裡繼承過來的，當然，也算是搶過來的。

這次，他製造了一種秘密武器，這是一種非常可怕的戰船，這種戰船高數丈，上下居然有三層，每層都可以騎馬來往，下層只管划船，上下層相隔，這種設計非常科學，上面打得天翻地覆，下面還能保持動力，更為可怕的是，每條船外面還用鐵皮裹著，這應該是當時名副其實的航空母艦。

另一個設計就很能表現陳友諒的性格了，這種戰船上下之間的隔音效果非常好，下面只隔一層木板，就是聽不見上面說話，看來陳友諒還是中國隔音技術的開創人之一。這種設計最大的好處是，能夠把人隔絕開，即使上面吃了敗仗，下面還是照樣會拼命，還能防止洩密。反正要跟著我陳友諒一條路走到黑。

這種心思機巧的人，真是不能不服啊。

此時在他下游的朱元璋也不輕鬆，他知道上次失敗的損失對於財大氣粗的陳友諒來說只是九牛一毛，大戶人家，家裡有的是糧，碰到災荒什麼的不用怕，挺一挺就過去了，可是自己還是名副其實的貧農，手裡有的只是那一點從陳友諒手中繳獲來的傢伙，萬一出點什麼事，這個秋風向誰去打？

更讓他煩惱的是，陳友諒在上游，他在下游，讓他很不舒服，這種心理其實我們很容易理解，好比你住在山坡下面，他住山坡上面，每次都要抬頭看人家，很難受。

陳友諒在江裡洗臉，朱元璋就要喝他的洗臉水。

陳友諒在江裡洗腳，朱元璋就要喝他的洗腳水。

陳友諒在江裡撒尿，朱元璋……

這個揮之不去的人就像達摩克利斯之劍，總是高懸在朱元璋的頭上，哪有一夜得好眠。

一定要打敗他。

陳友諒有了新式武器，他非常高興，從至正二十一年（一三六一）開始，他不斷和朱元璋打水戰，結果是勝多敗少，他更加迷信武器的威力。

應該說陳友諒的失敗很大原因就是他沒有認識到什麼樣的武器是最強大的，不是軍隊的人數，不是武器是否先進，不是強大的艦隊，而是人心。

轉變

趙普勝是一個優秀的將領，每次進攻他總是手持雙刀帶頭向對方發起進攻，從來不是叫著「弟兄們上」的那種人，威信非常高，他對陳友諒也不錯，由於自己是個大老粗，他很敬佩會讀書寫字的陳友諒，每次都叫他陳秀才，把他當自己的兄弟看，而陳友諒為了能夠控制天完國，殺害了他，趙普勝臨死也沒有想到平日笑面迎人的陳秀才會殺他。

陳友諒達到了自己的目的，可是他不知道的是，自己失去的遠比得到的多。從士兵的竊竊私語和議論中，從部下那異樣的眼神中，他似乎感覺到了什麼，但他並不在乎，自己控制了最強大的戰爭機器，自己就是最強大的人。

變化就在人們的心裡，這是一個背信忘義的人，人們對陳友諒的評價大抵如此，從此天完的士兵們不再為了建立自己那理想的天完國打仗，他們打仗只是要拿餉銀，活下去。

而一支沒有理想，只是為吃飯打仗的軍隊是沒有戰鬥力的，而且很不穩定。

陳友諒很快就會嘗到惡果了。

當陳友諒的水軍不斷取得勝利時，他的部下向他報告了一個不好的消息，鎮守洪都的將領叛變了，投降了朱元璋，這個消息驚呆了陳友諒。

所謂洪都就是今天的江西南昌，王勃的《滕王閣序》中就有洪都新府之言，這個地方對陳友諒太重要了，因為他的吳國首都在江州（今江西九江），這兩個地方有多近，去過江西的朋友應該知道，這相當於是在自己眼皮底下安了個釘子。他絕不允許這種情況的發生。

但出乎意料的是，這次陳友諒沒有匆忙進攻，從他一貫的軍事風格來看，他是屬於那種想了就做，做了再想的人。

可是這次的情況不同，他吸取了教訓，要準備好一切再去作戰，他不是一個有耐心的人，和朱元璋從至正二十一年打到至正二十二年，都是小打小鬧，他沒有這個心情和貧農朱元璋鬧下去。

他在等待一個最佳的時機，在此之前，先忍耐吧，朱元璋，你終究會露出破綻的。

他確實等到了這個機會。

至正二十三年（一三六三）二月，張士誠突然向朱元璋北邊鄰居韓林兒和劉福通發動了進攻，他攻擊的是韓系紅巾軍的重要據點——安豐（今安徽壽縣），更為致命的是，韓林兒和劉福通都在城中，一旦城破，他們就完了。

張士誠攻擊韓林兒的原因很簡單，他已經於至正十七年（一三五七）投降了元朝，現在他是正規的元朝政府軍了。和壞事做盡、做絕還敢洋洋得意的陳友諒相比，他是個軟骨頭，更具有諷刺意味的是，之後不久，他又恢復了自己的國號吳，真是個私鹽販子啊。

劉福通正在絕望之中，徐壽輝是紅巾軍系統的，可是他不在了，還能指望誰呢，自己打了一輩子仗，就是這樣的下場？

只能靠朱元璋了，雖然自己沒有把都元帥的位置封給他，但相信他還是能念在同是紅巾軍的面子上來救我的。

他向朱元璋送出了求救信，朱元璋收到了，他找來了劉基商量這件事，劉基不說話，先問朱元璋的意見，朱元璋認為一定要救，原因有二：其一，自己也是紅巾軍，而且韓林兒從名義上說還是自己的皇帝。最關鍵的是，安豐是南京的門戶，如果安豐失守，南京也會受到威脅，唇亡齒寒。

這又是一個看似無懈可擊的理由，而且作出這個決定的還是朱元璋本人，但劉基反對。

他能用什麼理由反對呢？

致命的錯誤

劉基與朱元璋針鋒相對，對朱元璋的兩點理由作出了逐條批駁。

首先韓林兒已經沒有利用價值，去救韓林兒，不救出來還好，救出來了怎麼處理呢？

其次，安豐失守是小事，如果陳友諒趁機打來，該怎麼辦？

真是難於抉擇啊，朱元璋經過苦苦的思考，決定還是採取自己的意見，出兵安豐。

劉基十分少有的堅持自己的意見，他拉住朱元璋的衣袖，不讓他走，一定要他放棄進攻安豐的計畫。

朱元璋是一個很頑固的人，長久以來，他的感覺都是對的，這次他仍然相信自己的感覺。

從這件事情上看劉基，就會發現此人確是奇才，不但懂得天文地理，厚黑學水準也絲毫不低於陳友諒，他明白，要想避免弑君的惡名，最好的方法就是讓君主自己死掉。

劉伯溫的名聲果然不是白白得來的。

而朱元璋當時（注意這個詞）在這方面的水準顯然不如劉基。

朱元璋終於率領他的大軍出發了。

大錯就此鑄成。

與三年前他站在獅子山上看著陳友諒一樣，此時陳友諒也在江州看著他。

一股強烈的喜悅感衝擊著他。

機會終於到來！

朱元璋去了安豐，陳友諒對他的行動瞭若指掌，但令人費解的是，他居然沒有採取任何行動！他為什麼不珍惜這個機會，是一個難解之謎。

後來的軍事分析家們往往以他反應遲鈍，判斷錯誤來解釋，然而事實上可能並非如此。作為陳友諒的忠實同盟，張士誠在此時攻擊安豐本來就帶著威脅應天的意味。在之後的戰爭進程中，他還會給朱元璋設計一個圈套，一個大大的圈套。

至正二十三年（一三六三）三月初一，朱元璋出發救援安豐，他此行的戰果可能是：

一、安豐解圍成功，韓林兒和劉福通得救，他將獲得巨大的威望，韓林兒從此成為他的傀儡。

二、安豐失守，韓林兒和劉福通死去，自己將不受任何人管轄。

三月十三日，朱元璋到達了安豐，並且得到了他最後的戰果。

安豐失守，劉福通戰死，韓林兒卻於亂軍中被他救了出來。

這是一個讓朱元璋哭笑不得的結果，不但沒有守住門戶，反而多了個累贅。

而他不知道的是，一張更大的羅網已經向他張開。

陳友諒正在饒有興趣的看著朱元璋的表演，並準備著自己的下一步計畫。

是的，安豐還不夠遠，遠遠不夠，這裡不是一個理想的地點，必須找一個地方讓朱元璋耗盡他的全部力量，然後再與他決戰。

洪都背棄了我，我卻沒有攻擊洪都，不是我不想，只是時候未到，在此之前，我只能忍耐。當你被那張羅網困住的時候，就是我出擊的時候。

朱元璋，我改主意了，我不趕你走了，我要殺了你！

敢於與我為敵，不服從我的人，只有滅亡一途！

朱元璋帶著失望的情緒踏上了回應天的路，看著身邊的這個韓林兒，不知該如何是好。

與此同時，張士誠的軍隊並未就此罷手，在朱元璋撤退的路上，他們組成小股武裝對朱元璋的數萬大軍不停的進行騷擾，這個讓人厭煩的私鹽販子！這種不打不逃的游擊戰術讓朱元璋很是惱火，於是他做出了他軍事生涯中最錯誤的一個決定；

進攻廬州！

朱元璋終於鑽入了圈套。

出征！

廬州就是今天的安徽合肥，此城非常堅固，而且有張士誠的重兵把守，朱元璋的打算很明顯，他攻下了廬州，就打開了通往張士誠老巢江浙一帶的道路，這也可以算是此行徒勞無功的一種補償。

但徐達堅決反對他的主張。

在朱元璋的營帳中，徐達反覆陳述著他的主張，救援安豐已經是失策，而現在進攻廬州，堅城之下，必然難克，如陳友諒此時出兵，必有不測之禍。

朱元璋卻不以為然，自己出軍安豐，陳友諒毫無動靜，此人見識不過如此，有何可懼？

徐達仍然堅持自己的觀點。

朱元璋突然大喝一聲，打斷了徐達，他的眼中燃燒著怒火，此行不但毫無建樹，還給自己弄來個不清不楚的領導。如此狼狽，回去有何面目見劉基。他下定了決心：

「你不用再說了，我決心已下，必取廬州！」

「出征！」

與此同時，被朱元璋認為毫無見識的陳友諒正在他的行宮裡，最後一次打量著他的王宮，在他身後，站著漢軍的所有高級將領。

他一刻也沒有閒著，在這裡的幾十個日夜裡，他已經動員了這個最強大戰爭機器裡所有的潛力，組成了六十萬大軍，將乘著無敵的戰艦，對朱元璋發起最後的攻擊！

再也不用忍耐了，朱元璋，你的末日到了！

他端起了酒碗，對著他的將領們說出了最後的話：

「此次出征，我軍傾巢而攻，是取不留後路，破釜沉舟之意！此戰有進無退，有生無死！蕩平朱逆，只在一役，天下必為我大漢所有！」

他一飲而盡，將酒碗碎之於地。

「出征！」

兩支軍隊，從不同起點，向著不同的目標出征了，但他們終將到達那宿命中的戰場，迎接最後的決戰！

十一　洪都的奇蹟

至正二十三年（一三六三）四月，陳友諒率領他的軍隊開始了自己最後的征程。

也就是在此之前不久，一個人來到了洪都，他是受朱元璋委派來此地鎮守的。

這個人叫朱文正。

此人是朱元璋的親侄子，由於洪都的位置很重要，不容有失，很多人都沒有想到朱元璋會把鎮守洪都如此重要的工作交給這個嘴上還沒有長毛的傢伙。

他不過是個紈袴子弟。這是朱文正還未上任前人們對他的評價。

從實際情況來看，這個評價並沒有錯的。

這位朱文正同志一到洪都就留連於煙花之所，整日飲酒作樂，還譜了曲，讓使女們日夜排演。而軍事布防等重要工作則交給下屬去操辦，自己並不打理。

他的所作所為十分符合花花公子、敗家子、浪蕩子弟等不良形象的典型特徵。

每次看到朱文正喝得醉醺醺，不省人事，屬下只能搖頭歎氣，這真是個大爺，什麼也指望不上他了。洪都危矣。

陳友諒的第一個進攻目標正是洪都。

後人一直為陳友諒的這個決定不解，為什麼不直接進攻應天呢，那樣朱元璋將腹背受敵，不堪一擊，陳友諒為什麼現成的便宜不撿呢？

這似乎是個很難解釋的問題，但我相信，在陳友諒那裡，這個問題很好解釋。

陳友諒的性格弱點注定了他一定會進攻洪都。

他是一個心黑手狠的人，一直都在背叛和欺騙中生活，對這些東西並不陌生，洪都的投敵對他而言應該並不是什麼意想不到的事。

但從心理學上來說，像他這樣的人最忌諱的就是被人所背叛，對一個人而言，他最厭惡的往往就是自己所擅長的。

屬於我的東西，一定要拿回來！

攻下洪都，就可以教訓那些背叛我的人，讓他們懂得，對我陳友諒要絕對的忠誠！

只許我負天下人，不許天下人負我，是這類人的通病。

當然了，攻下洪都還有很多好處，此處可以作為進攻應天的基地，進可攻，退可守，如果攻擊不利，也可以控制下游，徐圖再戰。

紈袴子弟朱文正的各種軼事自然也傳到了陳友諒的耳朵裡。這對他而言又是一個極大的鼓勵。

攻下洪都，易如反掌！

但他似乎少考慮了一點：

以朱元璋之精明，不可能不知道朱文正的言行，怎麼會把如此重要的一個位置交給這樣的人？

就在陳友諒向洪都進軍的當天，收到這一消息的朱文正收起了他那套飲酒取樂的行頭，對陳友諒露出了猙獰面目。

天下第五名將

人們的傳統觀念中，往往以是否熱衷於吃喝嫖賭作為標準來衡量人的好壞，如果按照這個標準，朱文正同志就一定是個壞人了。

但人們往往忽視了這樣一個事實，這個世界上還存在著有用的壞人和無用的好人。

朱文正是一個不折不扣的壞人，這也導致了他後來的悲劇，但毫無疑問的是，他是一個有用的人。

在朱元璋手下，有著很多天才將領，他們的軍事才能和功績不遜色於歷史上任何名將。在這眾多的將星中，朱文正是耀眼的一顆。

按照軍事天賦和功勞，朱文正大致可以排在將領中的第五位，這並不是因為他不夠優秀，而是因為他前面的四個人都是無法超越的。後面將講述他們幾位的故事。

與朱文正共同守衛洪都的還有一個人，鄧愈，這也是個關鍵人物，如果要排名的話，他應該排在第六。因為他就是後來的開國六公爵之一。

朱文正在大敵當前之下，顯示了自己的能力，洪都是一個堅固的城池，但有一個缺點——門太多，我統計了一下，共有撫州、宮步、土步、橋步、章江、新城、琉璃、澹台八個門，此外還有水道門。

多門是大城市繁華的象徵，但當這座城市面對六十萬大軍的時候，這種繁華就變成了噩夢。由於人多，攻城的軍隊大可以同時攻打各門，防守方卻會顧此失彼。

但朱文正確實是一個不世出的軍事天才，城裡可用的兵用來防守實在是捉襟見肘，但他卻能調配得井井有條。

他應該感到幸運，在城中駐守的都是身經百戰的將領，他根據這些將領的特點作出了調配：最重要的撫州門由鄧愈防守；趙德勝防守宮步、土步、橋步三門（這個比較累，任務最重）；薛顯（猛人）守章江、新城兩門；

牛海龍、趙國旺守琉璃、澹台兩門。

朱文正可能是學會計出身的，他在安排好防守兵力後，居然還能剩下兩千人（怎麼擠出的），用來隨時支援各門。

萬事俱備，只等陳友諒了。

洪都之戰將成為陳友諒的噩夢。

最後的動員

陳友諒率領大軍向洪都前進，關於他軍隊的實際人數，歷來有爭論，我根據其戰船的規模估計出了一個大概數字，他的戰船最大的可以裝兩三千人，小的也能裝一千餘人，而他此次出征的戰船有兩百多艘，那麼人數大約在四十萬到六十萬之間。是名副其實的大軍團。所謂「投鞭斷江」並不誇張。

至正二十三年（一三六三）四月二十三日，陳友諒的大軍到達了洪都。朱文正和他的將領們看到了最恐怖的景象，幾十萬人將城池圍得水洩不通，江面上停滿了巨大的戰船，士兵的鎧甲和兵器閃耀出的光芒比陽光更刺眼，飄揚的旌旗幾十里連成一片，如同一件大大的斗篷籠罩著洪都。

黑雲壓城城欲摧。

朱文正在都督府召開了最後一次全體軍事會議，他一反以往那玩世不恭的態度，莊嚴肅穆的站立著，這讓以往背後議論他無武將之容的將領們非常吃驚，他那肅殺的表情和嚴厲的語氣令人喘不過氣，他們都低著頭聽他訓話。

「我知道你們不喜歡我，在背後議論我，沒有關係，我也並不喜歡你們，但此時陳友諒六十萬大軍已在城下，諸位如要投降，可即出行，我並不阻攔，但若不走，唯有同我一途，戰至城破人亡，一死方休！」

他看著眼前的這些將領們，突然心中湧起了一股巨大的悲涼感，在這場戰爭中，有多少人可以活下來呢，還能看見他們嗎，自己呢？

他用可能是一生中最溫和的口吻結束了這次訓話。

「諸位珍重，望來日以富貴相見。」

將領們聽到了這句話，都抬起頭來，他們驚奇的發現，朱文正的眼中竟似含著淚水。

什麼都不用說了，對於這些在刀口上度日的人來說，他們很明白目前的形勢，他們不喜歡朱文正，不喜歡他的放蕩不羈，但他們明白，現在他們是真正意義上的戰友。

他們分別向自己駐守的城門走去，對於他們中間的很多人來說，那裡就是生命的終點。

所謂戰友，就是同生共死的夥伴。

四月二十四日，陳友諒發動了進攻，洪都戰役開始。

意志的較量

陳友諒的軍隊首先選擇的進攻目標正是鄧愈守護的撫州門，此門四面開闊，十分適合進攻，陳友諒決定，就從這裡進城！

拂曉時分，漢軍向撫州門進攻，戰況十分激烈，城內的士兵不斷的把準備好的大石頭、大木頭向城樓下的士兵砸去，陳友諒的士兵使用的是竹盾，對於從天而降的大傢伙顯然沒有什麼抵抗力，死傷慘重。

這種情況持續了三天，漢軍的屍體在撫州門前堆成了山，卻沒有能夠前進一步。

陳友諒這才感覺到，問題不像他想的那麼簡單。

他嚴令士兵，如果不能拿下撫州門，軍法從事！

二十七日，對撫州門最猛烈的進攻開始了。

陳友諒的士兵們在後退必斬的威逼下，向撫州門發動了攻擊，由於城樓上的箭弩和木石太猛，攻城木無法使用，士兵像發瘋一樣，用手中兵器猛砍城牆，居然把城牆敲出一個十餘丈的大口子（豆腐渣工程），大凡到了這個時候，城門的指揮官會下令後撤，進行巷戰，但名將鄧愈用他自己的方法告訴了我們城牆是怎樣煉成的。

鄧愈的殺手鐧。

鄧愈得知城牆被突破後，並未驚慌，他早有預料，準備了後著。

當陳友諒的士兵們越過城牆破口準備進入城中時，發現城裡的士兵用一種奇怪的東西對準了他們。

槍聲大作？是的，鄧愈的後著就是火銃，元末的火槍經過宋代和元代的改造，已經非常先進，可以大規模投入使用，但由於這種東西操作麻煩，很多人（如陳友諒）不願意裝備，雖然他們也偶爾使用，但真正將火槍作為一個單獨兵種使用的只有朱元璋，後來的明軍三大營中的神機營就是火槍營。

這種火槍給陳友諒的士兵造成了極大的心理震懾，一時不敢進攻，鄧愈不愧為名將，他知道漢軍很快就會捲土重來，沒有呆板的去修理城牆，而是迅速的用樹木修建了臨時城牆——木欄。

這種隨機應變的細節最能反應將領的水準。

果然，不久後，漢軍重來，與鄧愈軍爭奪木欄，守軍用弓箭和火槍還擊，但由於敵軍太多，漸漸不支，此時，閒著沒事做的琉璃、澹台兩門守衛牛海龍、趙國旺帶領士兵前來助戰，朱文正此時正確分析了戰場形勢，帶領主力親自趕來增援，守軍士氣大振，與漢軍死戰，朱文正考慮到城牆如果不修好，遲早抵擋不住對方的進攻，便命令一邊作戰，一邊修城牆。

說實話，我現在還無法想像那是個什麼景象，前面的士兵在拿刀拼殺，他們後邊的人用水泥刀砌牆。

陳友諒也認識到撫州門的城牆是一個絕好的突破機會，他親自督戰，務求必克。

陳友諒和朱文正就在不遠的地方對望，當他看到守軍的勇猛，才感覺到自己可能錯誤的估計了朱文正的能力。

這場慘烈的戰役，從早上打倒晚上，雙方似乎都沒有回去休息的意願，為鼓舞士氣，雙方將領都親自上陣，洪都總管李繼先、跑來幫忙的牛海龍、趙國旺全部戰死，一直打到第二天早上，朱文正的施工隊修好了城牆，漢軍見攻城無望，終於退去。

此戰是開戰以來最為艱苦的一戰，雙方以命相博，最後的勝利屬於朱文正，但他的損失也極為慘重，自己也負了傷。

回去一定要宰了那個承包撫州門城牆工程的傢伙，我相信這是朱文正最想做的事情。

此戰的慘烈也讓陳友諒心有餘悸，在之後的幾天內沒有發動大規模的進攻，而是分兵佔領了吉安，作為後盾。城內的士兵在經歷了殘酷的戰鬥考驗後，逐漸成長和適應了戰爭，事實證明，陳友諒此時的鬆懈是一個巨大的失誤，不久之後，他將面對更為頑強的防守。

在經歷了一個星期的小規模進攻後，陳友諒重新發動了大規模的進攻。

五月初七，陳友諒在實地勘查城防後，決定攻打新城門。

這不是一個好的抉擇，因為守衛新城門的是薛顯。

薛顯此人，用今天的話說，應該算是個亡命之徒。一向以彪悍無理聞名，在洪都城內也是一霸，無人敢惹，陳友諒很快就會吃虧了。

五月初八，陳友諒命令大軍攻擊新城門，新一輪的攻擊開始。

然而當陳友諒的士兵們穿著鎧甲，拿著竹盾小心翼翼的向城門接近時，卻意外的發現城上的箭石並不猛烈，不禁大喜，陳友諒隨即決定，使用呂公車！

呂公車是一種巨型攻城車，但由於拆卸複雜，不易活動，所以在激烈的戰鬥中很少使用，此時不用，更待何時？

城內的薛顯等待的就是這個時刻。

此時，他打開了城門，漢軍士兵們頓時激動起來，他們死活進不去的城門居然打開了。出來的是薛顯和他率領的騎兵。

正在準備攻城機器的士兵沒有想到，城內的人如此大膽，居然還敢衝出來，頓時陣腳大亂，薛顯帶著騎兵耀武揚威般的衝殺了一陣後，退了回去。

之後，漢軍再也沒敢猛烈進攻新城門。

真可謂我是流氓我怕誰啊。

從五月打到六月，陳友諒一直在望城興歎，難道洪都是攻不下的？

他決定攻擊水路。

六月十四日，他出奇不意的從洪都的水關進攻，然而等待他的是早已守候在那裡的長矛隊。漢軍士兵剛接近水關，守軍就用特製的長矛穿過鐵柵攻擊他們，刺死刺傷不計其數，漢軍拼死用手抓住刺出的長矛，才算暫時穩定住了局勢，此時裡面的守軍的長矛刺擊停頓了下來，漢軍大喜，以為守軍已經逃跑，誰知過了一會，裡面又開始用長矛向外刺，漢軍習以為常，仍舊用手去抓，誰知一抓便慘叫起來，細看才發現，守軍將長矛和鐵鉤在火上烤紅後，再用來刺擊漢軍。

原來剛才是去加熱了。

陳友諒狼狽不堪，他用盡一切方法攻城，但洪都近在眼前，就是進不去。

無計可施之下，他又去攻擊趙德勝守衛的士步門，此戰倒不是沒有收穫，守城大將趙德勝被漢軍的冷箭射死，但立刻有人接替了他的指揮位置，仍然牢牢的控制著城門。

陳友諒陷入絕望。

這是個什麼樣的地方啊！什麼時候才能進去！

其實，城內的朱文正也有著同樣的痛苦。

什麼時候能出去啊！

圍城，真正的圍城。

鋼鐵戰士朱文正

朱文正已經有一個多月沒有睡好覺了，他在陳友諒大軍到來前做好了部署，八個門來回轉，督促將領做好準備工作，作戰之時，他總是穿著盔甲睡覺，一有危險，他要立刻起身，帶領自己手下那點少得可憐的兵力去增援，是名副其實的救火隊員。

當領導真不容易啊。

但他確實堅持下來了，他用他頑強的意志抵抗了六十萬大軍的進攻，把他們阻攔在城下，完全無法動彈。

頑強的意志是可以戰勝強大敵人，朱文正證明了這一點。

大家可能也發現了一個問題，為什麼援兵還不到呢？

如此大的戰役，朱元璋一定已經得到了消息，為何他還不增援朱文正？

這並不能怪朱元璋。

因為朱文正根本就沒有向他求援！

大凡這種敵眾我寡的防禦戰，守將都會在第一時間向主帥求援，寫上諸如你再不來，大家就一起完蛋之類的話，交給送信人，並且還會反覆交代：讓他快點來，不然老子就沒命了！

朱文正真是個奇人。

他似乎把陳友諒當成了到洪都露營的遊客。

洪都戰役打了一個多月，朱文正以豆腐渣工程的城牆和有限的士兵與陳友諒的無敵艦隊反覆較量，靠著他的軍事天才一直支撐了下來，他似乎認為自己還有力量去對抗陳友諒，更大的消耗對方的實力，為決戰做好準備。

但他也小看了陳友諒，一個能夠統管六十萬大軍的指揮者，怎麼會被小小的洪都難住。洪都，只不過是個時間問題。

六月，陳友諒發動了更大規模的進攻，朱文正敏銳的軍事嗅覺告訴了他自己，洪都的抵抗已經接近了極限。再也不能拖延了，他派了一個人去找朱元璋。

這是一個值得一提的人，他的名字叫張子明。

張子明從洪都出發，去找朱元璋，為了保險起見，他白天不趕路，而是找地方睡覺，晚上趁人少才出發（有點類似倒時差）。這種沒有效率的走路方法，使得他走了半個月才到應天找到朱元璋。

此時的朱元璋也是一頭包，他派徐達去攻打廬州，所受到的待遇和陳友諒差不多，始終無法攻破城池。

朱元璋問張子明朱文正的情況，張子明是個聰明人，他沒有說朱文正撐不住了之類的話，而是說：陳友諒來了很多人，但死傷已經十分慘重，而且出師時間過長，糧食差不多了，如果你出兵的話，一定能擊敗他（師久糧乏，援兵至，必可破）。

朱元璋聽了這話後，十分高興，馬上派人去廬州讓徐達班師（早幹什麼去了），準備決戰！

然後他告訴張子明：你先回去吧，我準備準備，不久就去洪都。

不久是多久呢？

朱元璋接著說：讓朱文正再堅持一個月，一個月後我就到了！

一個月？到時朱文正的骨頭可能已經拿去敲鼓了！

張子明的勇氣

話雖如此，張子明還是上路了，這次為了趕時間，他日夜兼程，誰知到達湖口時，被陳友諒的士兵擒獲，陳友諒親自接見了張子明。

張子明給陳友諒的第一印象，是一個呆字，站在那裡，手都不知往哪裡放。

這個人容易對付。

陳友諒開始給張子明做思想工作，從拉家常開始，到天下一統、民族大義等等等等，張子明只是不斷的點頭，到最後他也說煩了，表達了自己的真實想法。

和我合作，誘降洪都，你就能活，不合作，就死。

張子明連忙說，我合作，我合作。

於是，陳友諒派人押著張子明到了洪都城下，讓他對城內喊話，讓城裡的人投降。

張子明連聲答應，走到城下，大聲喊道：

「請大家堅守下去，我們的大軍馬上就到了！」

陳友諒傻眼了，他沒有想到這個柔弱的讀書人有這樣的膽量，氣急敗壞，拿刀殺了張子明。

他這才明白，這個書生並不怕死，只是他的使命沒有完成，他還不能死。

他還一直記得張子明臨死前那嘲弄的眼神。

更讓他不安的是，從他的將領們的眼神中，看到的是對這個讀書人的敬佩。

這些殺人不眨眼的傢伙居然會佩服這個人？

不對，事情不應該是這個樣子的，擁有最強力量的人就可以決定一切，不是嗎？

當我弱小的時候，那些比我強大的人肆無忌憚的欺辱我，現在我擁有最強大的軍隊和力量，這個世界上的所有人都應該怕我，畏懼我，尊敬我！

那麼為什麼這個微不足道的讀書人不怕死，不怕我呢？

陳友諒第一次對自己的行為方式產生了懷疑。

這個世界上有很多事情用暴力和權威解決不了的，陳友諒不明白這個道理，就如同徐壽輝不懂得陳友諒的生存方式一樣。

賭局的開始

至正二十三年六月，在確定了與陳友諒決戰的方針後，朱元璋從廬州調回了徐達的部隊，並召集了他所有的精銳力量，包括二十萬士兵，和他手下的優秀將領徐達、常遇春、馮勝、郭興等人，連劉基這樣的文人謀士也隨軍出征，與陳友諒一樣，朱元璋這次也算是傾巢而來。

遲早有這一仗，躲也躲不過，那就打吧。

陳友諒和朱元璋就像兩個賭徒，一個帶了六十萬，一個帶了二十萬，去進行一場危險的賭局。他們使用的籌碼是無數人的生命，賭注是自己的生命，財富和所有的一切。

但這個賭局最吸引人的地方在於，贏的人將獲得這片大地的統治權。這個獎勵太讓人動心了，沒有人能夠拒絕。

至正二十三年七月六日，朱元璋帶著他的全部賭注從應天出發，去參加這場賭局。

朱元璋不會真的讓朱文正守一個月，他的軍隊以急行軍向洪都前進，不分晝夜，不停的走，向著他們的宿命中的戰場前進。

朱元璋在行軍的路上，這是一個晴朗的白天，江上不時颳起陣風，卻讓人感覺相當溫和舒爽。

朱元璋卻沒有欣賞景色的心情，他的旗艦正向洪都前進，當他回頭時，看到的是他的眾多戰船，以及統帥戰船的文臣武將。這是二十萬的大軍。朱元璋每當想到這裡，心裡就止不住的激動。

從一個一無所有的放牛娃，到今天千軍萬馬的統帥者，我是怎樣走到這一步的啊，那麼多的艱難與困苦，悲涼與絕望，我都挺過來了，現在我要去爭奪天下！

陳友諒是如此的強大，無敵的戰船，勇猛的士兵，他一直都比我強，一直都是。

已經不是三年前了，已經沒有伏擊這樣的便宜可撿了。這一次我要面對的是他真正的力量，只能硬碰硬！

朱元璋的手不禁的顫抖起來，這種顫抖是畏懼，也是期望。

當面對強大的敵人時，人們的第一反應往往是初生牛犢不怕虎，先上去拼一拼，不行再說。這個行為的錯誤之處在於，牛犢並非不怕虎，而是因為它不知道虎的可怕。

當朱元璋弱小時，他專注於擴大自己的地盤，佔據滁州！佔據和州！陳友諒、張士誠算是什麼東西！

然而隨著他自己的不斷強大，他才意識到自己面前的是怎樣的一個龐然大物，是怎樣的可怕與不可戰勝。他終於開始畏懼。

越接近對方的水準，就越了解對方的強大，就會越來越畏懼。當他的畏懼達到極點的時候，也就是他能與對手匹敵的時候！

朱元璋不斷的追趕陳友諒，不斷的了解陳友諒的可怕，也不斷的增強著自己的實力，只為那最後的決戰，戰勝了他，天下再無可懼！

以顫抖之身追趕，以敬畏之心挑戰。

陳友諒，我已經有了和你決戰的本錢，你已經在洪都耗了兩個月，士氣和糧食還能剩下多少，我雖兵少，但絕不怕你！

只要打倒了陳友諒，我就是天下之主！

此時江上突然狂風大作，朱元璋的坐船搖晃起來，他也從沉思中猛然醒來，這裡不是決戰的戰場，陳友諒也不是那麼容易打敗的，要戰勝他，還有很長的路要走。

馬渡江頭苜蓿香，片雲片雨渡瀟湘。

東風吹醒英雄夢，不是咸陽是洛陽。

勝利仍然遙不可及，還是考慮一下怎麼作戰吧。

陳友諒，我來了！

七月十六日，朱元璋大軍到達湖口，為了達到與陳友諒決戰的目的，他分兵兩路，分別佔領了經江口和南湖口，同時還封鎖了陳友諒唯一可以退卻的武陽渡口，堵塞了陳友諒的退路。

朱元璋經過反覆考慮，正確的認識到，要徹底戰勝陳友諒，唯一的方法是徹底摧毀它的水軍，他決心與陳友諒在水上決出勝負。

七月十九日，陳友諒在得知朱元璋來援並且封鎖自己退路的情況後，主動從洪都撤退，前往鄱陽湖尋求與朱元璋決戰。

他徹底膩煩了和這個人打交道，也不想再等了。他沒有尋求突圍，回到江州，雖然這對他來說很容易，朱元璋封鎖江口的那些破船根本不放在他的眼裡。

我已經沒有耐心了，既然你要水戰，那就來吧，就在水上決一雌雄！

七月二十日，朱元璋水軍與陳友諒水軍分別來到了鄱陽湖，在康郎山相遇，兩隻軍隊經過無數的波折，終於走到了最後決戰的地點。

大戰就在明日！

鄱陽湖，又稱彭澤，北起湖口，南達三陽，西起關城，東達波陽，南北相望三百餘里，對當時的朱元璋和陳友諒來說，可謂是浩瀚無邊。它上承贛、撫、信、饒、修五江之水，下通長江，由於南寬北窄，形狀像一個巨大的葫蘆。

毫無疑問，就地形而言這是一個理想的戰場。

西元六七五年，不世出的天才王勃前往交趾看望自己的父親，路過滕王閣，為壯美的山色湖光所感，一揮而就了流芳千古的《滕王閣序》。

當王勃登上滕王閣，遠眺碧波萬頃、水天相連的鄱陽湖，不禁壯懷激烈，寫下了為後人傳頌千古的名句：**「落霞與孤鶩齊飛，秋水共長天一色。」**

現在，這個映照著無上光芒的地方，將成為一個更為光彩的舞臺，在這個舞臺上，將上演這場戰爭中最為精彩的一幕。

決戰前夜

朱元璋的艦隊停靠在南鄱陽湖的康山，與陳友諒的艦隊對望，可以清晰的看到敵方船上的燈火。

明天就要決戰了，這是朱元璋畏懼的，也是他所盼望的，輸掉戰爭就將一無所有，贏得戰爭就獲得一切。

朱元璋的思緒又回到了二十年前，他接到湯和來信的時候。

如果那時，我不選擇投軍，現在我的人生會是如何呢，也許在某一個地方平靜的生活著，過完自己的一生。

事實證明，現在我走的這條路是最為艱難的，從郭子興到韓林兒，從滁州到應天，這是怎樣的一條路啊，在陰謀和背叛，流血和殺戮中生存下來，就是我的宿命嗎？

已經不能回頭了，和尚不能做了，農民不能做了，甚至乞丐也不行，要麼成為九五至尊，要麼戰敗身死！

我經歷了常人不能忍受的磨難，忍受了常人不能忍受的痛苦，這是我應得的！我所等待的就是這一天！

一定要勝！

勝利必定屬於我！

陳友諒，以性命相搏吧！

對岸的陳友諒也在沉思，但他考慮的卻是另一個問題。

從自己參加起義開始，腦海中似乎就沒有信義這兩個字，為了走到現在的位置，我殺了很多人。

倪文俊賞識我，提拔了我，對我有知遇之恩，我殺了他；

趙普勝是個老實人，對我很尊重，把我當兄弟看待，我殺了他；

徐壽輝把權力讓給我，只想活下去，我殺了他。

這個世界就是這樣的，不是嗎，心黑手狠才能取得勝利，因為在你弱小的時候沒有人會可憐你！

我相信我所做的沒有錯。

為了今天的權勢和地位，我不稀罕什麼名聲，讓那些道學先生罵好了，手中的權力和武力才是最重要的。我背叛了很多人，他們不再信任我，隨時可能背叛我，但只要我擁有最強的力量，我就能控制一切！

終於走到今天這一步了。

一定不能輸，如果我輸了，一切就全完了！

我不想再被人唾棄，被人看不起，我要屬於我的尊嚴！

朱元璋，來吧，我在這裡等著你！

這是一場真正意義上的決戰，決定的不僅是朱元璋和陳友諒的命運，也決定著天下人的命運。

在這場決戰中，沒有正義與邪惡的區分，勝利的人擁有一切，失敗的人失去一切。

這場決戰沒有規則，沒有裁判，這些東西在勝負面前顯得蒼白無力。對決戰雙方而言，勝利就是阿彌陀佛，勝利就是原始天尊，勝利就是四書五經，勝利就是仁義道德！

決一死戰吧！

成王！

敗寇！

十二 鄱陽湖！決死戰！

七月二十一日，鄱陽湖戰役正式開始。

雙方在湖上布陣，此時朱元璋的士兵們才發現一個嚴重的問題：

他們的戰船太小，在陳友諒的巨艦前就像玩具，陳友諒的戰船中，最大的長十五丈，寬兩丈，高三丈，大家可以自己去換算一下這船有多大，船隻分三層，船面上居然有士兵騎馬來回巡視。從船的前面看不到船尾（首尾不相望），士兵們站在自己的戰船上只能仰視敵船（仰不能攻）。

而朱元璋的戰船居然還是以至正二十年龍灣之戰中繳獲陳友諒的船隻為主力的，還有若干漁船在內。雖然朱元璋的士兵們早已聽說陳友諒的戰船厲害，但只有近距離觀察，才發現這是多麼可怕的艦隊。

這仗怎麼打？

這一場景應該給朱元璋留下了很深的印象，之後明朝的船隻製造一直都以巨艦為目標，鄭和下西洋時，最大的「寶船」居然有一百二十七米長，似乎是在向幾十年前的陳友諒示威。

但在這個情況下，退卻也是不可能了，只能打了。

先攻！徐達的猛擊！

朱元璋在一片哀歎聲中說出了他破敵的方法，他認為敵人的船隻雖然大，但機動性不好，利用自己船隻的靈活性，是可以擊破敵人的（不利進退，可破也）。

話是這麼說，可誰去打呢？

此時，徐達站了出來，「我做先鋒！」

徐達並非匹夫之勇，他仔細分析了敵方船隻的弱點，命令他的船隻列為小隊，帶上火槍和箭弩，在靠近敵船後，先發射火槍和弩箭，在靠近對方船隻後，便攀上敵船，與敵人作短兵相接。

在經過仔細考慮後，徐達與常遇春、廖永忠等制定了詳細的作戰計畫，準備給陳友諒沉重的一擊。

第二天，徐達率領他的艦隊開始了突擊。

他身先士卒，帶領前軍前進，在靠近陳友諒軍後，出奇不意的帶領自己的部隊向陳友諒的前軍發動了突然襲擊。

陳友諒軍大為慌亂，萬不料朱元璋軍竟然主動發起進攻，急忙派出艦隊迎擊，此時，徐達的艦隊突然分成十一隊，從不同角度圍攻巨艦（類似群狼戰術），由於巨艦行動不便，顧此失彼，無法打退徐達的攻擊，而徐達軍乘勢攀上其中一條巨艦，殺敵一千餘人，並俘獲該艦，陳友諒前軍被打敗。

陳友諒軍發現了徐達攻擊的特點，便集中幾十艘巨艦發動集群攻擊。徐達急忙將艦隊後撤，陳友諒軍順勢發動攻擊，然而他們沒有想到，這是一個圈套。

陳友諒軍尾隨追擊徐達，此時，風向突然轉為逆風，在中軍艦隊裡等候多時的俞通海立刻集中大量火炮，向進入射程的陳友諒軍猛烈轟擊，陳友諒前鋒艦隊幾乎全軍覆沒，二十餘條戰船被焚毀。

朱元璋軍旗開得勝。

但陳友諒畢竟是陳友諒，在初期的失敗後，他及時整頓了艦隊，發揮自己巨艦的優勢，利用船隻上的火炮對徐達軍發動猛攻。

在這次攻擊中，徐達的戰艦被擊中，他不得不放棄旗艦，轉移到其他船隻上，暫時失去了對艦隊的指揮能力。陳友諒軍趁機發動反攻，連續擊沉朱元璋軍幾十條戰船，朱元璋軍損失慘重，溺水死亡者不計其數。

雙方回到了僵持狀態。

然而，朱元璋軍的噩夢才剛剛開始，陳友諒軍即將發起一次出人意料的攻擊，這次攻擊是陳友諒也沒有預料到的，對朱元璋而言，卻是致命的。

第一猛將張定邊的衝鋒

元末是一個名將輩出的時代，在各路諸侯手下都有一大批勇猛的將領，這之中又以朱元璋的將領為最強，這些人各有專長，如徐達善謀略，李文忠善奔襲，常遇春善突擊，馮勝善側擊，朱文正善防守。但要說到勇猛，天下無出張定邊之右！

張定邊，一三二八年生人，原籍湖北沔陽，與陳友諒一樣，他也出身漁家。此人不但勇猛善戰，而且知天文識地理，甚至還懂得算卦，是陳友諒的兒時夥伴，也是他的死黨，早在湖北時就和陳友諒、張必先結拜為兄弟，發誓生死與共，陳友諒一生多疑，唯有對此人極為信任。

在戰局出現僵持狀態後，張定邊決定實施他的行動，這一行動事先並不為陳友諒所知，相信如果他知道的話，也是絕對不會同意實施的。

張定邊率領他的旗艦和兩艘副艦從陳友諒水軍陣形中駛出，陳朱兩軍都以為他是出來巡航的，並未在意，誰知意想不到的事情發生了

張定邊率領他的三條戰船一刻不停，直接衝向朱元璋旗艦！

百萬軍中取元璋首級！

張定邊勇不可擋，以孤軍衝進朱元璋水軍前陣，此時作戰雙方都被他驚呆了，陳友諒軍也不知為何出現這一情況，而朱元璋軍更是沒有提防，前鋒紛紛敗退，張定邊也不理睬，直奔朱元璋而去。

一直衝到中軍，朱元璋水軍才反應過來，他的目標是全軍主帥朱元璋！

被驚呆的將領們紛紛緩過神來，立刻指揮自己的戰艦前去阻擋，張定邊衝到中軍，已經被三十餘條戰艦圍住，前無去路，後有追兵，在這些將領看來，張定邊的表演已經結束了。

可更讓他們目瞪口呆的事情還在後面。

張定邊簡直堪稱一身都是膽，身陷重圍，孤軍奮戰，卻越戰越勇，銳不可當！

他雖然孤軍深入，實在勇猛無比，為鼓舞士氣，親自持劍站立在船頭，以示絕不後退之心，士兵為其勇氣所感，無不盡力而戰，艦船竟然從重圍中殺出，一路擊敗朱元璋各路將領，先後斬殺大將韓成、陳兆先、宋貴等人。衝出一條血路，朱元璋水軍竟被他衝成兩半，一路直奔朱元璋而來。

此時在後軍的朱元璋眼見張定邊戰船一路衝過來，也慌了手腳，連忙命令船隻躲避，誰知屋漏偏逢連夜雨，由於轉舵太急，船隻竟然擱淺！

朱元璋已經是束手無策，已無戰船前來相救，眼看就要當俘虜。

在武俠小說中，大凡遇到類似情形，都是美女受難，武林高手前來相救，事實告訴我們，在真實的歷史中，危機時刻，也會有武林高手出面的，此時的朱元璋就是例子。

雖然不是英雄救美（形象差得遠了點），但也頗具傳奇色彩。

射擊冠軍常遇春

此時，常遇春的戰船就在朱元璋不遠處，在眾人都急得團團轉的時候，他手持一弓，來到瞭望軍士身邊，沉穩的對他說：「不要慌亂，告訴我，哪個是張定邊？」

軍士用手指向前方戰船艦首一人，常遇春拉弓搭箭，軍士手還未放下，箭已離弦，一箭正中張定邊（射的還是移動靶）！

張定邊被射中後，無力指揮戰鬥，急忙撤退竟無人阻擋。

張定邊算是結結實實的當了一回趙子龍。可惜朱元璋不是曹操，沒有規定不能放箭。

第二天的戰役就此結束，這實在是驚心動魄的一天。

當天夜裡，陳友諒召開作戰會議，總結了當天作戰的經驗，他認為要發揮自己戰船的長處，必須保證集群突擊，而船隻的行進速度不同，無法保證統一，於是他創造性（自認為）的想出了一個主意：把船隻用鐵索連起來（眼熟吧）！

這實在是不應該的，據說陳友諒和施耐庵的關係很好，如此說來，他應該也認識羅貫中，那就實在不應該犯這個錯誤，不知何故，陳友諒竟然會採用當年曹操用過的昏招，看來羅貫中可能當時並未完成三國演義，或是寫完三國演義出版後忘記送他一本。

第三天。

朱元璋先攻，他親自吹響號角，召集眾軍前來布陣進行決戰，此時，陳友諒的鐵索連環艦隊發揮了巨大的威力，相連在一起，綿延竟有十里之遠，望之如山。

朱元璋連續派出三支艦隊輪番進攻，都被打敗，而陳友諒敏銳的察覺到朱元璋的右翼薄弱，便指揮大軍猛攻朱元璋軍隊右翼，這一招十分厲害，朱元璋軍隊抵擋不住，眼見形勢不妙，朱元璋親自仗劍守在船前，以旗艦為底線，退後者親手立斬！

但他連殺十餘名後退的千戶後，仍然阻擋不住敗勢，眼看就要全軍崩潰，誰知此時，他的軍中也出了一個類似張定邊的猛將。

丁普朗是趙普勝的結拜兄弟，也是當年徐軍四大金剛之一，他投奔朱元璋並非出於自願，而是不得已，所以作戰一向並不積極，但此時的對手卻讓他露出了自己的狂人本色。

對他而言，什麼都在其次，只有兄弟義氣是最重要的，陳友諒這個卑鄙小人，殺了趙普勝，今天一定要他償命！

據說他在自己的船頭樹起七尺白布，上書八個大字「旁人不問唯誅九四」，因為傳言陳友諒小名為陳九四，這意思就是說，老子只找陳友諒算賬，無關人等都閃一邊去。

陳九四、朱重八，從名字來看，都是苦命人啊。

丁普朗的衝鋒。

在張定邊上演好戲後，丁普朗演了續集，他也率領自己的戰艦衝向敵陣。此時正是朱元璋敗退的時候，所以他的攻擊帶動了軍隊的士氣，使得朱元璋能夠撐到決戰的時候。

不過他的衝鋒方向並不理想，與張定邊不同，他是哪裡人多就向哪裡衝擊。勇則勇矣，卻無效果，自己卻吃了不少虧（身被十餘創），這就是名將之勇與匹夫之勇的區別。

百萬軍中如何取上將首級

這裡分析一下戰爭中的這種奇特現象，百萬軍中如何取上將首級，如果經過仔細研究就會發現，這是個技術問題。

大家應該玩過三國志過關遊戲，要想打倒後面的大將夏侯敦、曹操等人，你必須先打一大批諸如小兵趙熊、胖胖等等，本人技術不行，每次見不到大將，就已經死在無名之輩手中。

實際戰爭也差不多，要想越過萬軍殺大將，談何容易！

我們以三國大將關羽為例，他斬殺顏良（此為史實）的過程就很值得研究，首先，顏良站在陣前，並不知道關羽要來殺他，其次關羽依靠快速的交通工具（馬），「大喝一聲，衝將下來」，顏良還不知怎麼回事，就沒了腦袋。

可見這種殺法有幾個特徵，用簡單語言表達就是找個空檔、趁你不備、給你一刀，很有些捅黑刀的意思。

綜合來說，要實現這一目標，任重道遠。

首先，要具備突然性，你不能對對方軍隊喊話：我要來殺你們上將，準備好。這樣是不行的。就要專打沒準備的。

其次，你要看得準，不能往人堆裡衝，要學習羽毛球選手，專朝人縫裡打，也就是所謂的結合部。比如今天的黃金周旅遊點，千萬不能往人堆裡衝鋒，那樣的話，你不被打死，也會被擠死。

最後，你要速度夠快，有先進的交通工具（快馬、快船），此外還要使用一定的配音（如大喝）迷惑對方，讓對方丈二金剛摸不著頭腦，再來一刀，頭就沒了。

大功告成，可以看到，這種軍事行動是有很高的技巧的。

張定邊就是具備這些條件的人，他深知兵法，能掌握時間和機會，所以可以給朱元璋猛烈地打擊。而丁普郎卻只是匹夫而已。他左衝右殺，不但無法接近陳友諒，自己還被團團圍住。性命不保，卻也相當悲壯，明史記載，他身受重傷，頭已經掉了，人還拿兵器穩穩站立，陳友諒的士兵以為天神下凡（首脫猶直立，持兵作鬥狀，敵驚為神）。但我看到的其他史料上記載，他是在被包圍後，不願做俘虜，自殺的，按說自殺不會如此生猛，連自己的頭都能砍掉。也算存一疑點吧。

無論如何，丁普郎是個夠義氣的人，他沒有和兄弟同死，卻也求仁得仁，死得其所了。

丁普郎的攻擊給了朱元璋軍支持下去的勇氣，讓他們等到了下午那個決定勝負的時刻。

大風！大風！

在不斷的敗退中，朱元璋意識到，這樣下去就會全軍覆沒，此時，他的部將郭興向他建議：現在敵情嚴重，並非士兵們不賣力，實在是沒有辦法，敵人的船隻太大，我們無法打敗他們，只能用火攻！

朱元璋深以為然，他立即布置，命令七條船裝載火藥，並把稻草人穿上盔甲，擺出動作，組織敢死隊操縱船隻，並派人接應。

一切布置好了，卻無法實行。

因為朱元璋遇到了和周瑜一樣的問題：

沒風。

朱元璋再有本事，也拿老天爺沒辦法，他看著郭興，那意思是你還有什麼主意，這次郭興也沒辦法了，他對朱元璋說：那就等吧。

這風是說來就來的麼，朱元璋只能組織他的部隊拼死抵抗。

就這樣苦苦支撐，到了下午三點，奇蹟發生了。

東北風起！

朱元璋隨即命令，火船出發！

這七條船在點火後靠近陳友諒戰艦，火借風勢，風助火威！陳友諒的戰船由於鐵索連江，無法脫離，頓時陷入一片火海。

朱元璋趁機命令軍隊發動總攻，一時間，殺聲震天。

此時的陳友諒正在中軍休息，還在做著殲滅朱元璋的美夢，突然士兵慌亂的跑進來，大喊道：大事不好！

陳友諒心知不妙，不等士兵說完，立刻出艙察看。

他最先看到的是戰船上士兵的眼睛。

恐怖的紅色。

耀眼的火光將每個士兵的眼睛映成了紅色。

無力回天了。

此時，已是黃昏時刻，天上殘陽如血，地上血流成河，被殺死的士兵們的血水染紅了湖水，壯闊的鄱陽湖變成了血湖。

晴日浮光躍金，舟發鳥翔，雨時雲水茫茫，風急浪高，這是平日鄱陽湖的美麗景色，而此時的鄱陽湖卻是喊聲殺聲一片，火光映天，血水橫流。

陳友諒的數十條戰船全部被焚毀，船隻火光沖天，不時傳出被燒死和殺死士兵的慘叫聲。陳友諒明白，他已經完了。

火光、鮮血與天空映成令人恐懼的紅色，這是真正的秋水共長天一色。

在這片可怕的紅色中，數十萬人手持刀劍，拼死廝殺，他們彼此並不認識，也談不上有多大仇恨，但此刻，他們就是不同戴天的仇人，死神牢牢抓住了每一個人，士兵的慘叫聲和哀號聲讓人聞之膽寒。

這是真正的人間地獄。

烈火初張照雲海，赤壁樓船一掃空！

陳友諒是真的一敗塗地了，他收拾了自己的軍隊，原先的艦隊如今只剩下一半，但他也絕對不能回江州了。

這場賭局一旦開始，無論你贏或是輸，都不能走，賭局會繼續進行，直到其中一個人輸掉一切，才會結束。

陳友諒的最後一擊！白色旗艦

陳友諒召集了他的將領們，用發紅的眼睛看著他們，他已經不能再輸了，出人意料的是，他並沒有責怪他的將領們，因為他明白，到了這個地步，只能同舟共濟了。

「雖然我們今天戰敗，但勝利仍然屬於我們！」

將領們驚奇的看著他，難道還有什麼取勝的方法不成？

「是的，我們還有辦法。」

與此同時，朱元璋的旗艦上，將領們十分興奮，有的甚至已經開始準備慶祝勝利，朱元璋也不例外，他對將領們說，陳友諒已經兵敗，他的滅亡只在旦夕之間，我們一定能夠消滅他（兵敗氣沮，亡在旦夕，今將全力滅之）！

徐達卻保持了難得的冷靜，他提醒朱元璋，陳友諒還有相當的實力，一旦他要狗急跳牆，我們也要小心對付，千萬不可大意。

朱元璋轉過他那張興奮的臉，看著徐達，露出了一絲狡黠的微笑。

「我知道。」

第四天。

陳友諒的自信來自他的情報，在目前的情況下，要想全殲朱元璋的艦隊已經不可能了，只能採用最後的方法，殺掉朱元璋！

他已經通過情報得知，朱元璋的旗艦被刷成了白色，只要集中所有的兵力攻打白色戰艦，殺了朱元璋，就能獲勝！

但當他一到達戰場，頓時目瞪口呆，一夜之間，朱元璋軍隊的很多戰艦都被刷成了白色，再也認不出哪個是旗艦。

還沒等他愣完神，朱元璋已經命令軍隊發動了總攻，在前兩天戰果的鼓勵下，朱元璋軍異常勇猛，大量使用分船戰術，利用陳友諒巨艦運動不靈活的特點，連續擊沉陳友諒軍多艘戰艦。此戰從清晨打倒晚上，陳友諒的軍隊終於不支，全面退卻。

鄱陽湖大戰到此結束了第一階段，陳友諒慘敗，被迫退守鄱陽湖西岸的渚溪。

陳友諒的失敗

陳友諒陷入了絕望，不但是軍事上的絕望，也是人生的絕望，一直以來的行為模式告訴他，只要心黑手狠就能獲得一切，但事實就擺在眼前，看上去不堪一擊的洪都守了三個月，看上去柔弱不堪的張子明居然不怕死。

難道我錯了？

不，不可能，這只是意外，我不會錯的。

但是之後的事情，卻讓他不得不承認自己的錯誤。

他手下的左右金吾將軍帶領自己的軍隊投降了朱元璋。

陳友諒聽到這個消息後，憤怒掩蓋了他所有的理智，他下令凡是抓到朱元璋的士兵和將領，就地處決！

而朱元璋得知此命令後，卻下了一道相反的命令，凡是抓到陳友諒軍的俘虜，一律好好對待，然後放走。

這兩道命令的發布徹底斷送了陳友諒的軍心。士兵們對陳友諒極其不滿，紛紛逃亡。

陳友諒在西岸等待了很久，與朱元璋大戰三十餘天，也沒有等到任何機會，相反，他的士兵卻是不斷減少，將領們也不再為他效忠。

八月二十六日，他終於做出了決定：逃跑！

他最後看了一眼這片寬闊的湖面，一統天下的夢想和雄心壯志就這樣破滅，來時的龐大艦隊和六十萬軍隊，如今只剩下敗卒殘兵，這對於梟雄陳友諒而言，其實並不算什麼。兵沒有可以再招，艦船可以再造，讓他不理解的是，自己為什麼會失敗？

我不缺乏駕馭手下的謀略，沒有婦人之仁，我敢於殺掉所有阻擋我前進的人，而不畏懼人言，這是常人無法做到的，我比所有的人都心黑手狠，為什麼會失敗？我已經擁有了最強的軍隊和戰爭機器，我的部下為什麼會背叛我？

陳友諒是永遠找不到答案的，因為答案就在他的行為模式中，從他殺害自己的兄弟和首領的那一刻開始，他的將領們已經充分理解了他的準則，那就是誰有力量，誰更狠毒，誰就能控制一切！仁義、道德、誠信都是不存在的。當這些行為被他的將領們當成人生的信條後，他的軍隊就成為了千萬個狠毒的陳友諒的集合體。這樣的集合體就類似金庸小說裡的星宿派，一旦陳友諒倒楣，每個人都不會繼續效忠於他，而是上去狠狠地踩上一腳，落井下石。

當然，失敗後的陳友諒對他們而言也不是毫無價值，至少他的腦袋還是很值錢的。

陳友諒陰險毒辣，他的將領們比他還要陰險毒辣。陳友諒迷信暴力統治一切，他的將領們比他更迷信暴力。

當他的生存基礎——暴力，被人掀翻後，他也就沒有任何底牌了，等待他的只有滅亡。

飽經風霜的張學良曾經用他一生的經歷對日本的年輕人說：不要相信暴力，歷史已經證明，暴力不能解決問題。

我相信，這就是陳友諒失敗的根本原因。

陳友諒率領軍隊希望能夠撤退，他選擇的突破口是湖口，但此時的陳友諒不是原來的陳友諒了，他拼死作戰，損失慘重，才勉強打開湖口通道。

此時他才鬆了一口氣，但朱元璋不會放過他。

朱元璋被陳友諒敲打多年，對他早已深惡痛絕，必置之於死地，率領十餘萬大軍追來，

陳友諒聞訊，親自出來站在船頭指揮作戰，也就在此時，一支冷箭射來，穿透了他的頭顱。

一切就此結束了。

不對，事情不應該是這樣的，我做錯了嗎。

陳友諒死後，張定邊盡到了自己的責任，他將陳友諒的兒子陳理和陳友諒的屍體搶回，並帶回了武昌。

至此，歷時三十六天的鄱陽湖之戰，以朱元璋的全面勝利，陳友諒的全面失敗而告終。

這一戰奠定了朱元璋問鼎天下的基礎。鄱陽湖之戰也作為中國歷史上最著名的戰役之一而載入史冊。

對於朱元璋的勝利，生活在周圍的老百姓自然也有自己的一套解釋，由於決戰的地點在康山，老百姓認為陳友諒失敗的根本原因在於地點選得不好，「豬（朱）見糠（康），喜洋洋。」所以陳友諒才失敗。如果陳友諒泉下有知，只怕會氣活過來。

朱元璋並沒有放過陳友諒的後代陳理，即使他根本不可能給朱元璋帶來任何威脅。斬草固然是重要的，順便除個根也是必須的。

至正二十四年（一三六四）二月，朱元璋親自趕往陳理所在地，陳友諒的最後地盤武昌督戰，主帥張定邊不愧是抓住時機的老手，眼看形勢不妙，就帶著陳理投降了。

朱元璋終於戰勝了這個中國大地上他最頭疼的敵人，陳友諒。

「天下足定矣！」

值得一提的是張定邊，他把對陳友諒的忠誠保留到了最後，部分履行了他當年結拜的諾言，他拒絕了朱元璋的任用，去做了朱元璋原先做過的工作，出家當了和尚。

具有諷刺意味的是，他似乎要和朱元璋鬥氣，一口氣活到永樂十五年（一四一七）才死，年一百歲，朱元璋死後，他還活了二十年。也算是給陳友諒報了仇。諸位可以借鑒，遇到恨透一個人，想要拿刀去砍人的時候，用張定邊的事蹟勉勵一下自己，不要生氣，修身養性，活得比他長就是了。

我們回頭來看陳友諒的一生，給他一個公正的評價。

毫無疑問，陳友諒是一個傳統意義上的壞人，但在那個亂世裡，他的行為法則卻是當時通用的選擇。如果要生存下去，這似乎又是必然的選擇，他的錯誤在於將這種法則發展到了極致。直到走火入魔的地步，迷信暴力，不講基本的信義，使他喪失了人心。

但他又是一個真正的梟雄，他壞事做盡，卻又敢做敢當（後來的朱元璋也沒有能夠做到），具有極強的軍事和政治才能，反抗元朝統治，能夠自始至終，從來沒有向元朝妥協，堅持到了最後。

從這個角度看，他也是條好漢。

可惜，在這個亂世裡，他只是個梟雄，真正的英雄是朱元璋。

地主是怎樣煉成的

此時的朱元璋已經不再是那個貧農乞丐，他已經成為了地主，他是怎樣變成地主的，這其中牽涉到一個封建社會的歷史規律問題，我們有必要探討一下。

此文也希望在輕鬆之中將明朝的事情和一些制度規律講述給大家，所以這些有一定深度的問題，我們也要探討，這樣才能對明朝有一個理性和規律性的認識。這樣的討論之後還有很多。

當然了，還是用我的敘述方式，我相信再深刻、抽象的規律和制度分析都是可以用通俗的語言表達出來，讓大家共同分享的。

在封建社會中，農民起義成功後，那些以平分土地為目標的農民領袖都變成了大地主。幾千年來，歷史無非是姓劉的地主趕走姓項的地主，姓李的地主取代姓楊的地主，從無例外。這似乎是個魔咒。

要解釋這個問題，完全可以寫一篇論文，文章的名字應當是《論農民起義後土地生產關係的變更與土地契約從屬的再分割》，當然了，這樣的文章大家有無興趣看，那是要打個問號的，所以我們會用另一種方式來解釋。

比如一個農民領袖張三，起義後召集了三萬人，佔據了一塊地盤，他有一件事情是必須要做的，就是吃飯。因為農民起義軍也是軍隊，也是人，是人就要吃飯，怎麼養活三萬人呢，這個時候張三最直接的解決方法應該是去搶地主家的糧食，但問題在於，地主家也不是銀行的提款機，想取多少就有多少，把地主搶光了，吃什麼呢。

地主家也沒餘糧啊。

這個時候，張三手中有的只是土地，而所有的糧食都被吃光了，他就必須召集農民，將地分給他們，然後向他們收租，於是農民領袖張三就變成了地主張三。

而封建社會的中國，不存在其他的選擇，不是做農民，就是做地主，商人固然可以成為另一個選擇，但當時商人沒有形成一股獨立的政治力量。他們不可能提出自己的政治主張，你也不可能到一群饑餓的農民面前要求他們為商人爭取權利。封建社會的農民也不可能要求實施資本主義。

這就告訴我們，每一種主張的背後，都隱藏著某種勢力或者利益的群體。如房地產商一定說房價會不停的漲，電信公司一定說自己的收費很便宜一樣。而農民的主張只可能是種地或者收租。

一位著名的歷史學家說過，農民兩千年的起義只是為了一塊土地。

不是農民就是地主！別無選擇！

十三 下一個目標，張士誠！

在解決了陳友諒的問題後，朱地主向比他更有錢的張地主發動了進攻。

朱元璋和張士誠可謂是不共戴天，尤其讓朱元璋想不通的是，自己並沒怎麼招惹對方，怎麼就把自己當成最大的敵人呢？

現在陳友諒已經完了，是時候收拾張士誠這個私鹽販子了。

張士誠本不是容易欺負的，說來也巧，他的小名也叫九四，與陳友諒的小名是傳說中的不同，他的這個小名在正史中有著明確的記載，他打仗和統治地方主要是靠他的幾個兄弟：張士義、張士德、張士信。除了張士信之外，另兩個人都很厲害，但已經戰死了，現在的吳在花花公子張士信的帶領下，已經走了下坡路。

看來這次再沒有天祐了。

至正二十四年（一三六四）正月，朱元璋即吳王位，他終於完成了從農民向王侯的轉變過程（之前他一直沒有封王），事實證明，艱苦的道路走下去，得到的成果也會更多。歷史上為了將他與張士誠的吳區分開來，稱這個政權為西吳，張士誠為東吳。

然而有的史料上記載著朱元璋自立為吳王的字樣，大家仔細研究一下就會發現，這句話裡「自立」二字很值得推敲。因為韓林兒此時還是名義上的皇帝，要成為吳王要經過他的批准，批准後就是合法的，如果朱元璋是自立，明顯就是一種犯上的行為，並沒有得到韓林兒的詔書。韓林兒是否心懷不滿，不肯下詔書任命朱元璋呢，這也是一個值得探討的問題。

至正二十五年，朱元璋在經過周密準備後，發兵進攻東吳。

八月出兵，不到半年，便攻取了江蘇一帶的大片地區，如徐州、鹽城、泰州等，甚至還包括張士誠原先的根據地高郵。

眼看朱元璋就要踢開他前進路上最後一塊攔路石，與元朝政府決戰，此時，一個意想不到的消息讓他驚呆了。

意想不到的背叛

正在他征戰江蘇的時候，密探告訴他，他的親侄子，戰功卓著的朱文正已經勾結了張士誠，準備出兵討伐他。

朱元璋之前也曾被人背叛過，至正二十二年，大將紹榮和趙繼祖密謀殺害他，被告發，朱元璋將其二人處死，至正二十三年，正在與陳友諒決戰的關鍵時刻，大將謝再興叛變，朱元璋處理及時，將叛亂鎮壓。

然而，朱文正的叛變，卻讓他真正陷入了痛苦中，連自己最信任的親侄子，得力大將都要背叛自己，到底是為了什麼！

其實原因很簡單，只是為了官位。

在朱元璋打敗陳友諒後，他論功行賞，由於朱文正是他的侄子，立功最大。所以他先問朱文正有什麼要求，要封什麼官。朱文正頗有些大將風度，對朱元璋說，咱倆是親戚啊，你先封別人吧，我對這些沒什麼興趣。

朱元璋聽了大喜過望，覺得自己的這個侄子真是個人才，識大體，顧大局。於是就把好的位置封給了別人，仍舊讓朱文正來守江西。

他哪裡知道，朱文正是跟他客氣客氣的，就如同拍賣行裡的叫價，他是等著朱元璋提高價錢，挽留他一下，說出如你一定不能推辭這類的話，沒有想到朱元璋居然不抬價，直接敲了榔頭。

成交！

朱文正的不滿終於爆發了，守洪都是我功勞最大，論功行賞卻沒有我，他怎麼想也想不通，整日借酒澆愁，還公然出外強搶民女，賣官賺錢。但這仍然不能讓他達到心理平衡，每當他看到那些手下在應天這些富庶的地方耀武揚威，而自己只能守著江西，都會從心底裡對朱元璋表示不滿。當這種不滿到達頂點，他就必然走向極端。

天下誰還可以和朱元璋抗衡？

只有張士誠了。

就在他緊鑼密鼓的準備時，朱元璋知道了這個消息。

他丟下了手中的工作，親自來到洪都。

他要清理門戶。

朱文正和朱元璋的見面很有戲劇性，看到朱元璋時，朱文正就懵了。朱元璋卻一點也不懵，他充分表現了自己質樸的本性，沒有講諸如今天天氣很好啊，你好像長胖了之類的寒暄話，一點也不玩虛的，直接用鞭子去抽朱文正，一邊打還一邊說：小子，你想幹什麼！

朱元璋本來想處死朱文正，但由於馬皇后的勸阻，他沒有這樣做，而是將他關了起來。客觀的講，朱元璋對朱文正還是不錯的，他在之後的洪武三年（一三七〇）封朱文正年僅八歲的兒子為王，並就藩桂林。

無論怎麼說，錯誤在朱文正的一邊。

這個戰功卓著，頗具天才的將領就這麼結束了他的光輝一生，最後在囚禁中死去。他的悲劇源自於他的性格，這個有著軍事天才的人，卻不懂得怎麼為人，他性格乖張，心胸狹窄，品行不佳，即使不壞在這件事上，總有一天，也會因為其他事情惹禍。從這個角度看，他的悲劇是注定的。

性格決定命運啊。

這件事情卻給朱元璋的心理造成了極大的陰影，他從此不敢相信任何人，連自己最放心、最得力的侄子都背叛自己，還有何人可以相信？

對於朱元璋來說，火藥已經埋藏在他的心裡，就看何時爆發了。

解決這件事情後，朱元璋接著對付他的老對頭，張士誠。

至正二十五年的戰爭已經把張士誠趕出了長江以北，東吳軍縮在江杭一帶，也就是今天的蘇州和杭州。張士誠似乎還不明白自己的處境，他還想佔據所謂的江南半壁，當他的富地主。

可是朱地主用行動告訴了他，天下只能有一個最大的地主，而這個人絕對不會是你張士誠。

至正二十六年（一三六六），朱元璋率領他的全部精英，以徐達、常遇春為主帥討伐張士誠。

在討論作戰計畫時，發生了爭執，常遇春認為應該直接攻取東吳的老巢平江（今為蘇州），徐達也贊成他的意見，他們都認為，只要取得了平江，張士誠的所有地盤都將不戰而降。

朱元璋不同意。

朱元璋又一次展現了他的天才戰略眼光，他認為如果直接攻擊平江，張士誠在杭州的兵力一定來救，那麼平江就會極難攻克。而先攻擊杭州和其他地區，就能夠剪除張士誠的羽翼，平江自然也會成為囊中之物。

事實證明，朱元璋確實是一個天才的軍事家，他這次又對了。

在臨出發前，朱元璋反覆強調了一件事，那就是在攻克城池之後不可以隨便殺戮，因為殺完了人，得到空地，有什麼用呢（克城無多殺，苟得地，無民何益）。

這話不是說給徐達聽的，是說給常遇春聽的。

這位老兄，自九華山後，惡習一直不改，攻城之後必行殺戮，朱元璋多次嚴重警告他，才有所收斂。

大軍出發了，朱元璋坐在營帳裡，有著一種說不出的興奮感。

天下就要到手了！

這次朱元璋又集合了二十萬大軍，並交給徐達和常遇春指揮，這兩位名將沒有讓朱元璋失望，他們相約分兵進攻杭州和湖州，並很快攻下。

現在只剩下平江了。

平江攻擊戰

平江號稱第一堅城，張士誠這幾年窩在家裡，看著陳友諒被打垮，看著自己的地盤被朱元璋一點點蠶食，只做了一件事情，那就是修城。

平江城共有八個門，分別是葑門、虎丘門、婁門、胥門、閶門、盤門、西門、北門。每個門的城牆都極其堅固，是用大塊條石混合糯米製成，城上設置有固定的弓弩位，有靠近城牆者瞬間就會被射成刺蝟。城內還有大量的糧食，足夠守備數年。

張士誠雖然是一個不思進取的人，但他卻是一個意志堅強的人，當年元召集百萬士兵進攻小小的高郵，歷時三月不能攻克，就充分說明了他的意志力。

而此時，張士誠更加明白，如果平江失守，他就無處可去了。

他決定拼死一搏。

對這樣的一個城池採取攻擊行動，是需要周密的計畫的，可是當朱元璋的部下來詢問主攻哪個門時，朱元璋卻對他們大喊道：幾十萬軍隊，還要分哪個門主攻嗎，都給我往死裡打！

看來幾百年後的李雲龍並不是這一招唯一的使用者。

朱元璋做出了軍事部署，他將自己的名將們充分調動起來，分配了任務，具體如下：

徐達攻葑門、常遇春攻虎丘、郭興攻婁門，華雲龍攻胥門，湯和攻閶門，王弼攻盤門，張溫攻西門，康茂才攻北門。

眼花了吧，還有呢：

他嫌這些人不夠，另外安排耿炳文攻城東北，仇成攻城西南，何文輝攻城西北

統計了一下，他在平江城外布置了十一支軍隊，從不同的角度方位攻打，別說是人，神仙也受不了。其實不用打，這麼多人只要擠進城去，也能把張士誠擠死。

朱元璋尚覺得做得不夠絕，在城外構築長圍，把平江城團團圍住，豈止是人，兔子也跑不出來。

為了解決平江城過高，士兵仰攻不方便的問題，他在城外動工興建新式房地產——木塔，共分三層，站在塔上可以俯視城內的所有情況，並在每層配備弓弩、火銃和襄陽炮（新式火炮）。真正做到了指哪打哪。

按說這麼幾套行頭擺出來，張士誠要是識時務，就該投降了。

可這個私鹽販子硬是認死理，一定要抵抗到底。

至正二十七年（一三六七）元月，攻擊開始。

朱元璋的步兵、弓箭兵、炮兵協同作戰，日夜不停的攻擊城池，步兵從城下進攻，炮兵從木塔上不停往下射箭、開槍、開炮。

張士誠的士兵在承受城樓下士兵進攻的同時，還要注意防空，而且木塔日夜都派人堅守，這些木塔上的士兵一旦碰上了值夜班，就不能下塔，吃喝拉撒都在塔上，吐個痰，小個便之類的行為，理所當然的往城樓上的東吳士兵身上招呼。

實在是苦啊，這才是真正的胯下之辱。

就是在這樣艱苦的環境中，張士誠和他的士兵們以驚人的毅力堅持了八個月，直到至正二十七

年九月，平江才被攻陷。

張士誠的結局

張士誠是很有幾分骨氣的，他在城破之時還在城中堅持巷戰，即使朱元璋反覆宣傳，只要張士誠投降，不但不會殺他，還會善待他和他的親屬。但張士誠抱定了決死的信念，他殺死了自己的所有親屬後，準備上吊自殺，被部將解救下來。後被俘押往應天。

在押往應天的船上，他閉口不言，也不吃飯，表示自己絕不屈服的決心。

朱元璋派重臣李善長審問張士誠，李善長厲言喝斥張士誠，卻得不到對方的任何回應。

從始至終，張士誠都用蔑視的眼光看著李善長。

李善長被他看得發毛，又見他不說話，氣得暴跳如雷。

張士誠看完了李善長的表演，說出了他在這次審訊中唯一的供詞。

「你不過是條狗而已，讓你的主人出來吧！」

沒辦法了，朱元璋出場。

他看著這個打了十年仗的老對手，這是個怎樣的人啊。

要徹底的打敗他，要徹底的征服他！

於是他用少有的和藹語氣勸降張士誠，希望自己能感動他，而他得到的答覆也只是一句話：

「你並不比我強，我之所以失敗，只是上天照顧你，不照顧我而已。」（天日照爾不照我而

已）

朱元璋終於被激怒了，他殺死了張士誠，並把張士誠的屍體燒成灰，所謂銼骨揚灰是也。

張士誠是一個有著堅強的意志的人，他白手起家，最終成就一方霸業。但他的缺點和他的優點一樣突出，作為亂世群雄中的一個，他有著小富即安的心理，卻並不明白，在這樣的環境中進行的，只能是淘汰賽，勝利者只有一個。

但他仍然是值得我們敬佩的，他意志堅強，反抗元的暴虐統治，雖曾投降過，但畢竟只是權宜之計。在死亡面前毫不畏懼，把自己的信念堅持到了最後一刻。

不怕死的人是值得我們尊敬的

朱元璋終於掃清了自己前進路上的兩大障礙，即將面對自己的最後一個對手。

對他而言，這個對手才是真正的敵人和仇人。

十四　復仇

平心而論，陳友諒和張士誠確實是他最強的對手，但從個人感情上而言，他與此二人並無仇恨，甚至還有惺惺相惜之感。

但元就不一樣了，正是在這個殘暴王朝的統治之下，朱元璋失去了他的父母，家破人亡。自己流離失所，乞討度日，不得已才去造反。

在朱元璋的心裡，埋藏著對元的刻骨仇恨。

不但有家仇，還有國恨。

在朱元璋掃平陳友諒、張士誠的戰爭中，為了麻痹元朝，朱元璋不稱王，不稱帝，並暗中表示不與元朝為敵。他還給當時的元朝大將察罕貼木兒送去了厚禮

這麼看來，他確實是個搞關係的能手。

在元朝看來，這是一個只想在戰爭中撈點好處的鄉巴佬，給點好處就行了。

如果他們去調查一下朱元璋童年時候的悲慘經歷，再思考一下是誰造成了朱元璋的痛苦，就會發現自己的這個想法是多麼的荒謬。

朱元璋的策略獲得了巨大的成功。

當他解決了陳友諒，即將掃平江南的時候，元朝政府連忙派戶部尚書張昶來封他為官，他們總

是覺得這個人是可以為他們所利用的，給點錢就是了。

朱元璋的反應卻大大出乎他們的意料，他把官辭了，卻把張昶留下了。朱元璋挖了元的牆腳，還對劉基說：元朝送了個賢人給我，你們沒事可以和他多談談。

如果這一行為還不能讓元朝明白朱元璋的真正用意，那他們就太蠢了。

在朱元璋與陳友諒、張士誠作戰，打得你死我活的時候。元朝政府曾經非常高興的做了一回拳擊比賽的旁觀者，對於他們來說，最好的結果是三個人都倒下，然後自己上去宣布勝利。

元朝政府最愚蠢之處就在於，他不知道這場比賽是一場淘汰賽，而最後勝利的獎品是與自己決戰的資格！

當朱元璋歷盡艱難，從屍山血河中走出，從陳友諒和張士誠的屍體上爬起來時，元朝政府才畏懼的發現，這個勝利者比以往任何一個對手都可怕。

他有著精良的軍隊，善斷的謀臣，勇猛的武將，他率領的不再是那種一攻即破的農民起義軍，而是一支戰鬥力絕不遜於自己的強悍之師。

元朝政府為了挽救自己的命運，想盡了各種辦法，他們送了大量的金銀財寶給朱元璋，希望他能接受招撫，繼續做他們的奴隸。

可是他們慢慢發現，眼前的這個朱元璋不但想要自己的錢，更想要自己的命。

比賽就要開始了。

讓我們看一下雙方的選手，現在我們先歡迎元朝選手，元順帝出場！

下面請元順帝用一句話表達他現在的心情。

元順帝：就剩一句啊，那我說了，希望對方選手下手輕點，我怕疼。
現在請朱元璋選手說自己的感想，哎，朱元璋選手哪裡去了。
喔，我們找到他了，他正在磨刀，那我們就不打擾了。
現在比賽開始！

參賽選手背景介紹

在此之前，我們還要介紹一下朱元璋的對手——元。
元是蒙古建立的政權，蒙古強大起源於十二世紀，西元一二〇六年年，蒙古族首領鐵木真統一漠北，代表著蒙古進入全盛時期。
要說明一下的是，很多人都認為蒙古的強大是自鐵木真之後才開始，這個觀點是值得商榷的。實際上蒙古人的戰鬥力一直相當的強，他們是天生的戰士。
這個強悍的民族之所以一直沒有登上歷史舞臺，只是因為自身的分裂。而當鐵木真解決了這個問題後，其可怕的破壞力和戰爭能力就如狂風暴雨宣洩到世界各地。
文化先進的民族被相對落後的民族征服，在歷史上並不少見，如西晉和北宋的滅亡等等，但其中存在著一個誤區。那就是人們一直認為這些落後民族能夠成為征服者，是因為他們的士兵英勇善戰，並不是他們的軍事機構先進。
在那些人看來，這些連字都不認識的野蠻人，只是憑藉著所謂的勇猛作戰，怎麼可能在軍事謀略上勝過長期受到系統軍事理論訓練的文化先進民族的軍官們。

事實證明，他們可能是錯的。

軍事和經濟的發展往往是分離的，這句話已經被歷史多次證明。

蒙古的軍事制度雖然簡單，卻很實用，他們沒有南宋那些無用的官僚機構，作戰時採用小股騎兵試探，然後採取突然襲擊的方法對敵方薄弱部位實施衝擊。一旦攻擊受挫，立刻撤走，然後尋機從側面突破。

機動，這是蒙古軍隊的最大優點。

更讓人難以相信的是，蒙古軍隊的武器也比南宋更先進，他們天才的發明了當時最為可怕的弓，其射程可達三百米，無論多厚的鎧甲都難以抵擋。只有最精銳的南宋軍隊裝備的神臂弓才能與之相比。但戰爭中，武器從來都不是最重要的，作戰的士兵才是決定勝負的關鍵。

和蒙古人打仗是一種很痛苦的事，因為他們並不與對方直接用刀劍廝殺，其最重要的武器就是弓箭。

當你碰到蒙古騎兵時，你的噩夢就開始了。進攻前射箭，進攻的過程中射箭，甚至在他逃跑時，還在射箭。你追也追不上，打也打不著，這種類似無賴的打法可以把人逼瘋！

這也是為什麼後來的蒙古軍隊進攻東歐時，那些體格遠遠比他們健壯的歐洲人被打得落花流水的原因。

他們基本上都不是被刀劍砍死的，而是被箭射死。

而蒙古人的另一個特點是大家都比較熟悉的，那就是屠城。

蒙古人從東亞打到西亞，再打到歐洲，一直都來這一套，他們的屠城是比較有特點的，值得一說。

從各方面資料來看（多桑《蒙古史》、《元史》），蒙古人的屠城並不是放縱軍紀造成的，他們的屠城帶有明顯的政治色彩（注意這一特點）。

屠城是為了讓對手屈服。

在攻城前他們一般會打好招呼，投降就不屠城，不投降後果你們自己去想。

但他們缺德之處在於，不投降他們必然會屠城，但是投降的他們也並不放過，這是為什麼呢。

這是為了保障後方的需要，他們認為，有人留在自己的身後是不安全的，一定要殺光才安心（蓋蒙古兵不欲後路有居民，而使其有後顧之憂也）。

蒙古的狂潮席捲全球，不過歐洲人似乎更有自律精神，他們認為無端出來這麼些恐怖的傢伙，是因為自己犯的錯太多，上帝用鞭子來教訓自己，所以他們稱呼蒙古人為「上帝之鞭」。

這一榮譽稱號的授予在歐洲歷史上是第二次，第一次給了匈奴王阿提拉。

歷史學家們給了蒙古軍隊的這種屠殺行為一個非常確切的定義——國家恐怖主義。

蒙古軍隊似乎也有某些人相當愛好行為藝術，其具體表現為西亞戰役中，將被殺死的人腦袋砍下來，推成一座三角型山。

此外他們也是頗有些黑色幽默感的，比如在攻克巴格達後，他們將最高領袖哈里發關在一座裝滿金銀珠寶的房子裡，讓他活活餓死。

他們在全世界範圍內解決了幾千萬人吃飯的問題，卻是用最殘酷的方式——屠殺。

這是一個可怕的敵人，他們的破壞力是極其驚人的。此處我們要列舉幾個數字。

這些數字讓人看了不寒而慄。

蒙古攻滅金國時留存人口的數字如下：

金全盛時（一二〇七）有戶七百六十八萬，元滅金時（一二三五）剩下八十七萬戶，下降百分之八十九。

蒙古滅南宋時留存人口的數字如下：

南宋嘉定十六年（一二二三）有戶一千二百六十七萬，元滅宋時剩下九百三十七萬，下降百分之二十六。

這麼看來，蒙古對南宋還是相當寬大的，當然這其中是有原因的，我們後來會說到。

蒙古軍隊對中原諸國的攻擊確實厲害，滅掉西夏國用了二十二年（一二〇五—一二二七），滅掉曾橫掃天下的金國用了二十三年（一二一一—一二三四）。

此時的蒙古認識到了自己的可怕實力，他們將下一個矛頭指向了南宋。

在他們看來，與他們同樣健壯勇敢的金國人也不堪一擊，何況是整天只會吟詩作畫、體格瘦弱的南人？

南宋端平元年（一二三四），蒙古人做好了一切準備，進攻南宋。

他們認為，十年之內必然滅宋。

可他們沒有想到，這一仗打了近五十年，還搭上了一個大汗的命。

在他們屠城的威脅下，這些柔弱的南人似乎並不害怕，從兩淮到襄陽再到四川，無不遇到激烈的抵抗。

他們在合州遭受到了最大的挫折。

宋寶祐七年（一二五九）二月，大汗蒙哥親自帶領軍隊攻擊四川合州，這一仗打了五個月。守將王堅堅守合州釣魚城，不但打退了蒙古軍隊的進攻，還在戰鬥中擊傷了大汗蒙哥。

發生的這一切，讓蒙古貴族們很不理解，是什麼樣的力量支持著這些柔弱的人，讓他們如此堅強呢？

他們決心找出答案。

雖然南宋進行了激烈的抵抗，但最終還是無法擋住蒙古軍隊的鐵騎。

一二七九年，在經歷了激烈抵抗後，南宋最後一個戰時丞相陸秀夫在海上向幼年的皇帝趙昺行禮，說出了最後的話：

「國家到了這個地步，陛下也只好以身許國了。」

然後他背著皇帝，跳入了大海中。

南宋滅亡了，但蒙古貴族們心中的謎團始終沒有解開。

此時，他們發現自己有可能從一個人身上找到答案。

這個人叫文天祥。

道義

此時的文天祥已經在元的監獄裡待了很久，他是在南宋最危急的時刻起兵的，組織義兵抗元，戰敗後被俘。

這樣一個明知不可為而為之的人，正是元朝統治者們理想的研究對象。是什麼支持著他去做這樣一件根本沒有可能達成的事呢？

於是，從投降的宋朝丞相到皇帝，再到元朝的丞相、皇帝，個個都來勸降，但他們得到的回答都是一樣的。

絕不投降。

在一次又一次的交鋒中，蒙古貴族們認識到，這個人心中有一樣東西在支持著他。

這樣東西叫做道義。

道義是個什麼玩意兒？

看不見也摸不著，但蒙古貴族們還是把握住了一點，那就是只要降伏了這個人，就能樹立一個典型，道義是可以被打敗的。

於是他們換著法子折磨文天祥，從舒適的暖房到臭氣薰天的黑牢，從軟到硬，無所不用。

但文天祥軟硬不吃。

文天祥在艱苦的環境下，堅持了自己的信念，寫下了千古名篇——《正氣歌》。

其中有兩句話，是他內心的寫照：

時窮節乃現，一一垂丹青。

一個人的氣節和尊嚴，正是在最困難的時候表現出來的。

蒙古貴族們沒有辦法了，只好讓忽必烈出場。

忽必烈是一個接受過長時間漢化教育的人，他深知，殺掉文天祥很簡單，但要征服他心中的信念是困難的。

他以一種近乎哀求的語氣，對文天祥說，你是真正的人才，留在我這裡做個宰相吧。

文天祥拒絕了他。

忽必烈反覆勸說，都沒有效果，他實在無法了，只好對文天祥說：你想幹什麼，自己說吧。

文天祥昂頭說道：只求一死！

好好的活著不好嗎，為什麼一定要死呢，那個道義就那麼重要？

他佩服這個人，但也不理解他。

成全了你吧。

一二八三年，文天祥被押往大都的刑場，他到達刑場時，周圍圍著無數百姓，他們將看著這個英勇不屈的人被處死。

文天祥提出了他人生的最後一個問題，南是哪個方向，立刻有百姓指給了他。

他向南方跪拜行禮，然後坐下，從容不迫的對行刑的人說：

我的事結束了。

這一天，文天祥是真正的勝利者。

他以自己的勇氣和決心告訴了所有的人，在這場以個人對抗整個國家機器的戰爭中，他才是不折不扣的勝利者。

他至死也沒有放棄自己的信念。

元朝的統治者們最終還是沒有找到答案。

其實答案就藏在文天祥的衣帶詔中，這也是他的遺書。

孔曰成仁，孟曰取義，惟其義盡，所以仁至。

讀聖賢書，所學何事？而今而後，庶幾無愧。

此誠為光照日月、氣壯山河的絕唱！

文天祥的行為告訴了所有的人，肉體可以被征服，但道義是不會被征服的。

這種道義，不但屬於每一個人，也屬於他們的國家、民族。

道之所在，雖千萬人，吾往矣！

我們介紹文天祥不但是要介紹他的偉大，還有更重要的原因。

作為典型人物，文天祥的行為及思想很值得研究，我們在前面說過，很多看起來不相關的事情，是有著很深刻的聯繫的，文天祥的行為與後來明朝眾多的正臣及東林黨的產生有著千絲萬縷的關係，我們將在今後的文章中揭示這種隱秘的聯繫及其產生原因。

而元朝就在這種情況下，開始了自己的統治，他們不了解自己統治下的這些人在想些什麼，也不想了解，而文天祥卻作為一個楷模，成為了被統治者的精神偶像。

這樣的統治是不會牢固的。

蒙古貴族們很注意保持自己的民族特點，他們不接受漢化，不與漢人通婚（夢想娶趙敏的人就放棄吧），他們與被統治者之間的差距越來越大，無法達成共識。加上時不時又出來幾個貴族叫囂著把漢人都趕走，拿農田去養牛羊，幸好當時的丞相脫脫阻止，這個愚蠢的主意才沒有得以實現。

這裡要說明一下，這個脫脫不是後來的那個脫脫，這個元初的脫脫是個不折不扣的好人，就是因為他的建議，元朝軍隊在攻陷很多城市後，沒有大肆屠殺當地居民，而是不斷向農耕文明發展，此人實在是功不可沒。

在元朝的大家庭裡，家長對家庭成員似乎沒有什麼感情，看中了什麼就搶什麼，彷彿這個家根本就不是他自己的。這種情況持續了幾十年，雙方越看對方越不順眼，既然過不攏，就分家吧。

可問題是這個家裡做事的都是家庭成員，離開了他們，這些蒙古貴族是無法生存下去的，一方要分，一方不讓分，就只好使用家庭暴力了。

可是這些曾經縱橫天下的蒙古騎兵已經在享樂的生活中沉淪了，有的連馬都不會騎了，他們除了欺負家裡那些手無寸鐵的下人外，並無其他本事。

而等到這些下人們拿起了平時做事的菜刀和鋤頭反抗時，曾經的統治者就將手足無措。

比如蒙古軍隊中最精銳的部隊阿速軍，這支部隊即使在強悍的蒙古軍隊中也是出類拔萃的，曾立下大功。當起義爆發時，他們被派去鎮壓，這支部隊接到命令後，立刻出發，日夜兼程，以迅雷不及掩耳之勢——先搶了老百姓一把。

但是運氣不好，在搶劫回來後，正好碰到了起義軍，剛看到對方的旗幟，領隊的首領便大叫「阿卜，阿卜」（快跑），這支最為精銳的部隊就是這樣敗退的，退回去後還反覆強調自己是遭遇數倍於自己的起義軍才敗退的。

就是這樣的軍隊素質，才使得元朝軍隊在起義初期顯得不堪一擊。

但隨著起義的擴大，元朝統治者們意識到了問題的嚴重性，成吉思汗的血液在他們的血管裡復甦過來，他們重新整編了部隊，戰鬥力也直線上升，先後鎮壓了全國很多地方的起義。

只要跨上馬，我們仍然是偉大的成吉思汗的子孫！

而在元朝陷入危急之時，也出現了一些具有豐富作戰經驗和軍事才能的將領。

其中最優秀的一個，叫做擴廓帖木爾。

他還有個為人所熟知的名字——王保保。

擴廓帖木爾這個名字太拗口了，我們就稱呼他為王保保吧。

王保保是元朝名將察罕帖木爾的外甥，也是他的養子，在察罕被殺後，他承擔起了守護元朝的使命，並成為了明朝的主要敵人。

這個名字將在很長一段時間裡出現在我們的視野中。

目標，元！

朱元璋終於可以做他想做的事了，消滅元，為自己的父母報仇，而他提出的口號更能引起人們的共鳴。

「驅除胡虜，恢復中華，立綱陳紀，救濟斯民」，這也是當時很多人的想法。

我們引用著名史學家吳晗先生的話來形容當時的局勢「在這樣的情況下，戰爭的性質改變了，不再是紅巾軍原來的階級鬥爭的性質，而是一個漢族和蒙古族的民族戰爭。」

今天的蒙古族當然是中華民族的一部分，但以歷史唯物主義的觀點來看，當時的人們是不大可能和蒙古騎兵一同聯歡的。

事實上，他們等待這一天的到來已經很久了。

是的，當時就是這樣。

北伐的開始

至正二十七年（一三六七）十月，朱元璋派遣大將徐達、常遇春揮師北伐，這次北伐是有著特殊歷史意義的，西元十世紀初，石敬瑭為了自己的榮華富貴，將北邊險要之地燕雲十六州割讓給了契丹。

此人堪稱中國歷史上最大的罪人之一。其人格之無恥，行為之卑劣，臉皮之厚度，後人難於匹敵。

他的這一行為使得從此中原王朝在與游牧民族的軍事鬥爭中處於無險可守的被動地位。由於中原以步兵為主，而游牧民族以騎兵為主，割讓十六州以後，中原步兵們就要在千里平原上直接面對騎兵的衝擊。

從某種程度上說，整個宋朝就毀在了石敬瑭的手中，中原的士兵們不得不用自己的血肉之軀去抵抗游牧民族的侵略。直到整個大宋王朝的崩潰。

在燕雲失陷四百年後，朱元璋開始了他的北伐，開始了中國歷史上少有的由南而北的統一戰爭。

朱元璋此時又面臨新的選擇，該怎麼進攻呢？

當時朱元璋已經佔據了江浙和湖廣一帶，但元仍然佔據著北方的大部分地區。要實現推翻元朝的目的，必須有一個明確的作戰計畫。

朱元璋並沒有選擇直接進攻元首都大都的策略，他認為要想徹底的擊敗元朝統治者，必須先攻取山東和河南，然後再圖大都。

這個策略被證明是正確的，因為此時的元朝實力還很強。

為了鼓舞軍隊的士氣，朱元璋在出征前對他的士兵和將領們說了一句話，以鼓舞他們的士氣。

「天道好還，中國有必伸之理，人心效順，匹夫無不報之仇。」

我們可以想像到，朱元璋應該是咬牙切齒說出這句話的。

北伐正式開始，主將是堪稱明帝國雙壁的徐達和常遇春，他們並未讓朱元璋失望。經過殘酷戰爭考驗的吳軍連續攻破元的防線，僅僅用了三個月的時間就佔領了山東。

這一過程實在是無甚可寫，因為元軍實在是不堪一擊。

在王保保的心中，並沒有把朱元璋和徐達當回事，在他看來，徐達軍和被他打垮的那些紀律鬆散，戰鬥力差的農民起義軍沒有什麼區別。他把自己的主力拿去對付與他爭權的李思齊，而只是將防守的任務交給了他的弟弟脫因帖木兒，這位脫因帖木兒倒也是一位不錯的將領，但和超一流的徐達、常遇春相比，他還差得很遠。

徐達和常遇春用自己的軍事行動給他上了一堂軍事理論課，他在濟南還沒回過味來，就發現自己駐守的山東已經遍插吳軍的旗幟。

徐達、常遇春一刻不停，從山東出發，分兵兩路，進攻河南，在這裡，他們遇到了北伐途中最頑強的抵抗。

駐守在這裡的是元梁王阿魯溫，他是一個比較有能力的將領，危急時刻，他正確認識了形勢，集中了五萬軍隊，在洛水北岸布陣，等待敵軍到來。

應該說，他佔據了一個很好的位置，這個有利地形帶給他兩個優勢，如果敵軍敢於強攻，他就會召集軍隊擊其半渡，打一個措手不及，而且即使作戰不力，也方便撤退逃跑。

事實證明，他還是充分利用了地形的其中一個優勢，當然，不是前者。

當徐達軍到達洛水時，他們並沒有蒙古軍隊想像中的躊躇，而是在第一時間就發動了進攻，而組織進攻者正是永遠當先鋒的常遇春。

他帶領軍隊像飛一樣的渡過了洛水，目瞪口呆的元軍連部隊都還沒來得及組織起來，常遇春的鋼刀已經架在了他們的脖子上。於是，「敵大潰，追奔五十餘里」。梁王阿魯溫做了俘虜。

此時王保保才意識到，自己面前對手的可怕。

但已經太晚了。

明朝建立

就在徐達與常遇春出征山東，大破元軍時，一個新的王朝在應天宣布了它的誕生。一三六八年正月初四，朱元璋在應天宣布繼皇帝位，定年號為洪武，國號為明。

當然，在此之前，必然有一大批大臣勸朱元璋登基為皇帝位，而朱元璋的反應自然也是十分驚訝，然後連連推辭。

大臣們肯定不會甘休，於是磕頭的磕頭，尋死的尋死（當然只是說說），好像朱元璋不當皇帝他就活不下去。

朱元璋為了不讓大臣們難過，並挽救那些想尋死的大臣，只好勉為其難的登基了。

當然了，最後還要再說兩句比如我是被迫的，都是你們逼我之類的話。注意說這幾句話的時候臉上一定要露出十分痛苦的表情，就好像馬上要被拉去殺頭一樣難受。

歷史上的這套把戲大家應該也看慣了，封建社會歷來都是如此。但這一套不演也是不行的，大家各有所需，大臣演完後可以升官發財，朱元璋演完後可以做皇帝，可以說是雙贏。

不管我們如何鄙視這套把戲，但王朝建立的事實及其對歷史深遠的影響的是存在的。

就在這一天，明王朝建立了，它將以自己獨特的生存方式延續二百七十六年，並將它的影響擴展到我們每一個人的身上。

它的光輝，它的榮耀，是我們每個人共同擁有的。

它的陰暗，它的醜惡，是我們每個人共同承受的。

一三六八年正月初四，這個日子將永遠被歷史所銘記，在這一天，一個偉大的王朝建立了。放牛娃朱元璋坐在他的寶座上，看著跪在下面的文武百官，心中百感交集。

他沒有想到，這個位置會屬於自己，其實他原先所要求的只是一碗飽飯，一個家，一個妻子，如果運氣好，能有一頭牛幫他耕地。

然而現實的殘酷逼迫他選擇了這一艱苦的道路，在這條道路上沒有人可以陪伴他，他所能相信和依靠的，只有他自己。

如果再讓我選擇一次，如果我當時能吃飽飯，能活下去，我還會走這條路嗎？

這些已經沒有意義了，放牛娃朱元璋，不，我們應該稱呼他為皇帝朱元璋了，他很明白走上了這條路，就不能再回頭。

在這裡，我們還要介紹一下韓林兒，這位原先是朱元璋的皇上現在哪裡呢？

他已經在江底沉了一年了

一三六七年，韓林兒坐船到應天，由朱元璋手下將領廖永忠迎接，結果在路上出了交通事故，船沉了，事後廖永忠承認是自己幹的。但問題在於，他有沒有得到朱元璋的指示呢？

我認為，這種可能性是很大的，朱元璋留著韓林兒只是為了挾天子以令諸侯，但當他滅掉陳友諒和張士誠後，就出現了一個尷尬的局面。

諸侯都沒了，要天子幹什麼？

朱元璋事後曾經表白過自己，說他本無此意，是廖永忠自作主張，並且還公開指責他，說如果不是你小子自己做這件事情，以你的功勞，我本是要封你公爵的，現在為了懲罰你，只封侯爵。

這真是奇談，以廖永忠的功勞，如何與徐達、李文忠等人相比，可封公爵？給你個侯爵，自己偷著樂吧。

無論如何，朱元璋得到了他想要的一切。

事情還未結束，朱元璋還有一個敵人，只有消滅了這個敵人，他才能成為真正的華夏之主！

在成功佔據了山東和河南後，明軍向著最後的目標大都（今北京）前進，大都是元朝的首都，也是蒙古統治的中心，只要佔據了大都，就可以宣告元朝的滅亡。

這無疑是極有吸引力的。

徐達和常遇春是幸運的，他們得到了這個可以名垂青史的任務。

洪武元年（一三六八）七月二十七日，徐達軍攻克通州，直逼大都，目標就在眼前！

大都作為元的中心，城防十分堅固，而且城中有大量的軍隊和糧食，足以堅守一年以上，而更為嚴重的是，就在離大都不遠的太原，王保保統帥的十萬大軍正虎視眈眈，隨時準備勤王。

徐達和常遇春充分估計了困難，做好了應對多種情況的準備，於八月二日才正式包圍大都。

然而讓他們吃驚的是，這裡並沒有大軍駐守，也沒有元朝皇帝，這位仁兄聽到消息，七月二十八日就帶著老婆孩子跑了。

看來怕死的還真不少。

當徐達縱馬奔入齊化門時，他沒有意識到，自己已經在歷史上留下了重重的一筆。

中原政權失去四百年的燕雲地區終於收復了，從此它就像母親的手臂一樣保衛著自己的孩子，抵禦著游牧民族的侵略。在它的庇佑下，明朝獲得了發展政治經濟的時間和環境，為中華民族的發展和延續做出了巨大的貢獻。

在盛唐之後，經歷長達四百年的戰亂，中原政權終於真正且完全掌握了這片大地的統治權，在這片土地上，在明王朝的保護下，農民勤勞耕作，商人來回奔波，先進的生產力不斷的向前發展。

這是不朽的歷史功績。

光榮屬於徐達、常遇春，更屬於朱元璋。

無論朱元璋所作所為是對還是錯，也無論後世對朱元璋如何評價，但屬於他的光榮無人可以拿走，他的不朽功勳無人可以否認。

朱元璋，歷史將證明你的偉大。

我們要說明一下，當時的元朝皇帝名叫妥歡貼睦爾，他的謚號是元惠宗，元順帝這個稱號，並不是元朝給他的，而是明朝對這位元朝亡國皇帝的一種調侃，朱元璋在這一點上頗有點幽默感，因為他放棄了堅固的大都，選擇了逃走，明朝認為他「順應天意」，所以稱呼他為元順帝。

元順帝退出了大都後，逃到了上都（今開平，內蒙古正藍旗境內），繼續做他的皇帝，歷史上稱之為北元，元作為一個全國性政權的時代結束。

元這個朝代滅亡了，但對於朱元璋和他的將軍們來說，挑戰才剛剛開始。

真正的對決，王保保！

在統治全國的元朝滅亡之後，蒙古貴族仍然企圖重新入主中原，不斷組織力量反攻。當時的局勢對於朱元璋來說並不樂觀。

此時王保保率領十餘萬軍隊，佔據山西、甘肅。丞相納哈出帶領二十餘萬軍隊守遼東。而雲南還有十餘萬元軍，甚至高麗（今朝鮮）也仍然聽從元的統治。

這就好比朱元璋睡覺時，旁邊站著一群拿著大刀和長棍的人，隨時準備給他一下。

在這種情況下，徐達和常遇春又開始了進攻，這次他們的目標，正是王保保。

此時的元軍終於痛定思痛，重新整合了軍隊，元順帝也認識到了王保保的實力，將所有的軍事指揮權交給了他。王保保終於得到了他夢寐以求的兵權，他將名正言順的帶領精銳元軍與統領明軍的明朝第一名將徐達決戰。

徐達、常遇春在攻下大都後，分兵兩路，常遇春南下保定，從北路進攻山西。

徐達的部隊進軍漳德，從南路進攻。他們預備在太原合擊王保保，將他一舉殲滅，由於第一先鋒常遇春成為了北路軍的統帥，徐達軍的前鋒由湯和擔任。這位朱元璋的老朋友十分想搶頭功，他在沒有得到徐達許可的情況下，自行突進，攻克了澤州，在他看來，取得山西指日可待！

事實證明，他們把王保保看得太簡單了。

王保保等待的正是這個時刻，他利用湯和孤軍深入的機會，連夜集合大軍在山西韓店偷襲湯和，湯和率領的明軍慘敗，死傷數千人。

徐達軍陷入困境，這是他與今後的老對手王保保的第一次交鋒。

此時，元順帝突然不順了，回到上都後，每天看到的都是草原和沙漠，還是大城市好，他有點後悔，自己為什麼要逃出大都，韓店的勝利鼓舞了他，看來明軍並不可怕。於是他命令王保保集合主力，北出居庸關，收復大都！

王保保經過了周密的準備和計畫，帶領了十萬大軍，向大都攻擊。但在他的心中，卻有著兩種打算，如果徐達不去救援，他就趁機攻下大都，迎接元順帝歸位。如果徐達來援，他就以逸待勞，設下圈套，伏擊徐達。

這是一個萬無一失的計畫，無論徐達選擇哪條路，他都是勝利者。

可是徐達卻選擇了第三條路，一條讓他哭笑不得的路。

徐達在得到王保保進攻大都的消息後，冷靜的分析了局勢，他看透了王保保的打算，決心給他一個意料不到的驚喜。

你不是要攻打大都嗎，我就打你的太原！

徐達認為大都有大軍駐守，而且城防堅固，不足為慮。退一萬步說，即使丟了，再打回來就是了，賠得起。而王保保就不同了，他傾巢而出，太原成了空城，而明軍的主力離太原很近，王保保如果沒有了太原，就只能去關外放羊了。於是他連夜帶領騎兵直搗太原。

其實徐達的目標也不是太原，而是王保保，他相信王保保一定會回兵救援的。

果不其然，王保保得到這個消息，大為吃驚，立刻率領十萬騎兵回救太原，他回擊速度十分之快，在太原附近遭遇了徐達。

此時徐達的軍隊以騎兵為主，而步兵大隊還未趕到，士兵數量只有王保保的一半。

兩支騎兵部隊就這樣相遇了，這也是中原政權的騎兵與縱橫天下的蒙古騎兵第一次大規模的交鋒。

怎樣戰勝騎兵

自古以來，騎兵都是最具威力的兵種之一，在馬的幫助下，原本柔弱的步兵成為了具有高度的突擊性和機動性的部隊，而不幸的是，在中國歷史上，除了少數幾個王朝外，其軍事力量都是以步兵為主的。這就使得他們在面對騎兵時吃了大虧。

但騎兵並不是不可戰勝的，事實證明，古羅馬的重步兵是可以用長矛陣克制騎兵的，可是中國人向來沒有穿幾十公斤盔甲的習慣，而且當時並沒有中西交流制度。中國人有中國人的辦法，他們不斷研究著以步兵制騎兵的方法，其中的成功者之一是諸葛亮。

在他指揮下的蜀軍，是曹魏軍團的噩夢。

他發明了若干武器來克制騎兵，首先是絆馬釘，這個玩意兒設計獨特，不管你怎麼扔到地上，總有一面鐵釘朝上。打仗前就灑在騎兵即將衝鋒的地帶，騎兵到來時，馬蹄就會被扎爛。其使用方法類似今天修自行車的小販在路上灑圖釘。當然，唯一的區別在於，馬被扎後，是不會有人幫你補的。

第二招是大車，諸葛亮的軍隊都配備有木車，當發現騎兵時，就將木車擋在步兵前面，用來阻擋騎兵衝擊，也算是木械化部隊了。

最狠的是第三招，也是諸葛亮最神奇的發明，連弩，這絕對是當年的機關槍，據史料記載，這種連弩是一擊十發，殺傷力極大，所以當年的魏軍騎兵很畏懼與蜀軍交鋒。

但這種方法操作性太強，而且不適合進攻，所以使用的範圍並不大。

到了宋朝，在與西夏和遼的戰鬥中，由於步兵長期打不過騎兵，為改變這種被動局面，不知是哪位天才一拍腦袋，想出了以幾千名步兵組成大方陣，還取了個學名，所謂「以步制騎」。上陣交鋒，其結果是，打也打不了，跑也跑不掉。直到天才將領岳飛出現並組建了專業騎兵岳家軍後，中原政權才算是揚眉吐氣了一把，抵禦住了金國騎兵的攻擊。

到了元朝，以騎兵起家的蒙古軍把騎兵戰術發展到了極致，並倚仗這一戰術橫掃天下。他們驕傲的認為，只要自己有馬，就不用擔心自己的統治被推翻。

然而就在蒙古騎兵威風凜凜的在官道上呼嘯而過，兩邊的南人百姓只能俯首躲避時，心中所思考的並不只是往哪裡躲避，他們中間的很多人都堅信，一定有辦法打敗這些騎兵，一定有辦法的。

其實方法很簡單，只是實行起來很困難。

衝擊！騎兵對騎兵

綜觀歷史上強盛的中原王朝，都有一支強悍的騎兵部隊，而此時的明朝也是一樣，徐達和常遇春都是非常厲害的騎兵將領。他們對騎兵調配自如，選擇突破方向準確，對騎兵的使用已到了得心應手的地步。

在被元朝統治的九十餘年裡，中原的人們不斷向他們的敵人——蒙古騎兵學習著使用騎兵以及戰勝騎兵的戰術。

在漫長的積累和等待後，拿起武器反抗的人們終於走到幕前，和他們的騎兵老師蒙古軍隊決戰。而徐達和常遇春正是其中最為優秀的代表。

現在，他們正面對著蒙古軍隊最勇猛的將領王保保。

洪武元年十二月一日，徐達率領明軍騎兵抵達太原城下，與回師救援的王保保軍對峙於太原城外。但由於兵力不如王保保，徐達始終沒有發動進攻，王保保不知對方葫蘆裡賣的什麼藥，自己及時趕到，徐達跑來偷襲太原的目的沒有得逞，但他居然不打也不撤，實在無法理解，於是他一時間也不敢動彈。

十二月四日，常遇春經過三天的觀察和思考，對徐達說出了自己的意見：「我軍步兵未到達，如果只以現在這些騎兵與敵人對攻，只會增加自己的傷亡，不如選擇深夜偷襲敵營。」（我騎兵雖集，步卒未至，驟戰必多殺傷，夜劫之可得志。）

這個意見毫無疑問是正確的，常遇春實在是一代名將，眼光獨到，判斷準確。似乎是天助徐達，就在這個時候，太原守將豁鼻馬派使者投降，並表示願意充當內應（這應該算是個蒙奸）。

一切都預備好了，馬已餵好，刀已磨亮，只等晚上動手了。

當天晚上，王保保沒有睡覺（算他運氣好），這個愛學習的人，此刻正坐於軍營之中秉燭夜讀兵書，突然聽見外面喊聲大作，他心知不妙，當機立斷，毅然決定逃跑，逃跑時頗為狼狽，光著一隻腳跑出大營，匆忙騎上一匹馬，就飛奔出營。

您問那十萬大軍怎麼辦？連我的鞋都不要了，還要軍隊幹什麼？可見名將就是名將，懂得權衡利弊，畢竟自己的命最重要，所謂千軍易得，一將難求嘛。

可那十萬大軍沒有了主帥，就像沒頭的蒼蠅，四萬人被殲滅，餘者全部逃散，王保保在衛隊的保護下一口氣逃出上百里，可是常遇春並沒有放過他。

常遇春深知除惡務盡的道理，連夜出擊，王保保叫苦不迭，邊逃邊戰，等他逃往大同時，他的身邊只剩下了十八名侍衛。而常遇春一口氣追擊到了忻州才撤回。

這是一場真正的殲滅戰，也是中原騎兵對蒙古騎兵的第一次大勝。

月黑雁飛高，單于夜遁逃。
欲將輕騎逐，大雪滿弓刀！

勢如破竹

在攻克山西後，徐達帶領軍隊繼續進攻陝西，此時的陝西是由地主武裝李思齊和張良弼等人鎮守，中國歷史上，由於地形問題，大凡從山西進攻陝西，都是極為艱苦，難以攻下。從最初的秦國據守函谷關據六國，到後來的日本人侵略中國，拼了老命，卻始終無法踏入陝西一步。

但這次情況不同。

李思齊身經百戰，但他並不想打仗，他對元朝很難說有什麼深厚的感情，他組織軍隊對抗起義軍，說到底不過是怕那些泥腿子搶了自家的糧食。所以當徐達軍進攻時，他一退再退，一直退到臨洮，感覺戲也演夠了，對元朝有了交代，就投降了。而張良弼和他的弟弟張良臣可謂是不識時務，先降後叛，堅守慶陽，後被徐達討平，終究沒有掀起什麼大風浪。

至此，陝西和山西平定，北方的大部地區落入了明軍之手，為後來與元的決戰做好了準備。

新王朝對舊王朝都有趕盡殺絕的習慣，如南宋的殘餘部隊逃到了厓山（今廣東新會），元朝軍隊還不放過，硬是把他們趕到了海上全部消滅。世易時移，現在輪到朱元璋了。

元順帝不喜歡荒涼的上都（開平），想要回到大都（北京），朱元璋卻連上都也不想讓他待了。

洪武二年六月，常遇春出兵開始了北伐，但他沒有想到的是，這竟然是自己的最後一次出征。與他一同出征的是李文忠，兩人帶領八萬步兵，一萬騎兵開始了這次遠征。在常遇春那種特有的突襲攻擊方式下，元軍不堪一擊。北伐軍先攻錦州，擊敗元將江文清，後攻全寧，擊敗元丞相也速，軍隊絲毫不停，進攻大興州，擊敗元軍並擒獲元朝丞相脫火赤。

在短短的一個月時間內，元精心設置，號稱可防二十年的抵禦防線，在常遇春面前就像豆腐一樣軟弱，這位明朝第一先鋒在他人生的最後一戰中充分顯現了銳不可當的威力。他帶領騎兵一路馬不停蹄，逼近上都！

元順帝此時正在上都，聽說明軍攻來，他充分發揮了自己的特長——逃跑，帶著老婆孩子連夜遁去。一直逃到了應昌（今內蒙古達來淖爾湖），狼狽不堪，在他逃跑的途中，應該可以充分體會一百年前宋朝君主的心情。而後來的事實證明，這並不是他最後一次搬家。

常遇春一向是窮追猛打的，他追擊幾十里，殺掉了宗王慶生和平章鼎珠，此戰還俘虜了上萬蒙古兵，在打仗的同時，常遇春東西也沒少拿，他把元順帝的家當馬三千匹，牛五萬頭全部帶了回來。

此戰毫無懸念，也沒有什麼激烈的戰鬥，這並不是因為元軍軟弱，而是由於常遇春太快，他就像一個高明的劍客，手持利劍，在對手反應過來之前，已經直插對手的心臟！這樣的對手太可怕了。

常遇春勝利班師，經過柳河川時，暴病而死，年四十。

醉臥沙場君莫笑，古來征戰幾人還！

綜觀常遇春的一生，從太平之戰自告奮勇，到北出沙漠，所向無敵，他用自己的行動證明了他是真正的軍事天才，是真正的第一先鋒。他的生命就像燦爛的流星，雖然短暫，卻是那樣的光耀照人，他的軍事才能和功績也將永遠為人們所傳頌。

在常遇春北伐的同時，徐達也正在關中奮戰，他派遣部將張溫（相當厲害）前去攻取甘肅，張溫進展順利，很快就攻下了蘭州等地，就在徐達節節勝利之時，危險也正向他靠近。

王保保的計畫

王保保在敗退回太原後，並沒有採取大的軍事行動，他在觀察徐達的動向。在經過前兩次的交鋒後，他已經很清楚地認識到，自己眼前的對手有多可怕。如果沒有好的機會，他是絕對不會出擊的。

高手過招，最忌心浮氣躁，王保保的直覺告訴他，現在只能等待。

當他發現張溫孤軍深入，攻取蘭州後，一直躲在家睡覺的王保保敏銳的感覺到，機會到了。

他立刻動員了十餘萬大軍，兵分兩路，先以步騎數萬圍攻蘭州，但蘭州並不是他的最終目的，只是誘餌。他把主力隱藏起來，駐兵十萬在地形險要的定西。這一招在兵法上叫圍點打援。他相信自己的判斷，蘭州對於明軍太重要了，他們一定會派兵來救的，現在要做的就是等魚上鉤了。

他的判斷沒有錯，很快第一條魚就來了。

在得知蘭州被圍後，明將于光率部前來救援，當他到達蘭州附近時，發現自己已經陷入了元軍的包圍，在奮戰之後，全軍覆沒，于光戰死。

王保保終於取得了這次計畫中的第一個勝利，但也有一件事情他沒有想到，那就是蘭州的守將張溫的能力。

當數萬大軍把蘭州圍得水洩不通的時候，張溫卻毫不慌張，他分析了敵情後，正確的作出了主動出擊的判斷，於是他親自帶領三千人突襲城外數萬敵軍，居然打敗元軍，使其後撤幾十里，為後來的定西之戰爭取了時間。

當然除了這件事情讓王保保意外，其他的一切都在計畫之中，他仍然採取這種方式，等待著第二條魚上鉤。

第二條魚確實來了，不過卻是一條鯊魚。

王保保的軍事行動引起了朱元璋的注意，洪武三年（一三七〇）正月初三，朱元璋召開軍事會議，他看透了王保保的企圖，制定出了一個更為複雜的計畫。

計畫是這樣的，首先命徐達為征虜大將軍，李文忠為左副將軍，馮勝為右副將軍，鄧愈為左副副將軍，湯和為右副副將軍率軍出征。當時元順帝正在應昌，而朱元璋一向是個要麼不做，要麼做絕的人，他準備讓元順帝再搬遠一點，如果能夠趕去西伯利亞當然最好，就算不行，也不能讓他過得舒服。

他命令不要再救援蘭州，而是讓大將軍徐達自潼關出西安直接攻擊定西，與王保保決戰；另外一路，讓左副將軍李文忠出居庸關入沙漠攻擊應昌，去幫元順帝搬家。

同時，為了迷惑王保保，他還命令大將金朝興、汪興祖分別進攻山西、河北北部元軍，以吸引元軍注意力，策應主力作戰。

這個計畫可謂是天衣無縫，王保保也確實沒有識穿朱元璋的計策。他仍然在定西守株待兔，可惜他的對手是朱元璋和徐達，不是兔子。

洪武三年（一三七〇）二月，四路大軍同時出發，一時之間，亂成一片，二十五日，王保保得到消息，金朝興攻克東勝州。三月二十三日，他又得知，汪興祖攻克朔州。而李文忠已經出居庸關，正在他手忙腳亂之時，真正的敵人已經靠近。

三月二十九日，徐達率師進抵定西。王保保已經退無可退，只能決一死戰了。

定西的沈兒峪即將成為決戰的戰場。

王保保的應對

這一次，徐達帶了將近四十萬人進攻王保保，為達到突擊的效果，他親自率領十萬軍隊連夜奔襲定西，元軍已經做好了迎戰的準備，然而接下來發生的事情讓他們墜入雲裡霧裡。

徐達的十萬人到達後，並沒有任何作戰的表示，相反，他的軍隊第一個行動是去找木頭，修房子和營寨，元軍大惑不解，難道他們想在這裡常駐？

統帥王保保卻明白徐達的用意，他忍不住的感歎，徐達真是深通兵法之人，王保保守住定西沈兒峪的目的就是為了誘敵攻堅，並伺機反攻，然而徐達不上他的當，先紮穩陣腳，慢慢對付他。

這個人真是不容易對付啊。

更讓他鬱悶的是，明軍三月二十九日到達，卻不急於出戰，只是用小股部隊試探，讓元軍煩惱不已。而到了四月五日，情況出現了惡化。

從四月五日起，徐達將士兵分成三班制，不斷派士兵到王保保兵營放火，襲擊，如果不做這些，他們也沒有閒著，就在元軍營帳前敲鑼打鼓，還有吊嗓子的，甚有開場唱戲的苗頭，元兵又累又餓，不得休息。逼急了，想要進攻，又礙於敵方營壘堅固，只能看著乾著急。

王保保再也坐不住了，他明白，這樣下去，軍隊不被打垮，也被鬧垮了，他不得不出擊了。

六日，王保保通過當地人的指引，找到了一條小路，可以抄明軍的側翼，他派遣了一千精兵對明軍發動了突然襲擊，明軍萬沒有想到元軍會突然出現，陣勢大亂，左軍大將驚慌失措，脫離了指揮位置，元軍得以攻入內營，眼看明軍就要大亂，此時徐達在中軍帳內聽到外面大亂，他沒有像王保保一樣驚慌失措，而是靜聽動靜，並依靠他的軍事直覺判斷出這不過是小股部隊的偷襲，於是他騎馬趕往側翼，並親自持劍督戰，士兵們看到他的身影，頓時士氣大振，將元軍擊潰。

在危急時刻判斷出敵情，並能夠及時應對，是一個將領最重要的素質，徐達不愧名將之威名。

這元軍潰敗後，王保保以為明軍會收斂一點，沒有想到剛收兵回營，明軍又開始開臺唱戲了，這下子王保保也沒有辦法了，他晚上也睡不著，只有苦笑著看著對面盡情表演的明軍。

其實他也煩惱不了多久了，因為明軍的目的已經達到了，他們即將採取行動。

王保保的崩潰

就在元軍被吵得不得安寧卻又無計可施時，四月七日夜裡，明軍突然停止了以往的喧囂，元軍大喜，紛紛開始休息，雖然他們心裡也知道，明軍的這次安靜並不尋常，但長期不能睡覺的痛苦實在讓他們無法忍受。於是個個倒頭就睡。

在元軍開始休息的同時，等待多時的徐達正在檢閱他的士兵，這麼長時間的等待，就是為了今晚！他十分清楚，今晚是最好的時機，也是唯一的機會。王保保佔有地利，而且有十萬之眾，自己遠道而來，糧草無法長期維持下去，這個機會一定要抓住，如果不能一鼓作氣擊敗對方，最後的失敗者就會是自己。為了取得勝利，他作出了一個決定。

最大程度發揮士兵的戰鬥力，是將領的責任，一般來說，將領們是利用自己的謀略和軍事調度來達到這一目的，然而當戰鬥到了最關鍵時刻，所有的軍事智慧都無法再發揮作用時，將領們就只剩下最後一招，親自上陣。

徐達在出征前，將他的部隊放在前列，以保證所有的士兵都能看到他的帥旗，無論士兵們在何處奮戰，只要看到這面旗幟，他們就會有勇氣戰鬥下去。

這是沒有辦法的辦法，卻也是唯一的辦法。

故知勝有五：知可以戰與不可以戰者勝，識眾寡之用者勝，上下同欲者勝，以虞待不虞者勝，將能而君不御者勝。——《孫子兵法》

徐達五條全佔，豈有不勝之理！

就在元兵熟睡時，徐達以中央突破戰法，偷襲元軍中軍，元軍實在過於疲倦，甚至有的士兵聽到了喊聲，也無力起身，乖乖的做了俘虜。明軍在徐達的帶領下，以雷霆萬鈞之勢，全殲元軍，十萬大軍就此崩潰。

此時王保保正在中軍營休息，事實證明，他在逃跑方面是很有點天賦的，這位仁兄在大亂之中，反應仍然十分敏捷，搶過了馬，還順道帶上了自己的老婆孩子，向北方逃去。一片混亂之中，尚能如此周全，不服不行啊。

此戰明軍大敗元軍，生擒元剡王、元濟王及文武大臣一千九百餘人，蒙古士兵八萬四千餘人（可怕的數字）。王保保又一次全軍覆沒，這一次，他連十八個侍衛都沒有，只帶著老婆孩子逃到了黃河邊，想起慘況，唯有抱頭痛哭。

很多史書寫到這裡就沒有了，這是不太符合邏輯的，因為王保保沒有長翅膀，也沒有摩托車，不可能飛過黃河，就在這裡丟下王保保也是不太厚道的。其實如果考察歷史中的很多細節，就會發現很多有趣的地方。

仔細分析王保保過黃河的經歷，我們就會發現，平時多學幾種技術是多麼的重要。

王保保到了黃河邊後，沒有渡河的船隻，但名將是不會被難倒的，他不知去哪裡找來了根木頭，讓他的老婆孩子趴在上頭，全家老小就抱著這根木頭過了河（保保與其妻子數人從古城北遁去，至黃河，得流木以度）。

可以看出，王保保一定很擅長游泳，另外他應該還有一定操縱船隻的能力，定西甘肅境內，是黃河上游，此地水流湍急，划船也不一定能橫渡，而他抱著木頭就能過黃河，實在是一種本事。這真是個多才多藝的人啊。

王保保上岸後，望著對岸的景色，悲痛欲絕，在不久之前，他還有一支龐大的軍隊，現在卻只剩下了自己和老婆孩子。

十萬大軍，毀於一旦！

向對岸遙拜後，他騎上馬向和林（今蒙古烏蘭巴托西南）奔去，在那裡他還能夠東山再起。

事情還沒有完，我還有機會的。

在王保保潰敗的同時，李文忠部正在幫元順帝搬家，他自出居庸關以後，五月初，連續擊敗阻擋他的元太尉蠻子（不是外號）、平章沙不丁朵耳只八剌（名字比較長），並再次攻克開平，五月二十一日，他到達了元順帝的老巢應昌。

元順帝確實是個可憐的人，自洪武二年（一三六九）被迫搬家後，在應昌只住了幾個月，就死掉了，他這個皇帝當真是相當窩囊。可是追悼會還沒來得及開，老相識李文忠又一次不請自來，此時的元朝倒是相當硬氣，想要固守。可是固守也是要有實力的，何況攻城的是李文忠。

李文忠絲毫不客氣，既然你不肯自己搬，那就只有幫你了。他攻城效率之高，令人驚歎，攻下應昌只用了一天，蒙古騎兵素來以速度快，機動性強聞名，但面對李文忠這樣的進攻速度，他們也只有瞠目結舌了。

由於沒有想到李文忠如此厲害，城裡的王公貴族們都沒來得及跑，元順帝的老婆們全部被俘，王公大臣們全部被抓，其中還包括元順帝的孫子買的里八剌。

唯一跑掉的是元順帝的兒子愛猷識理達臘，也就是後來的元昭宗。他跑到了和林，和王保保會合，這對難兄難弟抱頭痛哭，立志報仇雪恨。

說到這裡，大家可能有疑問，為什麼王保保如此慘敗，還要稱呼他為名將呢，這涉及到一個很重要的問題，名將是什麼樣的人。

名將是怎樣煉成的

如同前面所說，我們對某些歷史中本質性的東西進行分析，當然了，還是用我的方式。

很多人都羡慕名將的風采，也很想體會一下在戰場上指揮千軍萬馬的感覺，所以軍事論壇裡往往人滿為患，很多軍事迷都恨自己沒有出生在金戈鐵馬的年代。

但實際情況是，歷史上的名將畢竟只是少數，大多數的都是類似三國志遊戲裡面的小兵，上陣不久就被殺死。而且名將絕不是那麼容易煉成的。

在下也曾讀過一些兵書，就此談一下看法，因為這也有助於我們了解後來的明朝大將們的成長過程和經歷及明朝軍事制度的一些問題。

在成為名將的道路上，我們要經歷六個坎坷，讓我們以六個年級來標明他們，只有戰勝眼前的坎坷，才能升入下一個年級。當然，有些天才同學不需要經過這六個年級，生下來就會打仗，也是有的，不過極少，我們可以忽略。

好了，名將學校開學了，第一個年級要學習的是軍事理論。所有想成為名將的人，必須要學習一些經典的理論知識，包括孫子兵法、吳子兵法等等，只有在積累了大量的理論知識後，你才能跨入下一個年級，但這個年紀有一個很特殊的規定，因為有些同學家裡窮，買不起書本，所以他們只能在實戰中去學習這些理論。他們之中的優秀代表就是李雲龍同學。

窮人家的孩子早當家，實在沒有說錯的，這些在實戰中學習理論的同學將可以跳過第二個程式，直接進入第三個程式。

我們還是和大多數同學一起，來看看第二個年級要學習些什麼，第二個年級學習的內容是實戰。這是極為重要的，那些理論中學習的優秀者如果不能過這一關，他們就將被授予一個光榮的稱號——紙上談兵，這個稱號的第一個獲得者是趙括同學，授予者是二年級的年級主任趙奢。

我們來解釋一下為什麼實戰如此重要，這是因為雖然軍事理論都是高年級學長們的經驗總結，但由於他們寫這些東西的時候，情況和現狀是不完全一樣的，在實戰中，如果照搬是要吃大虧的。趙括同學就是沒有學好，才不能畢業的。

作為一個學員，想成為名將，一般都是從小兵幹起，當然除了高幹子弟外，比如趙括同學，由於年級主任趙奢是他父親，所以他一開始就是大將，這是不妥當的。

因為只有戰場才能讓一個人成為真正的名將，他必須親手持刀去追擊敵人，見識戰場的慘烈，明白人被刀砍是要死的，了解你不殺我，我就殺你這條戰場上永不過時的真理，知道所謂打仗就是以性命相搏，他們才會明白什麼是戰場，什麼是實戰。

大多數學員會在這一關被淘汰，他們會改行，一生當一個軍事票友，這對他們來說並不見得是一件壞事。

而留存下來的那些學員，在殘酷的實戰中逐漸了解了戰爭的規律，開始真正走上名將之路。好了，我們帶領剩下的學員來到三年級，三年級要學習的是冷酷。

成為一個名將，就必須和仁慈、溫和之類的名詞說再見，他必須心如鐵石，冷酷無情，當然歷史上也有很多以仁出名的儒將，但請大家注意，他們的仁是對士兵和老百姓而言的，對敵人他們比誰都冷酷。所謂仁不帶兵，義不行賈，冷酷不是殘忍，不是殺戮無辜的老百姓，而是堅忍，比如你的一個很好的朋友觸犯了軍紀，但你為了執行軍紀，一定要殺了他，只有這樣，你才能控制軍隊，即使他是你最要好的朋友，甚至是你的親人，你也要這樣做

這才是真正的冷酷。

學員們將在戰場上學會冷酷，他們可能都是善良的年輕人，平時從不與人爭吵，但當他們走上戰場，親眼看到自己的同鄉和戰友被敵人殺死，或者身負重傷在地上痛苦的呻吟，他們會被憤怒和痛苦所鼓動，毫不留情的殺死一切與自己敵對的人，給地上的傷兵補上一刀，然後一個人在屍體旁邊喃喃自語，就在這地獄一般的環境中，他們變了。

從殺雞都怕見血到敵人的腦漿和鮮血濺到身上渾然不知，從溫文爾雅到冷酷無情，他們在殘酷的環境中畢業了，不合格者將被淘汰，而那些心如堅石的人將進入四年級的學習，他們離成為名將越來越近。

四年級要學習的是理智，這也是極為重要的一個環節，我們作為普通人，生活中會被許多事情

左右自己的情緒，比如買彩票中個二等獎幾百塊，你也會高興半天，要是炒股票賺了大錢，就更不用說了。那麼如果你玩的遊戲是以人命為賭注呢？你會有何反應。

當你在極度緊張的環境中與敵人僵持了很長時間，突然敵人退卻了，你能遏制住心中的激動，先判斷形勢再去追擊嗎？當你抵擋不住敵人的進攻，全軍即將崩潰時，你能及時冷靜下來，發現敵人的弱點嗎？

是的，這太難了，我們都是凡人，都有感情，容易激動，而我們的學員們就必須保持冷靜和理智，在任何時候都不被感情左右，就如同賽車一樣，賽車是一項激情四射的運動，然而車手卻必須保持絕對的冷靜。

這就是四年級學員要做到的，能過這一關的人，已經很少了，剩下的精英們，我們繼續前進！

五年級是最重要的一個年級，在這個年級裡，學員們要學習的是判斷。

這是名將的重要特徵，不需要理由，不需要依據，你能依靠的就是你自己的判斷。你要明白的是，你所掌握的是無數士兵的生命，而所有的人都等著你拿主意。

小兵只管打仗，遇到問題，他會問伍長，伍長會問百戶，百戶會問千戶，千戶問指揮，你就是指揮，你還能去問誰?!

在士兵的眼中，你就是上帝，就是主宰世界的神！他們能否活下來就看你的了！

兵法之所以奇妙，關鍵在於一個變字，所謂善出奇者，無窮如天地，不竭如江海！戰場是一個瞬息萬變的世界，決斷只在一線之間，進攻還是防守，前進還是退卻，都要你拿主意，在你身邊也許有一大群參謀，但他們往往並不站在真理一邊，決斷的還是你。如果參謀比你高明，為什麼要你當主帥？

如果你能從那變化莫測的世界中，發現其中的奧妙，並就此做出正確的決斷，那麼恭喜你，你已經具備了名將最主要的素質。但是還有一關是你必須通過的，只有過了這一關，你才是真正的名將。

現在我們來到最後一個年級，這個年級我們要學習的是堅強。

從某種意義上說，這是非常重要的一個學習內容，所謂勝敗兵家常事，不過安慰自己而已，打了敗仗，死幾萬人，你能承受這樣的心理壓力嗎，你怎麼去面對那些士兵的家人，怎麼有臉去見將指揮權交給你的上級？那是幾萬人命，不是幾萬隻雞！

然而你的選擇只能是堅強，即使你屢戰屢敗，但必須屢敗屢戰！我們可以想像，當你數次敗在同一個人手下時，你會畏懼這個人，所謂的恐某症就是這麼來的，即使你有著傑出的軍事才能，不能戰勝自己的軟弱，還是不能成為名將的。

而那些最優秀的人能夠從失敗中爬起來，去挑戰那個多次戰勝自己的人，這才是堅強！

當你具備了以上所有條件後，你就成為了真正的名將，但還有一點，是你必須具備的，那就是運氣。

說起來似乎有點滑稽，這也是很重要的一個因素，沒準就在你萬事俱備，準備大展身手時，一支冷箭射來，就此死掉，那才是比竇娥還冤，你的一切抱負和能力都無法展現了。戰史上只會這樣記載，某年某月某日，某某人在戰場上被不知名小兵射死，其人具體情況不詳。

所以名將之路是一條艱苦的道路，非大智大勇，大吉大利之人不能為。

故兵無常勢，水無常形。能因敵變化而取勝者，謂之神。

在這變化無窮的戰場上，要想成為真正的軍神，你必須在一次次的殘殺中倖存下來，看著周圍的人死去，忍受無盡的痛苦，在戰爭中學習戰爭，努力獲取那不為人知的奧秘和規律，經歷無數次失敗，有勇氣從無數士兵的屍體上站立起來，去打敗對手。

這才是真正的名將之路，一條痛苦、孤獨、血腥的道路，在這條路上，能信任和依靠的人只有你自己。但只要你走到終點，光榮和勝利就會在那裡等待著你。

無論是徐達、常遇春、王保保還是後來的戚繼光、袁崇煥都是這樣的名將，他們就是這樣成長起來的。他們完全有理由為自己的成長經歷而驕傲和自豪。

所以當不成名將的各位學員，你們完全不必為此而悲傷失望，因為這工作不是一般人能做的，甚至可以說，不是人能做的，諸位普通學員，還是回去做老百姓吧，那才是快樂的生活。

在對北元戰爭連續取得勝利後，元軍終於明白了眼前的這個敵人已經不是當年那個容易欺負的南宋政權，而是一個可能徹底消滅自己的強大對手。

王保保明白，現在要做的就是等待。總會有機會的。

兩年後，一直龜縮的元軍終於慢慢向明朝伸出了觸角，他們四面出擊，趁明軍後撤，他們又佔領了東自吉林，西至甘肅、寧夏北部的廣大地區，他們以這些要塞為根據地，不斷向明軍進攻，使用的還是最讓人討厭的游擊戰術，你打他就跑，你走他又來。

在這種情況下，朱元璋與他的將領們開始討論採取何種方式對付北元，在應對方法上出現了分歧，包括徐達在內的大多數人贊成進攻，一次性解決北元。但也有人反對。

反對的人有兩個，一個是劉基，另一個是朱元璋。

劉基認為北元還有強大的實力，而且更重要的是，王保保還活著（保保未可輕也）。至於朱元璋，他之所以反對這次進攻，更多的是靠自己的軍事直覺。如果在十年前，他可能會堅持自己的看法，拒絕出兵，以防守為主，但現在不同了。

他現在是一個偉大國家的君主，不可能再示弱於人，於是他不再堅持己見同意了徐達等人的要求，擬定進攻計畫。

從這一情況可以看出，劉伯溫之名確實並不虛傳，他完美的詮釋了真理往往掌握在少數人手中的規律。而朱元璋也證明了他獲得天下絕無半分僥倖。

領導就是有水準啊。

十五 遠征沙漠

朱元璋這次擬定了一個幾乎完美的計畫，他手下的名將們全部參與了這次行動計畫。他召集了十五萬大軍，命徐達為征虜大將軍、李文忠為左副將軍、馮勝為右副將軍，各率兵五萬人，分三路出征。

其中以徐達為中路，出雁門關進攻和林，並沿途宣傳要把王保保和北元皇帝趕出老家，然而這只是一個詭計，他的真實目的是引誘元軍出戰，在野戰中殲滅敵人；這個計畫可以說明兩點，一、當時明軍的實力已經相當厲害，可以與元軍在野外決戰；二、朱元璋的軍事思想已經達到了很高的境界，即以殲滅敵人有生力量為主要目的，這是十分難得的。

此外，李文忠為右路，出居庸關經應昌靠近和林，在徐達軍隊與元軍決戰時出其不意發動攻擊，一舉切斷元軍後路。並與徐達合擊元軍。

馮勝為西路，出擊甘肅，他沒有固定的戰略目的，只是起疑兵作用。可以說這一路基本是去觀光順便搶戰利品的。

朱元璋的這一戰略部署，主攻，輔攻，佯攻皆有，分路出擊，待時機一到，便可以三路合擊。堪稱一個完美的軍事計畫。

但就如我們前面所說，戰場上的變化實在是太快了，沒有人能夠完全把握，即使朱元璋和徐達這樣的傑出軍事家也不能。

出征的時刻到了，在三位將領中，馮勝的情緒是最低落的，因為他自認軍事能力並不差，卻只承擔了配角，而徐達和李文忠頗為趾高氣揚，作為戰爭的主角，此戰一定要蕩平北元！

馮勝，其實你完全沒有必要沮喪，因為在戰爭中，主角和配角是經常調換的。

洪武五年正月二十二日，三路大軍從不同的路線向著北元出擊，等待他們的將是不同的命運。

藍玉

在出征之前，朱元璋讓主將們自己挑選先鋒，出乎很多人意料之外，徐達選擇了一名資歷尚淺的將領，由於此人是常遇春的內弟，而常遇春是他的老搭檔，所以很多人猜測，徐達這次是走了後門，故意讓此人立功，以告慰常遇春不能出征之遺憾。由於此次出征北元兵勢威武，很多人都認為是必勝之戰，大家都想搶著立功，對徐達任用私人很不滿意。

他們未免太小看徐達了，他是真正的明朝第一名將，用兵如神，為人公正，他之所以挑選這個人出征，只是因為此人確實是最合適的人選。

這個人就是藍玉。

鬱悶的馮勝也挑選了他的先鋒，傅友德，這是一個真正的傳奇人物，他之前似乎從來沒有打過敗仗，但由於表現的機會並不是很多，其名聲遠遠不如郭興等人。馮勝挑選他為先鋒似乎有點破罐子破摔的意思。

這兩個人的選擇在很大程度上挽救了這次並不成功的出征，這只能用無心插柳來形容了。

洪武五年（一三七二）二月二十九日，徐達大軍進入山西境內，藍玉率領騎兵為先鋒，先出雁門關，他的運氣不錯，在野馬川（今蒙古克魯倫河）碰到了王保保的騎兵，藍玉奮勇當先，一舉擊敗王保保。這是王保保的第一次退卻。

三月二十日，藍玉連夜追擊，在土剌河（今蒙古烏蘭巴托西）再次攻擊王保保，王保保戰敗，向北逃去，這是王保保的第二次退卻。

徐達和藍玉都很興奮，在他們看來，擊敗王保保只在明日！

而此時的王保保卻終於等來了他的機會，報仇雪恨的機會。早在一個月前，他得到了明軍出征的消息後，仔細考慮了自己的軍隊實力後，他正確地認識到，自己的軍事才能不如徐達，軍隊戰鬥力也不如明軍騎兵，不能與明軍正面作戰，如戰必敗，要想擊敗明軍，只能用伏擊。

為達到這一目的，他與元將賀宗哲商定，在嶺北（今內蒙古北部）設下了圈套。所以他在戰役開始之初，不斷出兵與明軍接觸，故意戰敗，應該說藍玉是一個頭腦冷靜的將領，他並沒有孤軍深入，而是等待徐達大軍的到來。此時的徐達卻也已經被勝利沖昏了頭腦。他上當了。

五月六日，王保保突然出現在嶺北，徐達立刻帶領軍隊追擊，當他進入嶺北山區後，賀宗哲突然出現，偷襲明軍，由於沒有提防，明軍大敗，死傷萬餘人，此時王保保和賀宗哲合軍一處，準備一舉殲滅徐達的大軍。

可是徐達畢竟是徐達，他在四年級學到的科目挽救了他，在極為不利的境況下，他以令人難以想像的理智和鎮定穩住了局勢，將軍隊安全撤出，並修建了堡壘，擋住了王保保的數十次進攻。藍玉在作戰中十分英勇，多次掩護軍隊撤退，表現了他名將的素質。

王保保看著煮熟的鴨子又飛了，只能望天興歎，此生勝不過徐達矣！

同人不同命

就在中路徐達軍失敗的同時，李文忠的軍事行動也充分體現了禍不單行這句俗語的準確性，六月二十九日，李文忠率領軍隊抵達口溫（今內蒙古查幹諾爾南），元軍敗退，李文忠似乎是受了徐達的傳染，也開始輕敵冒進，他將輜重留在後方，親自率領大軍輕裝追擊元軍。

李文忠並不是毫無戰略考慮的，他的用兵特點就在一個快字，如果把徐達比作謀略周詳的長跑選手，李文忠就是百米賽跑的能手，在應昌，他創造了一日破城的紀錄，這次，他認準了元軍沒有防備，所以大膽追擊，以圖一舉殲滅元軍。

當他追擊到阿魯渾河（今蒙古烏蘭巴托西北）時，終於找到了敗退的元軍，只不過似乎和他想像中有點不同。這支部隊並沒有逃跑的狼狽和疲態，相反個個都龍精虎猛，躍躍欲試。

似乎上當了。

統率這支軍隊的是元將蠻子哈剌章，這是一個很有才幹的將領，他採取了和王保保相同的戰略，吸引明軍主力進攻，然後尋找時機決戰。此時的李文忠軍已經連續追擊了數日，十分疲勞，而元軍利用小股兵力引誘，大部隊卻得到了充分的休息。他們已經在此等待李文忠很久了。

到這份上了，啥也別說了，開打吧

李文忠確實厲害，在極為不利的情況下，他親自率領部隊與元軍交鋒，激戰數日，居然打垮了元軍，殲敵上萬人，但明軍死傷也不少。按說打到這個地步，面子也有了，就該回去了。可李文忠實在不是好惹的。

他力排眾議，以驚人的意志力和指揮才能率軍隊追到了稱海（今蒙古哈臘烏斯湖），一定要把元兵趕盡殺絕，元將蠻子哈剌章自知惹了大麻煩，招惹了這個煞星，他已經命令軍隊後撤，以躲避李文忠，打不起還躲不起嗎？

沒有想到，李文忠欺人太甚，一點面子也不給，一路追過來，不要自己老命誓不罷休。俗話說狗急還跳牆，何況是人！元軍隨即以決戰架勢布陣，意欲與明軍決一死戰。李文忠雖然勇猛，卻並不笨，看見元軍要拼老命了，便收兵修建營壘，據險自守與元軍對抗，元軍十分驚訝，不明白這個追了他們幾百里地的傢伙為什麼突然不打了，但這個人太可怕，他們畏懼明軍設有詭計，也不敢輕舉妄動。雙方就此僵持下來。不久之後，李文忠發現糧食不夠了，便如同遊行一般，大搖大擺的把部隊撤走，元軍看他如此囂張，認定必有伏兵，不敢追擊，李文忠就此班師而還。

徐達和李文忠雖然在一定程度上達到了打擊元軍的目的，但至多只能算是個平手，並不能算勝仗。

而事先最不為人看好的西路軍，卻創造了奇蹟，這一奇蹟的締造者，正是傅友德。

西路軍前進的方向是蘭州，到達蘭州以後，馮勝作出了一個決定：分兵。

由於此次他的任務只是疑兵，沒有什麼作戰任務，五萬人在自己手下閒著也是閒著，還不如讓他們去做點事。但馮勝畢竟是一流的軍事將領，深知大漠之中，分散兵力是大忌，所以他只給了傅友德五千人而已。更出奇的是，他也沒有交給傅友德明確的戰略任務，這也不能怪馮勝，因為他自己也沒有具體的戰略任務。

在我看來，馮勝似乎是看著手下的五萬人無事可做，讓他們出去逛逛的。五千人確實不多，但要看在誰的手裡，這些兵到了傅友德的手中，就逛出名堂了。

神奇的傅友德

他沒有因為自己的兵力少就龜縮不前，在判斷當前局勢後，他親自率五千騎兵攻打西涼（今甘肅武威），擊敗元將失刺罕。一勝。

取勝之後，傅友德馬不停蹄，進攻永昌（今屬甘肅），擊敗元太尉朵兒只巴，殺敵數千。二勝。

此時的馮勝終於看清了傅友德的實力，他放心大膽的將主力交給了傅友德，對於傅友德來說，這無異於是如虎添翼。他親自帶兵再次攻打元軍於掃林山（今甘肅酒泉北），活捉元朝平章管著，並殺死元軍五百餘人。三勝。

此時甘肅的元軍陷入了極度的恐慌之中，他們從各處聽說有個叫傅友德的瘋子看到元軍就打，而且戰無不勝，非常害怕。唯有求天保佑，這個瘋子不要來找自己的麻煩。

然而傅友德就像上了發條的鬧鐘，根本停不下來，六月三日，他繼續進攻，這次倒楣的是元將上都驢，他不巧遇到了傅友德，結果全軍覆沒，自己也被俘投降。四勝。

六月十一日，傅友德大軍攻打亦集乃路（今內蒙古額濟納旗），元軍守將伯顏帖木兒聽到傅友德前來，連抵抗的勇氣也沒有了，當即開城投降。五勝。

傅友德大軍繼續前進，在別篤山口遇到了元岐王朵兒只班帶領的元軍主力，傅友德二話不說，碰到就打，擊潰元軍數萬人，抓獲文武官員二十餘人。元岐王朵兒孤身一人逃走。六勝。

之後，他又率兵追至瓜州（今甘肅安西），擊敗當地元軍，繳獲牛羊等大量戰利品。七勝。

一直打到十月份，由於繳獲的戰利品實在太多，已經嚴重影響了軍隊行進速度，而元軍已經被打怕了，見到西路軍就逃，也無仗可打了，二十四日，明軍班師回朝。

從五月到十月的這五個月裡，元軍痛苦不堪，傅友德帶領數萬大軍從甘肅打到蒙古，所向披靡，來回折騰元軍，元軍又怕又恨，打又打不贏，躲也躲不了，整日在恐懼中生活。

傅友德以幾萬軍隊在北元境內如入無人之境，縱橫南北，竟無人可擋！實在令後人嘆服，他七戰七勝的不朽傳奇也就此記入史冊。

十一月，中路軍徐達、右路軍李文忠由於戰況不利，也先後班師。在這次北伐中，朱元璋並沒有達到他肅清北元的目的，而北元也認識到了明的強大，雙方就此進入僵持狀態，明朝的第一代名將們也結束了他們的傳奇，即將面對未來的命運。

這一僵局在十餘年後才被打破，打破它的人正是在這次北伐中成長起來的藍玉。

十六 建國

暫時結束北元戰爭，讓我們看看朱元璋是怎樣著手建立他的國家的。

朱元璋建立了國家後，第一個任務就是給它取一個名字，這可是極其重要的，就如同今天的人們要給孩子們取名字一樣，這個名字要叫幾百年，馬虎不得。

在很多人的印象中，蒙古族是馬背上的民族，文化修養有限，但他們建立的朝代取名為元，可是大有來歷，這個元字是取自於易經「大哉乾元」之義，也代表了其對中華文化的景仰。

而朱元璋將自己的朝代取名為明，就有很多爭議了，很多人認為，這是因為朱元璋出身於明教，所以才有此名，而另一些人認為，元是北方政權，按照風水來說，是水，屬陰，而朱元璋定都南方，要用南方之火明來鎮住北方之水陰。

當然了，情況到底是怎樣，只能去問朱元璋了。

在給自己的國家取好了名字後，他也考慮著給自己找個光榮的祖先，雖然他經常自稱「淮右布衣」，擺出一幅英雄不怕出身低的勢頭，但大臣們都知道，這些稱號只有他自己能說，誰要敢當著他的面說出這些話，就等著掉腦袋吧。他原先考慮要認宋朝的大聖人朱熹為祖先，但有一個客觀原因使得他不得不放棄這一想法。

因為朱熹生活的年代離他太近了，不太好混水摸魚，朱百六等人還在那裡擺著呢，別說騙人，

自己都騙不過去。於是就此作罷了

經過二十餘年的混戰，中國大地上餓殍遍野，田地荒蕪，開國皇帝最主要的工作就是恢復生產，朱元璋在這一點上做的就相當好，他十分關注三農問題，把所有的熱情都放在了農民兄弟的身上。洪武三年（一三七〇），他規定凡是開墾荒地的，就免除三年租稅，而且為了鼓舞開荒，他制定法令，只要你開了荒地，這塊地就是你的，就算原先的主人找來，你也不用怕，我朱元璋給你撐腰。這就大大的促進了開荒的進行。

為了鼓舞種田，他還發布命令，犯罪之人，只要不是殺頭的罪，統統發配去種地，也算是做了件好事。值得一提的是，這些所謂的犯罪之人以官員居多，當時僅鳳陽一地，就有一萬多官員在田裡插秧，具體原因我們後面再說。同時，他還大大削減各地的租稅，除了一個地方外。

這個地方就是張士誠佔據過的江浙地區，由於當地的人民支持張士誠，他對此十分不滿，規定江浙地區賦稅高於其他地方數倍。這一規定直到後期才廢除。從這裡我們可以看出，朱元璋是個有仇必報的人，請大家記住他這個性格特點，對我們分析他後面的行為大有益處。

相對的，他十分痛恨從商的人，這極有可能與他在小時候被屯米的奸商害過有關，當時的著名富商沈萬三就成為了他重農抑商政策的犧牲品。這位沈萬三十分有錢，據說家裡有個聚寶盆，所以錢財源源不斷，這位同志也想學習呂不韋，想玩一把政治投機，他主動投靠朱元璋，並出錢修築了三分之一的南京城牆，這些城牆十分堅固，都用上好的花崗石修建，並用糯米為漿，外面還塗有石灰，堪稱鐵壁。

沈萬三花了大價錢，希望朱元璋給他點好處，可他從來就不明白朱元璋是個怎樣的人，朱元璋聽說此事後，不動聲色，等城牆修好，就準備殺了他。沈萬三實在太蠢，像朱元璋這樣的人怎麼會容忍一個商人去修建首都的城牆！還是馬皇后反覆勸說，朱元璋才沒有動手，但他還是沒收了沈萬三的財產，把他發配到雲南。

沈萬三平生第一次作了虧本生意，但他並不是唯一的不幸者，幾乎所有的商人都受到了歧視，朱元璋限制商人的行為看似平常，卻在很大程度上改變了自宋朝以商為主的發展方向，對中國的發展有著深遠的影響。我們將在後面對此進行詳細的闡述。

在政治制度上，他幾乎照搬了元朝的各項機構，中央設中書省，左右相，主管國家大事，下設六部，當時的很多人認為，朱元璋的明朝政府將繼續按照元朝的官制走下去，然而後來發生的事情是他們意想不到的。這也留待後面再說。

明朝的制度還有很多，我們之所以介紹上面這些，是為了下面發生的故事作一個鋪墊。

讀書人的最高榮譽

在此，我們還要介紹一下明朝的科舉制度，這是明朝的一個特色。

科舉制度並非自明朝起，卻在明朝發揚光大，說來真是有趣，唐宋時雖有科舉，但錄取名額十分之少，一科往往只取幾十人。明朝自洪武三年（一三七〇）起開科舉，實行擴招，這下子想做官的人就擠破了頭。紛紛以讀書為業，這些人就是後來明朝文官勢力的基礎。

當時的考試分為三級，第一級是院試，考試者統稱為童生，你可不要以為都是小孩來考，七八十歲的童生也是有的，考試範圍是州縣，在這個考試中合格的人就是我們大家熟悉的「秀才」，你可別以為秀才好考，考試成績有六等，只有在這個考試中，考到高等的才能得到秀才的稱號，而考到一、二等的才能有資格去參加更高一級的考試，叫「錄科」。

現在你已經當上了秀才，從此就擺脫了平民的身分，大小也是個知識份子了，你有某些特權，比如可以免除一人的徭役，見到縣長大人可以不下跪。但你並不是官，還差得遠呢。

要當秀才已經如此之難，可是為了當官，同志們還要繼續奮鬥！

下一級的考試叫鄉試，你可千萬別誤會，這個所謂鄉試不是指鄉里的考試，而是省一級的統考。請注意，鄉試不是你想考就能考的，三年才有一次，一般在八月，由省出題，而且有名額限制。在這一級別考試中過關的人就叫舉人，這個舉人可不得了，是有資格做官的。之所以說是有資格，是因為這個級別是不能包你一定當官的，也就類似今天的大學畢業不包分配。

那舉人怎麼才能當官呢，很簡單，當官的人死了，你就有機會了。

所以你如果在明朝去參加某位官員的追悼會，看到某些人在門口探頭探腦，面露喜色，要不是和這家有仇，那一般就都是舉人。

現在大家知道為什麼范進同志考中舉人後會發瘋吧，換了你也可能會瘋的。

在這個考試中獲得第一名的人叫作解元。這就是三元裡的第一元。

好了，你已經考中舉人了，終於走出了省城，現在向京城出發，為了當官，向前衝！

現在你已經是舉人了，那麼請你打好包袱，準備好筆墨紙硯，明年二月你將要迎接人生的真正考驗——會試。

這個考試只有獲得舉人資格的才能參加，也就是說，你的對手將是其他省的精英們，朝廷將在你們中間挑選三百人（可能有變動），但要注意，這三百人並不是我們經常所說的進士，他們只是「貢生」，要想當進士，你還要再過一關。

會試考試的第一名叫會元，這是三元裡的第二元。

在說下一關之前，我們要介紹一下科舉考試的考場，當時的考場可不是今天光線明亮的教室，還有一大堆家長在外面抱著西瓜等你。明代考試的考場叫做貢院，其實從其結構環境來看，可以稱其為牢房。

貢院裡有上萬間房間（大家可以估計一下錄取率），都是單間，有人可能覺得單間很好，別忙，我來介紹一下這是個什麼樣的單間，這種單間叫做號房，長五尺，寬四尺，高八尺。

大家估量一下就可以感覺到，這幾乎就是一個籠子。考生在進去前要先搜身，只能帶書具和燈具進去，每人發給三支蠟燭，進去後，號門馬上關閉上鎖，考生就在裡面答題，晚上也在裡面休息，但由於房間太小，考生只能蜷縮著睡覺，真是要多難受有多難受。

然而就在這樣的艱苦環境下，在那盞孤燈下，在難以忍受的孤寂中，我們的先人滿懷著報國的理想，用堅強的毅力寫出了妙筆生花的文章，實在值得我們尊敬。

每一個經歷過這場考試的人都應該獲得我們的掌聲，不僅是那些成功者，也包括那些失敗者。

通過會試的精英們面對的最後一道考驗就是殿試，在這場考試中，他們將面對這個帝國的統治者，考試方式是皇帝提問，考生回答，內容主要是策問。這些可憐的考生是不敢也不能抬頭的，他們只能戰戰兢兢的答完問題，然後退出等待自己的命運。

皇帝及大臣根據考生的表現，會劃分檔次，共有三甲，一甲只有三個人，叫進士及第，分別是狀元、榜眼、探花，這是為我們大家熟知的，二甲若干人，叫賜進士出身，三甲若干人，叫賜同進士出身。

而狀元就是三元中的第三元。

如果到了這裡，你還榜上有名，那麼恭喜你，你將會被派任官職。不過不要期望過高，此時分派的官職都不高，經歷這麼多苦難，你得到的很可能只是一個八品的縣丞而已，離縣太爺還遠著呢，但不管怎麼說，總算是當官了吧。

科舉考試不但是獲取官位的方法，也是讀書人追求榮譽的途徑。對他們而言，狀元就是他們的目標，雖說文無第一，但第一是人人都想要的。狀元也是人，憑什麼不是我？

事實也是如此，但狀元雖很難得，三年才有一個，產量很低，但畢竟還是有的，所以讀書人心中的最高榮譽並不是狀元，而是另一種稱號，這才是每個讀書人朝思暮想的，獲得這一稱號的人將成為傳說中的人物，為萬人景仰！

這一稱號就是連中三元，具體說來就是身兼解元、會元、狀元三個稱號於一身。這是真正的高難度動作，必須保證全省考第一，然後在會試中全國考第一，最後殿試裡在皇帝心目中也是第一。這就要求考生光是學問好還不夠，必須反應快，長得比較帥，才有可能獲得這一稱號。所以要得到這一稱號是要有一定運氣的，祖墳上豈止是冒青煙，簡直是要噴火。

這種人在明朝二百七十六年的歷史中只出現過一個，此人就是正統年間的商輅，非常厲害。他在歷史上有一定地位，後面我們還要提到他。

自隋唐開始科舉後，獲得這一榮譽的只有十三個人，分別是唐朝兩人，宋朝六人，金一人，元一人，明二人，清兩人。這些人實在是值得我們崇拜的。

要特別說明的是，很多材料記載明朝只有一個連中三元者，這是不對的，在洪武年間，安徽人黃觀連中三元，永樂靖難時，黃觀為永樂所忌，將其名字從登科錄上劃去，改第一名為韓克忠，所以在大多數歷史記載中，三元並沒有黃觀的名字。在此特為這位忠臣和讀書天才正名。

當官的秩序

參加科舉考進士是為了當官，隨著老百姓做官的人越來越多，世俗的名門望族勢力慢慢消退，科舉進士們形成了所謂的科舉勢力，也就是後來的文官群體，這一群體給明朝的政治帶來了十分巨大的影響，他們形成了類似黑社會的組織結構。上可威脅皇帝，下可統治百姓，十分可怕。在此，我們先看看他們的組織內的運行秩序。

我們前面說過，進士一錄取就可以候補官員，而舉人要當官，就難得多了，他們要參加三次會試，如果實在沒出息，還是不能考過的話，就可以到吏部去註冊，過幾（從一到幾十不等）年，官員死得多了，有了空缺，就會把這些舉人翻出來，選擇其中一些人去當官。這個叫「大挑」。那麼大挑的標準是什麼呢，說來大家可能不信，是看你的長相，選擇方式類似現在的警察局認人，舉人們如同嫌疑犯，幾十人一隊，站在吏部大臣們面前任人挑選。

這個時候，長得醜的可就真是叫天不應了，肯定是沒有你的一份了，早點回家吧。

其實長得醜不是你的錯啊。

選中的舉人就可以當官了，這些舉人雖然沒有考上進士，但也算是上過榜的，所以他們叫做一榜出身，而進士就叫兩榜出身，大家畢竟都是考試出來的，所以進士們也把舉人看成自己的同類。也就是所謂清流。

這些清流們內部的秩序區分很有趣，需要詳細說說，大家了解這些規則後，就能較好的理解明代中期文官集團中發生的很多歷史事件。

我們列舉出五個官員來說明這個問題，給他們分別命名為甲、乙、丙、丁、戊，這五個人的職務是這樣的，甲是兵部侍郎（三品），乙是禮部郎中（五品），丙是刑部員外郎（從五品），丁是翰林院侍講學士（從五品），戊是布政史參議（從四品）。

這五個人中甲、乙、丙、丁都是進士，戊是舉人出身，他們在兵部大堂相遇，分清官位後，他們按照秩序坐下，大家開始談話，由於說的不是公事，自然要從出身講起，此時戊一定會先退出，為什麼呢？

因為他夠聰明！雖然他的官位在五人中排第二，但人家談的是進士的事，你一個舉人連殿試都沒有參加過，湊什麼熱鬧。這就類似現在開口問學歷，他是北大，我是清華，您呢，總不能說是克萊登大學畢業的吧。這個時候上去無異於自討沒趣。而且這些進士出身的人十分喜歡講登科時候的事情，一開口就是想當年，老子如何在殿試中應對自如等等，就如同《圍城》裡的那句名言「兄弟我在英國的時候」，時不時就會拋出一句。其實他很有可能是答非所問，慌不擇路爬出去的，誰知道呢。這是見面的第一步，擺出身。

下面是第二步，大家既然都是進士，那就好談了，談下一個問題，何時中進士的。一談之下，甲是洪武十六年的，乙是十九年的，丁是二十二年的，丙資格最老，是洪武三年的，這就類似今天見面問人：您的哪一屆畢業的啊，喔，是師兄啊，失敬失敬。當時可不是說兩句就能解決問題的，這個時候，那三位就要向丙行禮了，這是規矩，不管你官和年紀比對方大多少，遇到比你早登科的就要行禮。這是第二步，擺資歷。

第三步就是比名次，哪怕都是進士，也有個優等名次的問題吧，甲說：我是三甲同進士出身，乙笑一下：我是二甲進士出身，丙也笑：我是二甲第十五名。

這個時候丁說：我是庶吉士。

那幾位馬上就不笑了，乖乖的站起來行禮，這是因為庶吉士實在來頭很大。在所有的進士中，只有一甲三人可直接進入翰林院，二甲和三甲中挑選精英考試才可成為庶吉士，他們的職責是給皇帝講解經史書籍，並幫皇帝起草詔書，是皇帝的秘書，權力很大，到了明朝中期，更形成了不是庶吉士不能當大學士的慣例。

你說庶吉士厲害不厲害？

這三套擺下來，大家心裡都有了數，將來多多關照啊，科舉勢力就是通過這樣的方式排定秩序，形成強大力量的。

考上了進士對於當時的人太有誘惑力了，而考一個好的名次也有額外的吸引力，中國人講究衣錦還鄉，也就是穿著官服回家給當年的窮哥們、鄰居家大嬸大哥看看，這個時候，排場越大，面子就越大。

大家在電視上看到過，古代官員出行都要帶一大堆人，前面有打鑼的，舉牌子的開道。不知大家有沒有注意到那些舉牌子的，學問都在牌子上呢！

如果你是狀元，那就威風了，牌子上可以寫上「狀元及第」、「欽點翰林」這樣的大字，招搖過市，引得無數百姓感歎不已，抓住自己孩子的腦袋使勁晃，將來一定要學他！

二甲和三甲怎麼寫牌子呢，他們的牌子上會列明「同進士出身」「兩榜出身」這樣的字，也是很多人傾慕的。

進士的牌子好寫，人家畢竟見過大世面，那舉人怎麼辦，不能寫中進士，也不能寫兩榜，放心，辦法是人想出來的，舉人出門的時候，由於可寫的不多，他們充分發揮了創造力。

比如他是丁寅年江西鄉試中舉的，就寫個牌子「丁寅舉人」，再想想，老子在縣衙是主簿（正九品），官位低是低了點，但也是官嘛，於是第二個牌子就寫「某縣主簿」，此外還有什麼何年何月被表彰過，有何政績，都可以寫上去，反正能騙騙老百姓就行了。

正是這樣的誘惑，使得無數人前仆後繼，向著官位前進，可正如前面所說，當官哪有那麼容易呢，朱元璋及他的子孫們早就為他們設置了最困難的一道關卡，這道關卡不但改變了歷史悠久的科舉制度，讓無數人陷入極端的痛苦中，在某種程度上，它還影響了中國未來幾百年的命運。

這道關卡就是八股。

八股

這是一個很值得一提的現象，八股可以說是明朝的發明創造，這套玩意自朱元璋起，到明朝中期發展完善，影響了後來近五百年的知識份子，不可不說。

學子們的考試科目分為三場，第一場考經義，也就是四書五經，第二場考試實用文體寫作，第三場考時務策論，也就是給你個事情讓你分析，頗有點應用文的意識。其中最重要的就是經義，這是取士的關鍵。

那時候的考生們不像現在的學生，考試前要複習很多內容，對他們而言，只要背好四書五經就行了，題目只能在這裡出，不可能有別的題目。範圍相當小，背起來容易，而且寫文章時有規定的字數，一般不超過五百字，不像現在的某些命題作文動不動就要千字以上，這麼看來，當年的考試似乎要容易些，然而事實並非如此。

關鍵在於格式和個人發揮，八股文分為破題、承題、起講、入題、起股、出題、中股、後股、束股、收結幾個部分，其中精華部分是起股、中股、後股、束股，這四個部分你不能隨便寫的，必須用排比對偶句，共有八股，所以叫八股文。

這種寫法十分古板，你想多寫一個字也不行，真是害人不淺，很多人都是一邊寫一邊亂編，只為了湊字數，達到對偶的效果，文字表面上看，十分整齊，細看下內容，廢話滿篇。

痛苦的不僅是考生，還有出題的老師，四書五經只有那麼多字，各級考試都從裡面出題，而出過的題一般是不能再用的，於是老師們奇計百出，把四書五經上下句割裂開，單獨拿來出題，如把一句話斬頭去尾，只用中間的幾個字拿來考人，這種語句不通，張冠李戴的詞句，連老師都不知道是什麼意思，何況學生呢。

結果就是糊塗考糊塗，出題的人不知道是什麼意思，考試的人也不知道，這樣考出來的是什麼人才？

八股說到底是一種形式而已，就算古板，應該也不會造成太大的負面影響，別急，明朝統治者們還有殺手鐧，這一招才是最厲害的。

明朝規定，所有的文章不能有自己的想法，必須仿照古人立言，要按照聖人的思想去寫文章，這個聖人是誰呢？朱熹。

朱熹曾經給四書寫過注，也就是標注他自己的理解，然而這些理解被統治者看上，要求所有的學子必須按照朱聖人的思維來答題。

天可憐見！朱聖人當年可能在上茅廁想出一句，寫下來，吃飯時又想出一句，寫下來，本來就作不得準，而過了上百年居然要所有的人按照他的思維方式來思考，確實是一種折磨。

這可就苦了明朝學子們，叫天不應，誰知道這傢伙當年到底是什麼樣的思維，只能自己慢慢猜，慢慢把握，所謂搞不懂就問人，搞得懂就教人，實在沒有人懂就去問神，對這些學子而言並不只是玩笑而已。

無數考生午夜夢迴，腦海中揮之不去的就是朱熹那並不俊朗的外貌和並不魁梧的身材，久而久之，有些醒悟過來的人就開始問候朱熹的父母及祖先，似乎這樣才能出口惡氣。問題在於罵完後還是要考啊，不考就沒有官做，這是實際的問題。

在固定的思維、固定的模式下，明的學子們開始完成他們的文章，讓我們不得不驚歎的是，在如此困難的環境下，考生們仍然寫出了很多錦繡文章，在下曾經看過兩篇八股狀元文，文辭優美，立意深刻，想到這些文章他們是在如此多的限制下寫出的，實在令我們這些後生晚輩佩服不已。

這些優秀八股文的作者巧妙的利用既有規則，在有意無意間插入自己的觀點，並運用優美的詞句表現出來，他們無疑是這場規則競賽中真正的成功者。

八股考試的弊端是很多的，選出的人才很多都是書呆子。著名的明朝學者宋濂形容過八股選出來的某些人才，「與之交談，兩目瞪然視，舌木強不能對」，活脫脫一副白癡面孔。

但八股文還是有一定用處的，比如吳敬梓在他的《儒林外史》中曾經寫道「八股文若作的好，隨你做什麼東西，要詩就詩，要賦就賦，都是一鞭一條痕，一摑一掌血。」可見，八股文是很多文體寫作的基礎。更重要的是，在這樣的限制下，很多優秀人才更能脫穎而出，如後來的徐階、高拱、張居正，哪一個不是八股文拿高分的？這些人才是高手中的高手。

總而言之，這一制度還是弊多利少，禁錮人們的思維，害人不淺啊，其影響深遠，直到近代，人們還以考過八股為榮，比如陳獨秀和當時的北大校長蔣夢麟都是前清的秀才，陳獨秀曾經問蔣夢麟考的是什麼秀才，蔣夢麟回答是策論秀才，陳獨秀非常得意，哈哈大笑，說自己考的是八股秀才，比策論秀才值錢。蔣夢麟連忙作揖。大家從中可以看到，八股有多麼大的影響力。

朝廷的鬥爭

朱元璋在解決了北元後，制定了一系列旨在恢復生產和生活的政策，得到了好的效果，但此時，朝廷內部的矛盾又激烈起來，大臣分成兩派，以地域為區分，開始了新的爭鬥。

這些所謂派別，實際上就是老鄉會，大家都說一樣的方言，朱元璋手下最大的老鄉會就是淮西集團，會長本來應該是朱元璋，但考慮到他還兼任皇帝一職，所以當時是由李善長代理，這一集團人多勢眾，主要成員有李善長、郭興、郭英、湯和、周德興，還包括死去的常遇春等人，可以說這些人是朱元璋同志起家的班底。當時的人們見面都以會說淮西話為榮。

有的朋友問道，李善長何許人也，為什麼是第一功臣，確實，他好像很少出面做什麼大事，這是由他的工作特點決定的。此人主要負責後勤和政務辦理，如果把劉基比作張良，那麼李善長就是蕭何。他一直跟隨朱元璋打天下，鞍前馬後的勞頓，後勤工作不好做，勞心勞力又不討好。朱元璋是個明白人，所以在建國後，便以李善長為第一功臣，任命他為丞相。

李善長這個人的特點是外表寬厚，卻心胸狹窄，誰敢和他過不去，就一定要解決對方。

俗話說惡人自有惡人磨，有敢專權的，就有敢分權的，淮西集團很快就遇到了對手，那就是浙東集團，這個集團的首領就是劉基。

這兩個集團就在朱元璋的眼皮底下開始了鬥爭，朱元璋似乎也很有興趣，他準備看一場好戲。

這場戲的主角是李善長和劉基，但僅有主角是不夠的，下面我們要介紹配角和龍套出場，這些人人多勢眾，是這場戲不可缺少的組成部分。

以找碴兒為職業的官員

他們的名字叫言官。下面我們將介紹一下這些人。

言官到底是什麼官呢，顧名思義，就是說話的官，到了明朝後期，也有人把這些人稱為罵官，實際上，他們是明朝監察制度的產物。

朱元璋建國之初，仿照元朝制度，建立了御史台，到了洪武十五年（一三八二），朱元璋將其改名為都察院，都察院的長官是左右都御史，這個官名大家在電視上經常可以聽到，而都察院的主要骨幹是都察御史，這些都察御史共有十三道，以當時的十三個省區分，共有一百一十人，這些人權力極大，他們什麼都管，由於平時並沒有什麼具體的事務要處理，就整天到處轉悠，不是去兵部查吃空額，就是到刑部查冤假錯案，辦事的官員看到他們就怕。

有人可能會問，這些人權力如此之大，要是他們也徇私枉法怎麼辦呢，說到這裡，我們就要大大的佩服一下朱元璋了，他想了一些很絕的方法來規範御史的行為，首先挑選御史的時候，專門找那些書呆子道學先生，認死理的去做這行，因為這工作得罪人，撈不到錢，而道學先生是最合適的人選。其次，他用了以小制大的方法，這些御史都是七品官，可以說是芝麻官，賦予他們監管長官的權利，就使得他們不敢過於張狂。有個官名叫八府巡按（周星馳電影裡出現過），大家乍一聽，八府的巡案，官一定很大，其實這也是個芝麻官，往往是朝廷臨時委派監察御史擔任的，就相當於以前所謂的特派員，官極小，權極大。但就是這樣，朱元璋還是不放心，於是他又建了一套班子，來監督都察院。這就是六科給事中。

對應中央六部，朱元璋設立了六科，各科設都給事中一人，官位正七品，左右給事中官位從七品。這些人的權力大到駭人聽聞的地步。

他們如果認為以皇帝名義發出的敕令有不妥之處，居然可以將敕令退回！而皇帝交派各衙門口辦理的事件，由他們每五天檢查督辦一次，倘若有拖延不辦，或是動作遲緩者，他們就要向皇帝打小報告，各部完成任務，還要乖乖的去六科銷賬，此外官員年終考核，這些給事中進行審核。

這些人的行為特點可以概括為：你要打我，我就罵你。這不是一句玩笑話，他們從不動粗，全部功夫都在嘴和奏章上，你要是得罪了他，那就慘了，這些人罵人的功夫極高，都是飽讀詩書之輩，罵人也有典籍來歷，出自某典某條。如果你書讀得少，還以為他在誇你呢。可能回家查了書，看到某個典故方才恍然大悟，連祖宗十八代也給人罵了。這種罵人不帶髒字的功夫，實在厲害。這種獨門絕技代代相傳，到東林黨達到了高峰，那可真是口水橫飛，引經據典，用意惡毒卻又言辭優美。套用葛優的一句話：「人家罵你都聽不懂！」

朱元璋搞來這群人後，他自己也很快就吃到了苦頭。

有一件事可以說明言官們的可怕，洪武年間，御史周觀政巡視南京奉天門，這裡說明一下，周觀政是巡城御史，屬於最低層的監察御史。在他巡查時，遇見一群太監正領著一夥女樂往奉天門內走去。根據大明的內宮制度，女樂是不准入內的。周觀政當即上前制止，領頭的太監理都不理他，說了一句：「我有聖旨在身！」（注意這句話的分量）。

按說一般人也就放他過去了，可周觀政堅持說就是有聖旨也不得違背大明的內宮制度，堅決不准女樂入內。太監遇到這麼個人，只好回宮稟報朱元璋。朱元璋苦笑一下，便傳口諭，不再讓女樂入宮，還特意加上一句，周觀政你幹得好，回去休息吧。無論怎麼說，朱元璋已經仁至義盡，給足了周觀政面子。可意想不到的事情發生了。

周觀政死都不走，這個書呆子不依不饒，一定要朱元璋出來和他說，朱元璋明白自己選的這些人都是不會通融的。娛樂也搞不成了，親自穿上朝服出宮進行安撫，對周觀政說，你做得對，我已經反悔，不用女樂了。周觀政聽到後，才回家睡覺。

真是千古奇談！皇帝口諭還不行，居然還要親自出來道歉！我們在嘆服這個書呆子的同時，不也應該欽佩他的勇氣和正直嗎，大明王朝正是因為有了這些堅持原則的人，才能夠延續兩百年長盛不衰。

應該說朱元璋制定的這個監察制度是相當不錯的。

但請注意，如果你不是十三道御史，也不是六科給事中，不屬於言官，可千萬別多嘴！不要看著言官在皇帝面前擺威風，你也跟上去來兩句，不砍了你才怪。言官敢這麼做，那是有悠久傳統的。

自古以來，就有言官的設置，這些人不管具體事情，他們的任務就是提意見，而歷來的封建王朝也形成了一個傳統——不殺言官。歷史上無論多昏庸的皇帝，也很少有膽量敢殺言官的。所以在朝堂上經常出現這樣一種情況，言官在下面說皇帝的不是，一點不給皇帝留面子，還洋洋自得，很有點你能把老子怎麼樣的氣魄。而皇帝只能在上面一邊聽，一邊咬牙切齒，想著明天就把你調個位置再整治你。言官確實威風啊。

上面說的那個故事並不只是為了說明言官的權力和威嚴，列出此故事還有一個目的。

大家也可以看出，這件事情中，周觀政做得過分了，用今天的話說，太計較了。皇帝有很多事情，你把女樂攔住，皇帝也傳口諭，表揚了你，這就足夠了。非要皇帝出來跟你說清楚，他哪裡來的那麼多時間和耐心。朱元璋是制度的制定者，所以他要做榜樣，但後來的皇帝呢，天剛亮就讓他起床頂寒風出來和你說清楚？就算再好的脾氣也會被這些御史惹火的，可見，御史的這一特點決定了他們將來的發展方向會出現一定的偏移，我們將在後面看到這股偏移的力量對國家造成的巨大影響。

演員到齊了，下面我們來看看這場戲是怎麼演的吧

劉基與李善長

先說一下淮西集團的首領李善長，他被朱元璋引為第一功臣，於洪武三年被封為韓國公，這是很了不得的，因為當時朱元璋一共只封了六個公爵，其他五個人分別是徐達、常茂（常遇春兒子）、李文忠、馮勝、鄧愈。大家已經知道了這五位仁兄有多厲害，他們都是血裡火裡拼殺出來的一代名將，而出人意料的是，李善長排位居然還在這些人之上，名列第一。

他也是公爵裡唯一的文臣。

相比之下，劉基也為朱元璋打天下立下了大功，卻只被封誠意伯（伯爵），耐人尋味的是，他的俸祿也是伯爵中最低的，年俸只有二百四十石，而李善長是四千石，多出劉基十幾倍。

後人往往不解，劉基運籌帷幄，決勝千里，在許多重要決策中，起了重要作用，為什麼只得到

這樣的待遇？

其實只要仔細想想，就會發現這個問題並不是那麼難以解釋。朱元璋是一個鄉土觀念很重的人，李善長是他的老鄉，而且多年來只在幕後工作，從不搶鋒頭，埋頭做事，這樣的一個人朱元璋是很放心的。相對的，劉基是一個外鄉人，更重要的是，劉基對事情的判斷比他還要準確！

從龍灣之戰到救援安豐，朱元璋想到的，他也想到了，朱元璋沒有想到的，他還是想到了。換了你是皇帝，會容許這樣的一個人在身邊麼？而且這些決策並非安民之策，而是權謀之策，用來搞陰謀政變十分有用，外加劉基厚黑學的根底也很深，朱元璋時不時就會想起他勸自己不要去救韓林兒這件事。誰知他將來會不會對自己也來這麼一手。

不殺他已經不錯了，還想要封賞麼！

劉基一生聰明，但也疏忽了這一點。

這也就決定了他在這場鬥爭中很難成為勝利者。

洪武元年，雙方第一次交鋒。

當時的監察機構是仿照元朝機構建立的御史台，劉基的官位是御史中丞，也就是說，他是言官的首領，我們前面介紹過言官們的力量，此時的優勢在劉基一邊。

引發矛盾的導火線是一個叫李彬的人，這個人是李善長的親信，他由於犯法被劉基抓了起來，查清罪行後，劉基決定要殺掉他，此時正好朱元璋外出，李善長連忙去找劉基說請，劉基卻軟硬不吃，不但不買他的帳，還將這件事向朱元璋報告。朱元璋大怒，命令立刻處死李彬，不巧的是，這份回覆恰巧落在了李善長手裡，他雖不敢隱瞞，但也怒不可遏。他明白直接找劉基求情是不行了，為了救自己的親信一命，他想了一個藉口，他相信只要講出這個藉口，劉基是不會拒絕他的求情要求的。

他找到劉基，對他說：「京城有很久不下雨了，先生熟知天文，此時不應妄殺人吧」。李善長可謂老奸巨猾，他明知劉基深通天文之道，以此為藉口，如劉基堅持要殺李彬，大可將天不下雨的責任推倒劉基的身上，當時又沒有天氣預報，鬼知道什麼時候下雨。

然而劉基的回答是：「殺李彬，天必雨！」

李彬就這樣被殺掉了。

李善長被激怒了，他開始準備自己的第一次反擊。

劉基敢說這樣的話，應該說他是有一定把握的，他確實懂得天文氣象，可問題在於即使是今天的天氣預報，也有不準的時候。

這一次劉基的運氣不好，過了很久也不下雨，等到朱元璋一回來，李善長積聚已久的能量爆發了出來，他煽動很多人攻擊劉基。朱元璋是個明白人，並沒有難為劉基，但劉基自己知道，這裡是待不下去了，於是在當年八月，他請假回了老家。

臨走前，正值當時朱元璋頭腦發熱，想把首都建在鳳陽，同時還積極準備遠征北元。劉基給了朱元璋最後的建議，首都建在鳳陽是絕對不行的，而北元還有很強的實力，輕易出兵是不妥當的。後來的事實證明，他又對了。

應該說，當時的朱元璋是很理解劉基的，他對劉基的兒子說過，現在滿朝文武都結黨，只有劉基不和他們攪在一起，我是明白人，不會虧待他的。

朱元璋這次可真是被劉基給蒙了，劉基並不是什麼善男信女，他在臨走之前已經布下了自己的棋子：楊憲。

楊憲是劉基的死黨，他得到了劉基的指示，接任了御史中丞，準備對淮西集團的反攻。

這位楊憲也不簡單，他韜光養晦，扶植高見賢等人並利用言官的力量，不斷收集李善長的把柄，並在朱元璋面前打小報告，說李善長無才無德，不能委以重任。朱元璋不是蠢人，他知道楊憲說這些話的目的何在，開始並未為之所動，但時間長了，他也慢慢對李善長有了看法，對李善長多有指責，十一月，他召回了劉基，並委以重任。淮西集團全面被打壓。

浙東集團眼看就要成為勝利者，李善長十分憂慮，他明白自己已經成為了靶子，一定要學劉基，找一個代言人，但這個人又不能太有威望，要容易控制。於是他看中了胡惟庸，但他沒有想到的是，這個選擇最終讓他踏上了不歸之路。

胡惟庸是李善長的老鄉，他很早就追隨朱元璋，卻一直不得意，總是做些知縣之類的小官，但他是一個很有能力的人，在得到李善長的首肯後，他成為了淮西集團新的領袖。這場鬥爭最終將在他手中結束。

就在浙東集團最得意的時候，事情又發生了變化，由於劉基這個人言語過於直接，用我們今天的話來說就是沒有溝通技巧，很多人開始在朱元璋面前說他的壞話，朱元璋對這個足智多謀的人也起了疑心，於是就有了後來那次決定劉基命運的談話。

談話中的考驗

這一天，朱元璋單獨找劉基談話，初始比較和諧，雙方以拉家常開始了這次談話，就在氣氛漸趨融洽時，朱元璋突然變換了臉色，以嚴肅的口氣問劉基，如果換掉李善長，誰可以做丞相。

劉基十分警覺，馬上說道，這要陛下決定。

朱元璋的臉色這才好看了點，他接著問：「你覺得楊憲如何？」

這又是一個陷阱，朱元璋明知楊憲是劉基的人，所以先提出此人來試探劉基。

劉基現在才明白，這是一次異常兇險的談話，如果稍有不慎，就會人頭落地！他馬上回答：「楊憲有丞相的才能，但沒有丞相的器量，不可以。」

但考驗還遠遠沒有結束，朱元璋接著問：「汪廣洋如何？」

這是第二個陷阱，汪廣洋並不是淮西集團的成員，朱元璋懷疑他和劉基勾結，所以第二個提出他。

劉基見招拆招，回答道：「此人很淺薄，不可以。」

朱元璋佩服的看了劉基一眼，這是個精明的人啊。

他說出了第三個人選，「胡惟庸如何？」

劉基鬆了口氣，說出了他一生中最準確的判斷：「胡惟庸現在是一頭小牛，但將來他一定會擺脫牛犁的束縛！」

說完這句話，劉基鬆了口氣，他知道考驗已經過去了，但他錯了，下一個問題才是致命的。

朱元璋終於亮出了殺著，他用意味深長的口氣說道：「我的相位只有先生能擔當了。」

大凡在極度緊張後，人們的思想會放鬆下來，劉基也不例外，他終於犯了一次錯誤，這次錯誤卻是致命的。

他沒有細想，回答道：「我並非不知道自己可以，但我這個人嫉惡如仇，皇上慢慢挑選吧」，這句話說得非常不合適，自居丞相之才不說，還說出所謂嫉惡如仇的話，如劉基所說，誰是惡呢。

劉基的昏勁還沒有過去，又加上了一句話：「現在的這些人，在我看來並沒有合適的。」（目前諸人，臣誠未見其可也。）

朱元璋就此與劉基決裂。

至此之後，劉基不再得到朱元璋的信任，他雖明白自己地位不如前，但仍然堅持在朝中為官，為浙東集團撐台。但朱元璋不是那麼好打發的。

洪武三年，朱元璋親自下書給劉基，對他說了這樣一番話，「你年紀這麼老了，應該在家陪老婆孩子，何苦在這裡陪著我呢。」

這意思就是，我要炒你魷魚，走人吧。劉基只好回到了鄉下。

這時，浙東集團的另一幹將楊憲失去了劉基的幫助，很快被淮西派排擠，本人也性命不保，被胡惟庸找個藉口殺掉了。

在這場鬥爭中，淮西集團最終大獲全勝。

劉基明白，自己失敗了，他現在唯一的願望就是好好在家養老，度此一生。可是在這場鬥爭中，失敗的人是要付出代價的。

胡惟庸成為了丞相，他沒有放過劉基，指使手下狀告劉基，此時劉基已經沒有官位，還能告他什麼呢，但所謂欲加之罪，何患無辭，實在是至理名言。劉基的罪狀是佔據了一塊有王氣的地。所謂王氣實在是個說不清的東西，說有就有，說沒有也沒有，只看你的目的是什麼。

於是朱元璋再次下詔處罰劉基，官都沒了，還罰什麼呢？朱元璋有辦法，他扣除了劉基的退休金。

劉基陷入了絕望，但他的智慧又一次發揮了作用，他沒有在原地等死，而是出人意料的回到了京城。

這實在是很絕的一招，他明白，胡惟庸對付他的根本原因在於朱元璋，只要自己回到京城，在朱元璋的眼皮底下，讓他放心，自己的性命就有保證。

但這次，他又錯了。

洪武八年正月，劉基生病了，朱元璋派胡惟庸（注意這點）探視劉基，胡惟庸隨身的醫生給劉基開了藥方，劉基吃了藥後，病情越來越重，過了不久，就死去了。

關於劉基的死因，後來的胡惟庸案發後，醫生供認，是胡惟庸授意他毒死劉基的。這也成為了胡惟庸的罪狀之一。

但很多人都知道，胡惟庸和劉基有仇，朱元璋也知道，卻派他去探望劉基。而劉基這樣有影響的人，胡惟庸是不敢隨便動手的，不然也不會讓劉基在他眼皮底下逍遙五年，他很有可能是得到了朱元璋的默許。無論此事是否是朱元璋指使，但毫無疑問的是，劉基之死朱元璋是負有責任的。

劉基一生足智多謀，為明王朝的建立立下汗馬功勞，他對形勢判斷準確，思維縝密，能預測事情的發展方向，雖然他本人並非真如民間傳說那樣，有呼風喚雨的本事，但從他的判斷和預測能力來看，料事如神並非過分的評語。他和諸葛亮一樣，已經作為智慧的象徵被老百姓所銘記。在我看來，他確實無愧於這一殊榮。

胡惟庸勝利了，他在朱元璋的幫助下打敗了浙東集團，除掉了天下第一謀士劉基，現在他大權在握，李善長也要給他幾分面子。

但他真的是最後的勝利者嗎？

十七 胡惟庸案件

他並不明白自己勝利的真正原因，不是他比劉基更強，而是因為朱元璋站在他的一邊。朱元璋對於兩大集團的鬥爭情況是很清楚的，他之所以沒有出來調解，是因為無論這場鬥爭誰勝誰負，最後的勝利者都是他。無論是姓胡的地主勝利還是姓劉的地主勝利，只要保證朱地主的最高地位就行了。

朱元璋之所以選擇胡惟庸，並不是因為他很強，相反，正是因為胡惟庸對朱元璋的威脅小，所以朱元璋才讓胡惟庸成為了勝利者。而愚蠢的胡惟庸並不了解這一點。

於是，在打垮劉基後，胡惟庸越發猖狂，他貪污受賄，排擠任何不服從他的人，甚至敢於挑戰朱元璋的權力，私自截留下屬的奏章，官員升降，處決犯人，都不經過朱元璋的批准。

洪武六年（一三七三），胡惟庸擠走了另一個丞相汪廣洋，獨攬丞相大權，並掌權七年之久。

但讓人費解的是，朱元璋卻對胡惟庸的犯上行為無任何表示，這是很不尋常的。

朱元璋是一個權力欲望極強的人，他自血火之中奮戰而出，是那個時代最傑出的人才，李善長僅僅是稍微獨斷專行了些，就被他勒令退休，胡惟庸何許人也？即無軍功，也無政績，居然敢如此放肆！

這就實在讓人不解了，很多的歷史資料上記載了種種胡惟庸不法及朱元璋置之不理的故事，並由此推斷出胡惟庸罪有應得，朱元璋正當防衛的結論。

當我們揭開事實的表象，分析其中的本質時，就會發現大有文章。

歷史上著名的鄭莊公，一直不為其母親所喜愛，他的弟弟也仗著母親的溺愛，向他提出種種不合理的要求，而鄭莊公總是滿足他，直到最後，他的弟弟企圖謀反，鄭莊公才出兵滅掉了他的弟弟。

後人往往以為鄭莊公仁至義盡，傳為美談，可是也有人指出，鄭莊公是真正的偽君子，是想要他弟弟的命，才縱容他的不法。

當我們深刻理解了這個故事後，對朱元璋的這種反常舉動就會有一個清晰的結論——這是一個陰謀。

這個陰謀在不同的語言方式中有不同的說法，成語是欲擒故縱，學名叫捧殺，俗語是將欲取之，必先與之，用小兵張嘎的話來說是「別看今天鬧得歡，當心將來拉清單」。

但我們還有一個疑問，對付一個小小的胡惟庸，朱元璋需要動這麼多腦筋，要忍耐他七年之久嗎？

不錯，當我們仔細的分析歷史，就會發現，胡惟庸絕不是朱元璋的真正目標，朱元璋要毀滅的是胡惟庸背後的那個龐然大物。

朱元璋甘願忍受胡惟庸的專橫，讓這個跳樑小丑盡情表演，套用圍棋裡的一句話來形容就是「不為小利，必有大謀」，他經歷如此多的磨難，陳友諒、張士誠、王保保這些當世豪傑都不是他的對手，何況小小的胡惟庸！

他這樣委屈自己，只因他的目標對手太過強大，這個對手並不是李善長，也不是淮西集團，而是胡惟庸身後那延續了上千年的丞相制度。

自從朱元璋當皇帝後，他一直都覺得這個制度過於限制他的權力，他一向認為自己的天下是靠他的能力爭來的，偏偏有人要來分權，真是豈有此理！

但是這個制度已經有了很多年的歷史，無論是大臣還是一般的百姓都認為丞相是必不可少的。要廢除這個制度，必須有一個充分的理由，而胡惟庸這樣無德之人的任意妄為正好可以為他提供一個藉口。

他靜靜的注視著胡惟庸，等待著機會的到來。

胡惟庸的對策

胡惟庸雖然是個不折不扣的小人，但他並不笨。隨著自己行為的一步步出格，他對朱元璋的畏懼也越來越大。然而朱元璋卻並不對他下手，這讓他有了不祥的預感，他還是比較了解朱元璋的，這個人要麼不做，要麼就做絕，從不妥協。

在經過長時間的思考後，胡惟庸想出了一個絕妙的對策，那就是拉人下水。

在他看來，要想不被朱元璋殺掉，必須保證有足夠的人與他站在同一邊。所謂法不責眾，你朱元璋總不能把大臣都一網打盡吧。

至於手段也是比較簡單的，先找好對象，然後封官許願，大家一起吃個飯，沐個浴，然後搞點娛樂節目，情感交融之後，找一個雙方都關注的話題談話，這期間是要投入點感情的，如果談話中能流下點「真誠」的淚水，那麼效果會更好。

這一套下來，雙方就成了鐵兄弟，然後就是結盟發誓，有福必然共用，有難必然同當。

如果細細分析一下拉人下水這個詞，就會發現其中問題很多，如果要去的是什麼好地方，是不用拉的，下水還要人拉，可見這「水」不是油鍋就是火坑，正所謂「有危險你去，黑鍋你背」是也。一旦有了什麼麻煩，誓言就會轉變為有難必然你當，有福自然我享。

被他這一套拉下水的有吉安侯陸仲亨、御史大夫陳寧、都督毛驤等一批重臣，一時之間朝中都是胡惟庸的眼線。

但胡惟庸並不滿足，他還要拉攏一個最重要的人——李善長。

因為李善長不但德高望重，身上還有一件難得的寶物，那就是免死鐵券。

我們有必要說一下免死鐵券這玩意，在明朝，皇帝給大臣最高的獎賞就是免死鐵券，其作用是將來大臣犯法，錦衣衛去家裡殺人的時候，只要你沒丟掉（估計也不會有人丟），而且在刀砍掉你腦袋前拿出來，就可以免除一死。很多的大臣為腦袋考慮，費盡心思想弄到一張，因為無論什麼金券銀券都沒有這張鐵券頂用，那些有幸拿到的，就會放在家裡的大堂供起來，逢人來就會展示給對方看，似乎有了這張鐵券就有兩個腦袋。

李善長就有這樣寶貝，而且還有兩張，胡惟庸拼命巴結他，這兩張鐵券是重要的原因之一，雖然胡惟庸不能拿去自己用，但李善長不死，自己就有了靠山。

但這張鐵券的作用其實是有問題的，因為鐵券是皇帝給的，就像支票一樣，能否兌現要看開票的銀行，皇帝就是開票銀行，他說這東西有效就有效，他說過期就過期。很難想像皇帝下決心殺掉某人，會因為自己曾經開出的一張口頭支票改變主意。用我們今天常說的一句話來形容就是「我捧得起你，就踩得倒你！」

換個思維來看，其中的變數也很多，皇帝不一定非要殺你不可，他大可把你關起來，打你個半死，然後神不知鬼不覺的找人害你一下，然後報個暴病而死。這樣既成全了他的名聲，又遂了心願，一舉兩得。不是我不守信用，實在是你沒福氣啊。

而當時的胡惟庸和李善長都非常看重這兩張空頭支票，充分說明了他們的政治水準和朱元璋比起來只有小學程度。

當胡惟庸暴露出他的企圖後，李善長並未理睬他，因為他和愚蠢的胡惟庸不一樣，他親眼看到過無數的英雄豪傑都敗在朱元璋的手上，十分了解朱元璋的可怕，不會犯和朱元璋作對這樣愚蠢的錯誤。他萬萬沒有想到，自己當年選擇的小人物，現在居然不自量力，要和朱元璋較勁，甚至現在還要拉自己下水。事易時移啊，他堅定的拒絕了胡惟庸的要求。

胡惟庸這個人看問題不行，看人倒還是有一套的，他發現李善長不吃他那一套，便開始走親戚路線，恰好李善長的弟弟李存義是胡惟庸的兒女親家，於是胡惟庸便把李存義拉下了水。李存義得了好處，便不停的遊說李善長。李善長剛開始的時候還嚴辭喝斥李存義，後來聽得多了，也就默許了，他說了一句意味深長的話：我已經老了，等我死後，你們自己看著辦吧。（吾老矣，吾死，汝等自為之。）

李善長就這樣被拉下了水。

胡惟庸終於放心了，滿朝文武都是我的人，你朱元璋能把我怎麼樣！你能做皇帝，我就不能嗎！

現在看來，他確實是一個不知天高地厚的小丑。

但胡惟庸的這些活動確實給朱元璋出了道難題，畢竟如此之多的大臣都是一黨，朱元璋要考慮如何分化瓦解他們，才能消滅胡惟庸的勢力，而這又談何容易，真是一道難題啊。

然而朱元璋在聽完密探對胡惟庸反常舉動的報告後，只用了一句話就解決了這個難題，水準是相當的高。

「那就都殺掉吧！」

殺人償命

在殺人這件事情上，朱元璋一向是說到做到，他冷眼旁觀胡惟庸的一舉一動，看他能玩出什麼花樣來。而胡惟庸也積極做著對付朱元璋的準備，他知道自己和朱元璋遲早有一天會正面交鋒的。

這一天很快到來了。

在一次出遊中，胡惟庸的兒子墜馬，死於路過的馬車輪下。胡惟庸一怒之下沒有通知司法部門，就殺了馬車夫。這件事情傳到了朱元璋那裡，他命令胡惟庸向他解釋這件事情。

胡惟庸趕到朱元璋處，他在路上已經想好了所有的藉口和說辭，一見到朱元璋，他便忙不迭的訴起苦來，說自己是如何可憐，兒子如何孝順，馬車夫如何不遵守交通規則，違法壓線行駛等等，而朱元璋的態度非常奇怪。

他只是沉默，用冷冷的眼光看著胡惟庸。

胡惟庸仍不知趣，不停的述說著委屈，等到他發現在這場兩個人的對話中始終只有一個人說話時，他停住了，看著朱元璋，他發現朱元璋也正看著他。

令人恐懼的沉默。

朱元璋終於站了起來，他走到胡惟庸面前，用不大卻十分清楚的聲音平靜地說道：「殺人償命。」

然後他飄然而出，沒有再看胡惟庸一眼。

胡惟庸呆住了，他一直坐在椅子上，呆若木雞的看著前方。

突然，胡惟庸的手顫抖起來，他用身體壓住自己的手，但是沒有用，他全身都抖動起來，就如同一個中風的人。

他按捺不住心中的恐懼了，這是他身體的自然反應。

在家中與那些同黨商議的時候，他覺得朱元璋似乎軟弱得不堪一擊，各個部門都有自己的人，而朱元璋並沒有什麼親信。隨著他的同黨人數的增加，他不斷的感覺到自己的強大。在同黨的吹捧中，他似乎看到自己將要取朱元璋而代之，成為最高的統治者！

而當他真正面對朱元璋的眼神時，他才感覺到，自己和面前的這個人差得太遠。自己也算是個人才，但自己的對手似乎並不是人，而是一把寒光閃閃的刀。

朱元璋是怎樣走到這一步的呢，從茅草屋的風雨到皇覺寺的孤燈，從滁州的刀光劍影到鄱陽湖的烽火連天，他從千軍萬馬中奔馳而出，自屍山血海裡站立起來。他經歷過無數的磨難，忍受過無數的痛苦，他不畏懼所有的權威，不懼怕任何的敵人。一個個蓋世梟雄在他面前倒下去，他見過的死人比胡惟庸見過的活人還多！

胡惟庸終於明白了為什麼李善長不願意和朱元璋為敵，不是他沒有野心，而是因為畏懼。不用交手，胡惟庸已經明白，自己上錯了擂臺，他跟朱元璋根本不是一個等級的選手。

但後悔已經太晚了，就一條路走到黑吧。

之後發生的事情有很多不同的說法，很多史料記載，是胡惟庸準備謀反，為人揭發，所以朱元璋動手解決了胡惟庸。然而也有一些史料記載，此事另有隱情，在我看來，後者可能更有可信度。

洪武十二年（一三七九）十月，占城國（今越南中部）派使節來南京進貢。但是胡惟庸沒有將此事奏報給朱元璋知道，這應該可以算是嚴重的外交事件，朱元璋得知占城國使團抵達京城時，長期累積的怒火終於爆發，他嚴辭訓斥了應對此事負責的胡惟庸和汪廣洋（時任左都御史）。

其實這個時候，胡惟庸最正確的應對方法是認錯，誰沒有個打瞌睡的時候呢。他卻和汪廣洋把責任推給了禮部，他認為這樣就可以了事。

朱元璋充分顯示了他的創意性思維，並將之運用在這件事的處理上，他沒有被胡惟庸牽著鼻子走，去查詢到底是誰做了這件事，而是先處死了汪廣洋，然後囚繫了所有與此事有關的官員。

既然不是你就是他，那我把你們都抓起來一定是沒錯的。

刀已經架在胡惟庸的脖子上了，何時砍下只是個時間問題

他並沒有等太久。

塗節是胡惟庸的死黨，他當時的職務是御史中丞，相信大家已經熟悉了這個官職。他在胡惟庸集團中的作用非常重要，發動輿論攻擊政敵，拉幫結派圖謀不軌，哪樣都少不了他，胡惟庸一直把他看作自己的親信。

然而這個親信用自己的行為重新解釋了死黨這個詞的含義——致你於死地的同黨。

他眼見胡惟庸不行了，便把胡惟庸的陰謀上報給皇帝。朱元璋等待的就是這一刻，他命令立刻處死胡惟庸、陳寧和胡黨中的重要成員，並滅了胡惟庸的三族。然後他命令，深入調查還有誰參與此事，如果查證屬實，一律處死！

於是名留青史的胡惟庸案件拉開了序幕，事實證明，查證屬實是很難做到的，因為太麻煩，而一律處死很容易，當時的審訊方式也為此案的發展提供了便利。審案的官員抓住嫌疑人後首先提供的待遇不是咖啡或是清茶，而是死打一頓，打完再說，有些與被審官員有仇的傢伙還會趁亂上去過過手癮，反正也是辦公事，順便報報私仇也是可以理解的嘛。

然後就是詢問同黨，那些讀書人哪裡經得起打，東扯西拉供出很多所謂同黨來，只要自己認識的，有一面之緣的，借過錢的，還過債的，想到什麼人就說什麼人。審案官員自然大喜，上奏皇帝，再去抓其他人，於是案件越來越大，從洪武十三年（一三八〇）案發，連續查了好幾年，被殺者超過一萬人。

胡惟庸精心籌畫多年的計畫和組織就這麼被摧毀了，事實證明，朱元璋要消滅他十分容易，就如同捏死一隻螞蟻。

無論從哪個角度看，胡惟庸都只是一個跳樑小丑，他唯一的有成效的工作就是拉了上萬人和他一起共赴黃泉。

我們差點忘記了那個告密的涂節，他的結局頗有戲劇色彩，這個在胡惟庸案件中扮演了滑稽角色的人案發後即被押赴刑場，與胡惟庸一同被處死，不知此二人在刑場上相遇，會有何感慨。

胡惟庸死了，這個結果正是朱元璋需要的，現在他正坐在自己的龍椅上，看著下面的大臣們，這些可憐的倖存者，他們和胡惟庸同朝為臣，或多或少都有些接觸，眼看著自己的同僚們一個個被拉出去殺掉，他們的心中充滿了恐懼。

該結束了吧，我們只想活下去。

朱元璋卻並不這麼想，在他看來，要做的事情還很多。

不要急，好戲才剛開始。

值得注意的是，朱元璋在處死胡惟庸後僅一個月，就撤銷了丞相這個延續上千年的職位。取消了中書省的設置，安排機構分流人員，如此大動作，卻做得雷厲風行，乾淨俐落，這讓我們有理由懷疑他是早有準備的，就如同水滸傳的宋江，晁蓋死後無論如何不肯繼位，一旦「勉為其難」答應了，立刻就能組織大型慶典。

無論如何，朱元璋達到了他的目的，丞相這個讓人討厭的職位終於消失了，一切都在他的掌握之中，然而他卻沒有意識到，對於他的王朝和他的子孫來說，這將是他人生中所犯的最大錯誤。

要解釋這個問題，我們首先要介紹一下為什麼丞相這個職位是必須存在的。下面我們將開始講述。

丞相是怎樣煉成的

很多朋友會問，了解史實不是已經很有趣了嗎，為什麼還要說這些歷史本質類的東西呢，我們有必要讓大家知道這樣做的好處。

大家知道，史實豐富多彩，寫起來也有很大的發揮空間，讀起來也更有趣，而所謂的歷史內涵和規律卻相當的枯燥。但請大家注意，掌握這些內涵和規律卻可以讓你擁有想像不到的能力。

相信很多人對諸葛亮和劉伯溫這兩個智慧化身非常崇拜，他們往往能夠預見到事情的發展方向，即使住在農村裡，一年進不了幾次城，也能夠知道天下大勢，並能夠準確預測未來的走向，如諸葛亮之於隆中對，劉伯溫之於安豐之戰，他們為什麼能夠知道未來發生的事情呢。

這正是因為他們沒有滿足於看到事情的表面，而是深刻的理解了其內在的發展規律。我們知道，最讓人畏懼的就是未知，如果人人都知道自己的未來，他們就不會再害怕，但在時間機器沒有發明之前，我們還是只能向諸葛亮和劉伯溫同志學習，比如當我們知道了地主怎樣煉成的規律後，下次當你看到史書上的某位農民領袖起義，你不需要再往下看，也能對他的將來作出判斷，只要這人沒有在起義過程中被人幹掉，你就能肯定，下一個王朝中必然多了一個地主。這就是規律的力量。當你掌握了那些旁人不知道的規律和內涵時，你就掌握了打開未來的鑰匙！

我之所以和大家一起去探討這些歷史規律，其實不僅是要告訴大家這些帝王將相的成長之路，更重要的是，我希望通過這樣的探討，我們的每一個人都能走上劉伯溫、諸葛亮之路。

我堅信，這是很有可能的。

我們就此開始吧，還是用我們自己的方式，這次我們的主角還是張三，他剛剛當完了地主，這次我們仍然用他當主角，但在丞相這一篇中，他不能直接當丞相，而是要先當村長。

張三當上了某村的村長，他就要開始管理，每天他會從村東頭逛到村西頭，看甲家的門有沒鎖好，乙家的兩口子有沒有吵架，村子不大，一天可以逛兩三趟，完事後回家睡覺，這就是村長的管理生活。

不久，張三當上了鄉長，鄉很大，他要逛一天才能走一圈，於是他開始兩天逛一趟，把工作交給村長負責。

由於工作出色，張三當上了知縣，他每天再也不能去逛了，他全部的時間要用來批示鄉長們報告，並完全信任他們。

之後張三不斷升官，從知府到布政史，再到丞相，全國都歸他管（我們假設沒有皇帝），這下子張三就忙了，他連看奏章的時間都沒有，每天見無數的人，忙到晚上還沒完，各個部門的頭腦們都要找他，而他一個人要對這些部門的提議作出決斷，他實在太累了，於是他找了一個人幫他的忙，並把自己的權力分一部分給他。

大概情況就是這樣，張三的位置就類似皇帝，他找來幫忙的那個人就是現實中的丞相。

由於全國事情太多，而皇帝的精力有限，所以他不得不找一個人來，把一部分權力交給他。

相信大家已經理解了丞相的由來，這個故事雖然簡單，但卻包含了政治學上一個非常深刻的理論——分權制衡理論。

歷來的皇帝不乏英明之人，他們並不比朱元璋差，卻都使用了丞相制度，作為皇帝專制的封建社會，皇帝是不願意將自己的權利交出去的，因為一旦將權力分給別人，自己就有被制約的危險。但皇權的無限擴大性與皇帝的精力有限性的矛盾，必然導致丞相制度的產生。

說到底，丞相確實是一個討人厭的傢伙，他不斷的給皇帝提意見，並且還能反駁皇帝，作為皇帝是不會喜歡這個傢伙的，他認為，這個人只不過是自己招來做事的一個打工仔，自己給了他工作，給了他權力，但這個人卻什麼都要管。

他不但要管國家大事，還要管自己的私事。想修個房子他要管，說是費錢，想出去玩他要管，說是勞民。甚至有些過分的傢伙，連自己吃飯休息睡老婆，他也要管，不但要管，還振振有詞，美其名曰「為了陛下身體著想」，臉上還經常是一副欠揍的表情，好像自己總是欠他一百塊錢似的。

到底誰是老闆，誰是打工的？

問題在於，你還不能發脾氣，那些士大夫們都看著呢，你要接受他的意見，態度還要好。如果你忍不住罵了他，甚至於處罰了他。那麻煩就來了，道理總是在丞相一邊，史書上會記載他敢於直言，而你就很不幸的背上了不納諫的惡名。下面那些官員也會站在他的一邊，並用崇拜的眼神看著他。

那些丞相們心裡也清楚著呢，所以做這些事的時候往往是前仆後繼，好像巴不得你打他一頓才好。

唉，這些討厭的傢伙。

因為這些原因，皇帝是並不喜歡那些丞相的，他們都像朱元璋一樣，十分想把這個職位取消，但問題在於，如果取消了這個職位，所有的事情就要自己做了。可是辛苦當上皇帝並不只是為了做事的，他們還要享受生活，自己並不是鐵人三項賽的選手，沒有那麼強的精力。所以這個職位一直保留了下來，直到朱元璋做皇帝為止。

朱元璋從小吃苦耐勞，小夥子身體棒，精神頭兒足，飯量大，一頓能扒好幾碗，他不但是鐵人賽的冠軍級選手，估計練過長跑耐力還很強，在他看來，把丞相趕回家，也不過是多幹點活，自己累點，也沒什麼。於是歷史上就留下了模範勞工朱元璋的光輝事蹟。

吳晗先生統計過，從洪武十七年（一三八四）九月十四日到二十一日，僅僅八天內，他收到了一千六百六十六件公文，合計三千三百九十一件事，平均每天要看兩百份檔，處理四百件事情。

這真是一個讓人膽寒的數字，朱元璋時代沒有勞動法，他做八天也不會有人給他加班費。但他就這麼不停的做下去了，這也使得他很討厭那些半天說不到點子上的人，有一個著名的故事就表現了這一點，當時的戶部尚書茹太素曾經上了一篇奏摺給朱元璋，朱元璋讓人讀給他聽，結果讀到一半就用了將近三個鐘頭時間，都是什麼三皇五帝，仁義道德之類，朱元璋當機立斷，命令不要再讀下去，數了下字數，已經有一萬多字了。

朱元璋氣極，命令馬上傳茹太素進見，讓侍衛把他狠狠地打了一頓。

可以看到，廢除丞相制度後，朱元璋付出了沉重的代價，不過他並不在意，因為在他看來，多幹點活就行了，然而事情遠不像他想得那麼簡單。

為了更清楚地說明皇帝和丞相之間的權力制衡關係，我們用另一種方式來表述。

雙方的關係其實可以用拔河這個運動來形容。皇帝和大臣分別在繩子的一頭，向著自己的方向拉，這項運動並沒有裁判，但卻有一項不成文的規則，那就是不能太過分。雙方的進退都有一定限度。

這個限度正是上千年的政治實踐劃定的，他告訴拔河的雙方，哪些事情是皇帝可以做的，大臣不能干涉，而哪些事情是大臣應該管的，皇帝應該允許。

在那上千年的皇帝與大臣的博弈中，這一規則在不斷的完善。雙方都知道自己該做什麼，能做什麼，就在這樣的規則中，權力達到了平衡。

而朱元璋不守規則，改變了這一切，他把大臣們拉得東倒西歪，並宣布他們從此被解雇了，然後拿著那根繩子回家晾衣服。

他似乎認為這樣就解決了問題，權力由他一人掌握就可以了，不再需要所謂的平衡。

事實證明他錯了，歷史規則不是小小的朱元璋能夠改變的，既然朱元璋並不喜歡這種平衡，歷史之神將給他和他的子孫安排另外的拔河對手，而這個對手與之前的那些人不同。

他們也不守規則。

我們要說明一下，朱元璋不守規則的行為只是害了他自己和他的子孫辛苦操勞，對於整個明朝政治而言，並不一定是件壞事。朱元璋搬起石頭砸了自己的腳，卻沒有砸到這個朝代。

在我們的歷史和生活中，有著很多非常奇妙的規則，這些規則看不見，摸不著，卻始終起著作用。比如著名的黃金分割，以黃金分割比例確定的圖案是最美麗的，劃分的結構是最合理的。很多的藝術高超的二胡演奏家發現，在胡弦的某個位置拉出的音色非常優美，經過驗證，那個位置正是胡弦的黃金分割位。

這些規則實在是太神奇了，如果你依照這些規則去做，你就能夠獲得事半功倍的效果。而如果你違反這些規則，你將受到它的懲罰。

在歷史中也存在神奇的規則，這些規則在冥冥中操縱著一切，沒有人可以抗拒它。

在這場拔河中，歷史規則也起著作用，一千餘年來，王侯將相們根據這一規則確定了自己的位置，而朱元璋無視這一規則，他認為自己能夠徹底消滅丞相制度。從某種意義上來說，他確實做到了。

他取消了丞相的官位，並禁止今後設置這一職位。他利用自己的權力消滅了丞相的稱呼，但在這場鬥爭中他真的勝利了嗎？

事實證明，歷史的辯證法跟他開了一個大大的玩笑，它搞出了一批名叫內閣大學士的人，這些人除了名字不是丞相外，其餘的一切和丞相都沒有什麼區別，更具諷刺意味的是，他們的權力甚至要大於前朝的任何丞相。

他們無孔不入，無所不管。他們不但管理國家大事，還管理皇帝的私事，他們不准皇帝隨意騎馬遊玩（正德），不准皇帝吃偉哥（隆慶），不准皇帝選擇自己喜歡的繼承人（萬曆），他們甚至開創了屬於自己的名臣時代，一個幾乎沒有皇權制約的時代（高拱、張居正）！

朱元璋想用自己的一己之力改變延續千年的權力制衡，最終受到了歷史規則的懲罰，朱元璋來到歷史的商店裡，想要買一塊肥皂，歷史辯證法卻強行搭配給他一卷手紙。如果朱元璋泉下有知自己的行為導致的卻是這樣一個結果，估計也只能哭笑不得了。

朱元璋，你是偉大的，但也是渺小的。

在歷史規則這個龐然大物面前，你是那麼的弱小，你的抵抗是那麼的無力。

歷史大潮，浩浩蕩蕩，順之者昌，逆之者亡！

誠如斯言。

特務

朱元璋殺掉了胡惟庸，廢除了丞相制度，但他並沒有罷手，他的眼睛又轉向了掌握軍權的大都督府。當時掌管都督軍權的正是他的外甥李文忠，事實證明，在不信任大臣這一點上，對自己的親屬，他也一視同仁。他改組了大都督府，把這個軍事機構分成左、中、右、前、後五部分，至於原來的統帥李文忠，他也沒有放過。

由於李文忠曾經指責過他濫殺無辜，而且觸怒過朱元璋，朱元璋決定送佛送上天，連李文忠一起殺掉。就在他準備動手的時候，馬皇后站出來阻止了他，求他看在李文忠立有大功的份上，留他一條命。朱元璋從不賣別人的面子，但馬皇后與他共過患難，情深意重，於是他聽從了勸告，放過了李文忠，但仍嚴厲處罰了他，並削去了他的職位。

處罰李文忠並不是一個單獨事件，它有著更深刻的含義。這件事告訴所有的大臣，朱元璋在剪除異己這個問題上是有著大義滅親的精神的，無人可以例外。

胡惟庸案件牽涉的人越來越多，在某種程度上已經演變為屠殺。那些辦案的官吏們手持名單，到各個衙門去找人，找到就抓，抓回就打，然後逼供，再根據逼供得到的名單去抓人。這些人權力極大，即使衙門正在辦公，他們也能公然闖入，抓走所謂的犯人。從而導致了很滑稽的現象，往往官老爺剛剛還在堂上威風凜凜的斷案，這些人一進門，就把那位仁兄從堂上拉下來拷上枷鎖帶走。下面的犯人也看得目瞪口呆。

偵辦此案的線索來源主要是兩個部門，一個叫親軍督尉府，大家可能對這個名稱並不熟悉，但要說到它後來的名字，那可是無人不知，無人不曉——錦衣衛。

另一個其實並不能稱為部門，而只能叫群體，這個群體的名字叫檢校。他們沒有固定的編制，全部直接向朱元璋報告探聽到的各種情況。他們是朱元璋最主要的耳目。這些人晚上不睡覺，到處轉悠，從史料來看，他們的竊聽和跟蹤手法十分高明。比如國子監祭酒宋訥有一天上朝，朱元璋問他為什麼昨天晚上不高興，宋訥大吃一驚。朱元璋拿出一幅畫，正是宋訥昨夜生氣表情的畫像。

這真是讓人毛骨悚然，要知道宋訥並不是睡在街上的，他在自己家裡生氣，這些檢校不但一直在監視他，還居然饒有興致的把他生氣的樣子畫了下來，大家可以想像一下，在沒有照相機的當年，深更半夜，你坐在自家房裡，居然就在離你不遠處（很有可能就在你家），有人正在一邊看著你，一邊幫你畫像。這種情節在現代恐怖片中倒是經常出現。

這些檢校的來源也很複雜，主要都是些社會閒散人員，也有文武官員，甚至還有朱元璋的老相識——和尚。這些人互相不認識，只受朱元璋調遣。

這些人無孔不入，捕風捉影，製造了很多冤案，正是有了這些人的幫助，朱元璋在胡惟庸案件的辦理上越來越得心應手，殺人越來越多。

官員們惶惶不可終日，牽涉的人也越來越多，甚至連已經退休的人也被抓回來，其中最著名的就是宋濂。

宋濂是朱元璋手下著名的文臣，也是一位優秀的學者，他是劉基的老鄉，被朱元璋委派了一個重要的任務，當太子朱標的老師。他完美的完成了這個任務，在他的教導下，朱標和他老子朱元璋完全不同，為人寬厚仁慈，甚有明君之狀，後來他又被委以修元史的任務，擔任總裁官。

但朱元璋並不看重他，在朱元璋的心中，宋濂只是一個文人，寫點文章還行，並不能出謀劃策，所以他授予宋濂的最高官職只是小小的翰林學士（五品）。直到洪武十年（一三七七）宋濂退休，他的官職還只是學士。

朱元璋雖然沒有重用宋濂，卻相當信任他，這在很大原因上是由於宋濂的個性。宋濂是出名的老實人，無論什麼事情，從來都是實話實說。朱元璋曾經感歎過：宋濂侍候我二十年，沒有說過一句假話，也沒有說過別人一句壞話，真是一個賢人啊。

宋濂退休時六十八歲，朱元璋送給他一塊布料，並囑託他三十二年後，拿此料做一件「百壽衣」。宋濂感動得老淚橫流。

然而還不到三年，朱元璋就為宋濂準備了一件新衣服——囚服。

由於宋濂的孫子參與了胡惟庸謀反，朱元璋不遠千里將宋濂召了回來，要把他殺掉。這也反映了朱元璋的另一個特性——選擇性健忘。

關鍵時刻，還是馬皇后站了出來，她成功的勸說了朱元璋，放了宋濂一條生路。

朱元璋的行為越來越偏激，手段越來越狠毒，除了馬皇后外，很少有人能改變他的決定。

洪武十五年（一三八二）八月，一個人去世了，這個人的死在歷史上似乎並不是什麼大事，但對於朱元璋而言，卻是一個真正的悲劇。

這個人就是馬皇后。

馬皇后

她從朱元璋於危難之中，在朱元璋被困，就快餓死的情況下冒著生命危險給朱元璋送飯。她雖然是個女子，卻頗有膽識，陳友諒進攻龍灣時，她捐助自己所有的首飾財物勞軍，並組織婦女為軍隊縫補衣物。

即使在大富大貴後，她也保持了簡樸的作風，不驕不奢，並勸告朱元璋不要忘記民間的疾苦，甚至在用人上，她也提出了自己的見解：「願得賢人共理天下」，被朱元璋引為至理名言。

更難能可貴的是，他阻止了朱元璋的很多惡行。

朱元璋要殺朱文正，她勸告朱元璋，朱文正是你的侄子，立有大功，請你不要殺他。

朱元璋要殺李文忠，她勸告朱元璋，李文忠是你的外甥，也是你的養子，留他一命吧。

朱元璋要殺宋濂，她跪下求朱元璋，宋濂是太子的老師，老百姓尚且尊師，何況帝王家呢。

她就是這樣用她的慈愛去關懷每一個她認識或是不認識的人，把他們從朱元璋的屠刀下救出來。

她比朱元璋更知道人命的可貴。

她重病後，自知很難醫好，居然拒絕醫生為她醫治，朱元璋問她原因，她的回答實在感人心魄。

她說：人的生死是由命運決定的，求神拜佛是沒有用的，醫生只能醫病，不能醫命，如果讓醫生為我醫治，服藥無效，陛下一定會降罪於醫生，這是我不想看到的。

這是一個始終用自己的愛心關懷他人的人，即使在生命即將結束的時候，她還是那樣做的。

她在病榻上留下了給朱元璋的遺言：

「願陛下求賢納諫，有始有終，願子孫個個賢能，居民安居樂業，江山萬年不朽。」

說完，她含笑而逝。

朱元璋靠在她的身邊，這是她一生中最愛的女人，這個女人給了他無數的幫助，卻從未向他索取過什麼，她的一生就是這樣度過的。

經過了那麼多的磨難，朱元璋的心早已比鐵石更加堅硬，自從他的父母死後，無論多麼絕望，多麼痛苦，他也很少掉淚。因為他知道，哭解決不了任何問題。

但此時，他終於控制不住自己的情緒，他放聲大哭，只有痛哭才能哀悼眼前的這個人，只有痛哭才能發洩他心中極度的痛苦！

因為他終於發現，眼前的這個人就是他的一切，是他的唯一。

馬姑娘，這個平凡的女子，在困難的歲月裡，她沒有嫌棄出身貧賤的朱元璋，而是跟隨著他，為他奉獻了自己的一切，無論環境多麼險惡，情況多麼複雜，她始終遵守了自己當年的承諾。

無論貴賤生死，永不相棄。

在他的丈夫成為皇帝後，她仍然以愛心待人，每當朱元璋舉起屠刀時，她總是上前阻止。她用女性特有的母性和慈愛關懷和挽救了許多的人。雖然她最終也沒能把朱元璋這輛失控的車拉回軌道，但她已經做了她能做的一切事情。

在今天，我們可以說，她是一位偉大的女性。

生如夏花，逝如冬雪；

人生如此，何悔何怨。

馬皇后的死給了朱元璋巨大的打擊，之後朱元璋在錯誤與偏激的道路上越走越遠，直到他生命的終點。

胡惟庸案件仍在進行之中，不斷有人被抓，不斷有人被殺。李善長向朱元璋承認了自己的錯誤，並接受了處罰，他僥倖逃脫了，但朱元璋的性格決定了李善長必定不得善終。

在我們講述這些前，有必要先介紹一下朱元璋統治時期一個特殊群體的生活狀況，這個群體就是官吏。

官員們的悲慘命運

做官這個職業在任何時代都是金飯碗，但在洪武年間，官員們的命運只能用一個字來形容——慘。

在朱元璋的時代，官員們如同生活在地獄中，這一形容是並不過分的。

我們先來介紹一下明代官員的品級，大家知道，一品是最大的官，歷朝歷代都不乏一品的大員，威風凜凜，甚至連皇帝都要給幾分面子。而在明代，一品文官卻幾乎成為傳說中的人物，十分稀罕。自從取消丞相制度後，朱元璋手下文官最高的級別就是各部最高長官尚書（正二品），一品不是沒有，卻只是虛職，即太師、太傅、太保（正一品），少師、少傅、少保、太子太師、太子太傅、太子太保（從一品）。除此外還有宗人令、宗正、宗人、五軍都督等職也是一品，但不是普通文官能夠得到的。

這些職位看上去十分吸引人，卻是很難得到的，如果不是立有什麼特殊的功勞，比如打天下（名額不多，危險性極大），救過皇帝（難度高，機會少），把皇帝擺在一邊，自己操縱朝政（就那麼幾個人），除此之外，能熬到二品退休，已經是祖上燒高香了。

二品就二品吧，文官們並不是太在乎，反正無論幾品也是要做事的，但讓他們感到極度不公的是，有那麼一群人，什麼功勞都沒有，卻幾乎個個都是一品。

這些人就是朱元璋的親戚。

朱元璋自小貧困，父母死得早，對自己的親戚可謂是情深意長，他的兒子、女兒很多都被封為親王、公主，品位都是一品，親王的嫡子還是親王，其他兒子封為郡王，授一品。更有甚者，連倒插門的駙馬也是一品（從）！

這可真是讓官員們想不開了，十年寒窗奮鬥一生，可能到頭來只是個三四品小官，而這些人生出來就是一品、二品的大官。真是「讀得好不如長得好（駙馬），長得好不如生得好。」

但更讓官員們難受的還在後頭，他們很快就會發現，朱元璋這個老闆是很小氣的。

朱元璋給官員們的工資是多少呢，一品大員一年一千零四十四石米，往下遞減，正七品知縣一年只有九十石米。

我們以知縣為例。管理一個縣的縣官一個月的工資只是七・五石，請注意，這些收入他要拿去養老婆孩子，還有一大批人。

明代的知縣和今天的縣長不同，那年頭知縣還兼任很多職務，他既是縣長，還是縣法院院長，檢察院檢察長，財政局長，稅務局長，工商局長，縣施工隊隊長。一個知縣管這麼多事，打賞下面的小吏是免不了的，要不誰心甘情願給你做事。

他手下還有一大堆的長隨，分等級為大爺、二爺。大爺有門政大爺（看門的），稿簽大爺（簽押房磨墨的），下面是一群二爺，包括「發審」、「值堂」、「用印」等人，這些人是知縣簽押房裡的辦公人員，此外縣的重要部門知縣都會派人去看著，知縣還會帶著自己廚師、師爺。

這一大幫子人都是縣官的手下，全部要他養活。一個月只有七・五石的俸祿，大家就只好去喝西北風了。

當官的還要迎來送往，逢年過節到處走動，俸祿是遠遠不夠的。

可是就連這點俸祿，也打了折扣。

洪武年間，一到發工資的時候，縣官就找人提著米袋去拿自己的工資，七・五石米（活像討飯的），還算是按時發放，到成祖時候，就只能領到俸祿的十分之六，其餘的部分怎麼發呢？

發鈔票。

這絕不是開玩笑，不是銀兩，而是紙幣。明朝初期，紙幣通行全國，按說給紙幣也沒什麼，但我們接著往下看就會發現問題了，成祖時，十貫鈔可以換一石米，到了仁宗時候，二十五貫鈔才能換一石米。

大家明白了吧，問題就是通貨膨脹。

要說到紙幣的發行，還要從元朝說起，元朝很多事情辦得很糟糕，但這個紙幣政策是相當好的，制定該政策的人應該是很有水準的，其鈔票政策深刻反映了經濟規律的普遍適用性。元朝發行紙幣是以金銀為準備金的，如果沒有金銀就不發行紙幣，而且發行有定額，持有紙幣者可以隨時向朝廷換領金銀。

這是典型的金銀本位紙幣發行制度，這個制度使用了上千年（直到二戰後布雷頓森林體系破裂才告結束）。可到了朱元璋手裡，這位仁兄對經濟不熟悉，看到元朝印鈔票可以流通，他也印。問題是他一開始印就不停，明朝初年，每年的收入只有幾萬兩銀，可發行的紙幣卻有好幾千萬，拿著一張紙，上面印著五千兩，就想當五千兩用？老百姓可不傻。

說實話，官員真是可憐，俸祿已經很低，還發一堆廢紙，拿來當手紙還嫌硬。人不能讓尿憋死，於是種種撈錢新花樣紛紛出爐。

貪污的方法

官員們主要用的是兩招，我們來介紹一下，這兩招歷史悠久，十分有名。

折色火耗，大家可能聽說過火耗這個詞，當時交賦稅往往是實物，如穀物，絲織物等，但有時也會改徵銀兩和銅錢，而熔鍛碎銀時候可能會有損耗，官府就用這個名義來徵收多餘的銀兩，這些多徵的賦稅就稱為火耗。

其實到底有沒有損耗，也只有官府自己知道，這不過是一個多收錢的藉口，這一招可謂流傳幾百年，長盛不衰，比明朝的歷史還要長，一直到雍正時期，採用火耗歸公的措施，這一招才從歷史上消失。

話說回來，這一招是官府說了算，要徵多少自己規定，執行中實際操作技巧不算太高，下一招就不同了。

這一招叫做淋尖踢斛，十分值得一提，百姓交納糧食的時候，官府是用斛來裝的，百姓將糧食放進斛裡，再稱重，計算自己完成的糧食份額。穀堆要按尖堆型裝起來，會有一部分超出斛壁，就在百姓為交完公糧鬆一口氣時，意外的事情發生了。

官吏用迅雷不及掩耳之勢對準斛猛踹一腳！此時超出斛壁的部分穀粒會倒在地上，老百姓慌忙去撿，此時官吏會大聲叫喊：別撿，那是損耗！喂，說你呢，還撿！

這就是淋尖踢斛，踢出的部分就是所謂糧食運輸中的損耗，這部分就成為官吏的合法收入。那麼老百姓呢，只能回家再送糧食來。這一招最關鍵的就是踹斛這個動作。

那一踹的風情

要知道，這一踹是很有講究的，官吏們為了這一踹苦練了很久，具體方式是有可能是先在自己家附近找顆樹，從踹樹開始，以樹幹不動，落葉紛紛為最高境界。當然也有某些人選擇踹門練習，一定要做到一腳踹開，如超過兩腳為不合格，繼續修練。這一修練對他們也有好處，萬一有一天不幹了，還可以轉行去入戶打劫。

在交糧這一天，官吏們準備好，一旦斛已經裝滿，便凝神屏氣，閉目深思，然後氣沉丹田，大喝一聲，部分人加十公尺助跑，衝到斛前，拼命一踹（不拼命不行啊，踹下來都是自己的），如果踹下來的多，就會哈哈大笑。

那麼老百姓呢，他們只能看著自己的糧食被這些人奪走。

請大家注意，這兩招只是封建社會最平常的，明朝的很多名臣如三楊、李賢、徐階、張居正等人都是靠這兩招的收益養活自己的。而後來的皇帝也認可這些作為合法收入。

雖然朱元璋的工資政策對這些行為的氾濫負有一定責任，但這並不能成為貪污行為的藉口，內因才是決定性的因素，官員們還是應該從自身上去找原因。

大家可能會問，當時有沒有不貪這些便宜的人呢，我回答大家，確實是有的，但是他們付出了沉重的代價。

只靠俸祿過日子的人，最出名的莫過於海瑞。

這位仁兄實在是第一號正人，他幾十年如一日，辛辛苦苦做事，沒有什麼奢侈的享受（也沒錢），不該拿的他一分錢也不拿，上面說的火耗和淋尖踢斛的好處他從沒有貪過。每月就靠那點俸祿過活，家裡窮得叮噹響。

他最後的官職是南京右都御史，這是個二品官，相當於監察部部長，可以說是文官中俸祿最高的人之一了。但他家裡請不起幾個僕人，什麼事情都要自己動手，吃得也不好，長期營養不良，他死後，僉都御史王用汲來處理後事，一進門看見海瑞的家便痛苦失聲。他想不到海瑞臨死竟然如此淒慘，家裡到處吊著舊布簾子（買不起新布），用的箱子破爛不堪，家裡人都穿著補丁衣服。用家徒四壁來形容毫不過分。

更讓他難以置信的是，海瑞家連辦喪事的錢都拿不出來，棺材也買不起，出殯的錢還是大家湊起來的。

這樣的人在朱元璋時代也有，如當時的弘文館學士羅復仁，為人十分老實，家裡很窮，但朱元璋對他仍不放心，有一天跑去他家裡看，羅復仁買不起好房子，他只能在郊區買了間破房子度日。朱元璋東拐西拐，終於找到了地方，見兩間破瓦房外，有一個人正提著桶刷牆。朱元璋見此人灰頭土臉，粉跡滿面，以為是給羅復仁做事的民工，便問他：「羅復仁住在這裡嗎？」

沒想到，刷牆的這位聽到有人問他，回頭一看，大驚失色，慌忙跑過來跪拜，說道：「我就是羅復仁！」

朱元璋這才看清他的臉，原來這個人真是羅復仁，再看他的打扮，一手拿著刷子，一手提著桶，衣衫襤褸，和叫花子沒什麼區別，頓時哭笑不得。半天憋出一句話：「你怎麼住這樣的房子？」

羅復仁賠笑著說：「臣家窮，只能將就了。」

朱元璋過意不去的說：「你這麼有學問的人怎能住這樣的房子。」便賜給他一所大宅院。

羅復仁算是清貧了，但畢竟他的官位不高，還有比他厲害的。

在六部中，以吏部（人事部）的地位最為重要，吏部尚書（部長）吳琳為官清廉，後退休回家，朱元璋派使者去打探他的近況，使者到吳琳家鄉，考慮到他當過大官，應該有很大的房子，便去尋找。但轉了一圈，沒有見到什麼大房子，他便在路邊找到一個正在插秧的老農，問道：「請問吳尚書住在哪裡啊？」

誰知那老農抬頭對他說：「我就是吳琳，有啥事兒？」

使者十分感動，便將此事回報朱元璋，朱元璋聽後也十分感慨。

這些人無疑都是優秀典型，但有他們這樣高的道德修養的人實在不多。

除去工資制度外，明朝時候的休假制度也有必要介紹一下，讓我們看看古人的假期都是怎麼休的。

先說老祖宗漢朝吧，他們實行的是五天一休制，也就是做五天休息一天，可不是休星期六或者星期天，而是輪到哪天休哪天，這一天還有個名字叫「休沐」，在這一天，官員們可以回家，這樣看來漢朝的待遇還是不錯的。

隋唐時期，改成了十天休息一次，稱成「旬休」，好像待遇比漢朝差了不少，實際上不是這樣的，在隋唐時期，已經有了今天黃金周的概念，他們每逢新年、冬至會休息七天。這七天時間是帶薪假期。除此之外，能想得出來的理由也可以休假，除了我們日常的端午、中秋、重陽外，還有皇帝的生日（由於皇帝經常變，所以這一個假期也經常變），讓人吃驚的是連如來佛祖的生日、老子的生日，孔子的生日也都放假，估計當年要是基督教傳播廣泛，上帝的生日也要算在裡面。

宋朝待遇稍微差點，但是一年假期還是有個幾十天的。

到了元朝，情況發生了變化。在元朝統治者看來，生命在於運動，工作就是休息，什麼旬休，大休都沒有了，大家以工作為重，一年只有十幾天休息。

終於位置傳到了朱元璋的手裡，這位仁兄的工作精神我們已經介紹過了，他認為，給你們發工資，讓你們管事已經優待了，當年老子連飯都吃不飽，還休息？

有的官員提出要恢復前朝的休假制度，被朱元璋駁了回去，然後朱元璋規定了休假的制度，倒還真是簡單易行，一年休息三天！分別是過年、冬至、本人朱元璋的生日。

還想休幾十天，小子們還沒睡醒吧！

但實際實施後出現很多問題，比如兩地分居問題、子女教育問題（是客觀存在的）都無法解決，於是後來規定從十二月起放寒假，為期一個月，才算解決了部分問題。

如前所述，由於這些制度的規定，朱元璋和官員之間的矛盾越來越深，而官員們為了自己的利益，必然要違反朱元璋的這些法典，而朱元璋也不會允許這些事情的發生。這些矛盾累積到一定時候，就會爆發。

一幕歷史劇就此開演。

十八 掃除一切腐敗者！

在所有的惡行中，朱元璋最憎惡貪污，這也是可以理解的，每當他想起那本該發給自己父母的賑災糧食被官吏貪污，導致父母餓死的情景，就會忍不住咬牙切齒，這些人個個該殺！

他要創造一個真正純淨的王朝，一個官員們人人清廉、百姓安居樂業的王朝。所以他盡一切努力去實現這個夢想。

可是夢想不一定會成為現實。

洪武二年，朱元璋曾經對他的大臣們說過這樣一番動感情的話：「從前我當老百姓時，見到貪官污吏對民間疾苦絲毫不理，心裡恨透他們，今後要立法嚴禁，遇到有貪官敢於危害百姓的，絕不寬恕！」

朱元璋是說到做到的，他頒布了有史以來最為嚴厲的肅貪法令：貪污六十兩以上銀子者，立殺！

即使在開國之初，六十兩銀子也不是什麼大數目，這個命令顯示了朱元璋肅貪的決心。

為了增加震懾力度，朱元璋還設置了一項駭人聽聞的政策。

自唐宋以來，政治制度、機構設置多有不同，但縣衙的布局是差不多的，都有大門、戒石、鼓樓、二門這些結構，但在明朝卻在大門和二門之間多設置了一個土地祠。此土地祠切不可晚上去看，著實嚇人。

這個土地祠是幹什麼用的呢，不要吃驚，這個地方是剝皮用的，剝的就是人皮。原來朱元璋命令官員貪污處死後，還要把貪官的皮剝下來，然後在皮內塞上稻草，做成稻草人，並掛於公座之旁，供眾人參觀。這個稻草人不是用來嚇唬鳥的，而是用來威懾貪官的。

較早享受到這一高級待遇的是朱元璋的老部下朱亮祖，這位朱亮祖是赫赫有名的開國大將，立有大功，被封為永嘉侯（侯爵），鎮守廣州，可謂位高權重。但此人有一個致命的缺點：驕狂。

當時的番禺縣（今廣州番禺區）縣令叫道同，是一個很清廉的官員，由於執法嚴厲，與當地的土豪劣紳發生了矛盾。這些土豪吃了虧又拿道同沒辦法，便拉攏朱亮祖，希望他為自己出頭。頭腦簡單的朱亮祖收了好處，居然就答應了。

此後，朱亮祖多次與道同發生矛盾，干涉道同的正常執法，還派黑社會暗中設伏，打了道同一頓。但道同並未屈服，與朱亮祖進行著不懈的鬥爭。

雙方矛盾一步步升級，終於達到頂點。道同抓住了惡霸羅氏兄弟，朱亮祖竟敢動用軍隊包圍縣衙，強行將人犯給搶了出來。並且還向皇帝上本，彈劾道同一大堆罪狀。

道同終於忍無可忍，也隨後向皇帝遞送奏章說明情況，但他忘記了朱亮祖有他不具備的優勢——快馬。

道同派人送奏章的馬是驛站的馬，而朱亮祖使用的是軍馬，朱亮祖也料到道同會告狀，於是他派人挑最好的馬，飛快的趕到京城，狠狠地告了道同一狀。朱元璋是個頭腦容易發熱的人，一看了朱亮祖的告狀信，就立馬派人去斬殺道同。

就在朱元璋發出命令後不久，道同的奏章就到了，朱元璋一對照就發現了問題，連忙派人去追，然而已經來不及了，朱亮祖就這樣殺掉了道同。

道同為官清廉，家裡沒有錢，他死前最擔心的就是自己的母親無人供養，便委託好友贍養他的母親，然後從容就死。

他被殺時，無數百姓前來送行。

公道自在人心。

朱亮祖得意洋洋，自己終於鬥倒了道同，他和那些土豪惡霸可以高枕無憂了。

話雖如此，但朱亮祖仍然有些不安，他跟隨朱元璋打過仗，深知此人要麼不做，要麼做絕的性格。不過道同只不過是個小小的知縣，而自己卻是開國大將，御封侯爵，想來朱元璋不會為了一個芝麻官對自己下手的。

朱亮祖的估計似乎是對的，過了一段時間，始終未見朱元璋有何反應，他終於安心了。

也正是因為這個原因，當大理寺的官員手持朱元璋的手諭來抓他時，朱亮祖才會那樣的吃驚。他雖然手下有兵，卻還沒有神經錯亂到敢於和朱元璋對抗。他十分老實的把自己的兵權交出，和大理寺的官員一起前往京城請罪。

然而大理寺的官員並不急於上路，卻詢問他：「你的兒子朱暹呢？」

這下朱亮祖驚呆了，他明白這句話的含義。

因為朱元璋的人生哲學正是：要麼不做，要麼做絕。

一路上，朱亮祖還存有幻想，他認為自己勞苦功高，只不過殺了一個知縣，朱元璋最多是責罰一下他而已，並不會殺他。

但現實和想像總是有差距的。

洪武十三年（一三八〇）九月初三，朱亮祖與長子朱暹被押到了朱元璋的面前，朱元璋沒有跟他廢話，充分發揮了自己動手的精神，上來就用鞭子抽了朱亮祖。侍衛們一看皇帝親自上陣，士氣大振，在得到朱元璋默許後，紛紛開始動手。朱亮祖與他的兒子朱暹就這樣被活活鞭死。

「鞭死」二字，細細品味，實在讓人膽寒。

殺掉朱亮祖和朱暹後，朱元璋下令將參與此事的惡霸全部殺死。他念及朱亮祖有功，給他留了全屍，但其他人就沒有這麼好運氣了，朱暹等人的皮都被剝了下來，懸掛在鬧市，供眾人參觀，以為後世警戒。

朱元璋對這件事情的處理讓很多官員膽戰心驚。而朱亮祖也在無意中創造了一個紀錄：他是第一個被當廷打死的大臣。

不過他並不是最後一個。此後，當廷打死大臣這一明朝獨特的現象就此延續了下去。終明一朝，很多直言大臣都葬送於這種極端的刑罰之下。

此後，朱元璋對待貪官污吏的態度越來越嚴厲，他創造了一個以往封建統治者想都不敢想的政策，即規定普通百姓只要發現貪官污吏，就可以把他們綁起來，送京治罪，而且路上各檢查站必須放行，如果有人敢於阻擋，不但要處死，還要株連九族！這在中國法制史上是絕無僅有的。

但這一政策的操作性不強，明代的實施者並不多。

與這種群眾檢舉揭發相比，朱元璋肅貪的主要線索來源是他的耳目，也就是我們上面介紹過的檢校。這些人遍布全國各地，一旦發現官員有貪贓枉法等問題即可上奏，而朱元璋也拿出了玩命的精神，即使情報送到京城已經是半夜，他也會立刻起床接見。

甚至有的貪官今天剛收紅包，第二天就會有紀檢官員來找他，並將他抓回論罪。其效率不可謂不高。

朱元璋使用了這麼多的手段，自己也全力配合，按說貪污行為應該絕跡，然而情況遠沒有他想像的那麼簡單。

朱元璋制定了法律，規定當時的刑罰限於笞、杖、徒、流、死五種，從字面上也很容易理解這五種刑罰，客觀來說，在封建社會這些刑罰並不算重。這也是朱元璋考慮到前朝的刑罰過重而做出的一種改進。

但朱元璋並不是個按規矩出牌的人，在對付貪官污吏和反對他的大臣上，他用的絕不只這幾招。

在他實施的刑罰中，最有名的莫過於凌遲，把人綁在柱子上，用刀慢慢割，如果行刑的人技術好，那受刑者就要受苦了，據說最高紀錄是割三千多刀，把肉都割完了人還沒死。

除此外，還有所謂抽腸（顧名思義）、刷洗（用開水澆人，然後用鐵刷子刷）、秤桿（用鐵鉤把人吊起風乾）、閹割、挖膝蓋等等。

然而在這些令人生畏的死亡藝術前，官員們仍然前仆後繼，活像一群敢死隊，成群結隊地走到朱元璋的刑具下。

自明朝開國以來，貪污不斷，朱元璋殺不盡殺，據統計，因貪污受賄被殺死的官員有幾萬人，到洪武十九年（一三八六），全國十三個省從府到縣的官員很少能夠做到滿任，大部分都被殺掉了。在當時當官未必是件好事，能平平安安的活到退休就已經很不錯了，完全可以自豪的說一聲阿彌陀佛。

朱元璋十分不理解，為什麼這些人飽讀詩書，以所謂「朝聞道，夕可死」為人生信條，卻在當官之後成了「朝獲派，夕腐敗」。

他想破腦袋也不明白，但怎麼對付這些人他是清楚的，殺！

可是殺完一批，又來一批，朱元璋殺紅了眼，於是他頒布了更嚴厲的法令：「我想殺貪官污吏，沒有想到早上殺完，晚上你們又犯，那就不要怪我了，今後貪污受賄的，不必以六十兩為限，全部殺掉！」

可就是這樣也沒能止住貪污受賄，官員反倒是越來越少，於是在當時的史料中出現了這樣一個滑稽的紀錄：該年同批放榜派官三百六十四人，皆為進士監生，一年後，殺六人。

似乎這個數字並不多，別急，後面還有：戴死罪、徒流罪辦事者三百五十八人。

大家明白了吧，這三百多人一個沒漏，再說說這個戴死罪、徒流罪。

什麼叫戴死罪、徒流罪辦事呢，這可是明朝的一個奇特景觀。很多犯罪的人過堂，上到衙門才發現當官的也戴著鐐銬，和自己一模一樣，後面還有人監視。除了衣服是官服，活脫脫就是個犯人。

這種情況的出現就是因為官員被殺的太多，沒有人做事了，朱元璋雖然勤勞，但也不能代替所有的官員。於是他創造了這樣一個戴死罪、徒流罪辦事的制度，具體操作方法是，官員犯法，判了死罪，先拉下去打幾十板子，就在官員給傷口塗藥，估計自己小命不保的時候，牢裡突然來了個人，不管死活的把受罰官員拉出去，塞到馬車上，送到各個衙門去處理公務。

想死？便宜了你，活還沒幹完呢！

結果是被判了死罪的官員給下面跪著的犯人判死罪，然後自己再到朱元璋那裡去領死。活幹完了，要殺要剮您看著辦吧。

該殺的殺掉，該徒刑、流放的也執行吧，別再折騰了。

從上文我們可以看到，朱元璋是下了大力氣肅貪的，但效果並不是太好，這是很值得分析的，大凡在封建朝代開國時期，官吏是比較廉潔的，而洪武年間出現如此大範圍的官員因貪污被殺，是很不正常的。

應該說，朱元璋的某些政策制定和執行出現了問題，官員貪污的主因固然是他們自己不法行為，但官員待遇過低，朱元璋肅貪手法過於急躁，也是重要原因之一。

我們下面要講述的兩個案件就很能說明一些問題。這就是被稱為洪武四大案中的空印案和郭桓案。

十九 冤案：空印案

應該說這確實是一個冤案，然而其影響之廣，範圍之大，實在罕見。

我們先說一下這個案件發生的時間，根據《刑法志》記載，此案發生在洪武十五年（一三八二），但根據此案當事人的記載，真實發案時間是在洪武九年（一三七六），目前這一問題尚未得到確認，本文採用洪武九年的說法。

案件的緣由是這樣的，明朝規定，各地每年都要派人到戶部報告地方財政賬目，而地方賬目必須跟戶部審核後完全相符，這一年的地方財政計畫才能完成。如果對不上，即使只是一個數字，賬目就必須重新填造，更讓人為難的是所有重修帳冊必須要蓋上原衙門的印章才算有效。

這個規定在現在看來似乎不難執行，但在當時可就難了。

要知道，當時沒有高速公路，也沒有鐵路，各府各縣必須派使者帶著帳冊去京城。這些使者的首要條件是身體好，因為這一路上是很辛苦的，沒有汽車火車讓你坐，你得騎馬、坐船、再騎馬，某些時候你可能還要做些登山運動。

比如你是廣西某地的官員，要想到京城，最快也得一兩個月。就算你年初一就出發，到京城起碼也是早春三月了。滿頭大汗跑去戶部，一核對，錯了一個數字。

行了，啥也別說了，兄弟你打馬回去吧，我等你。

於是又是一路狂奔，先騎馬，再坐船，回去改了帳冊，蓋了公章。我去也！

這就是四個月過去了，轉眼已是夏天，趕到京城，又見面了

兄弟你終於來了，我等你好久了，接著來吧。

這位運氣不好，核對後發現還是有地方錯了，啥也別說了，還是回去吧，下次過來記得穿多點衣服啊，這邊冬天冷！

於是又趕回去，趕回來，這回核對上了，可差不多快到第二年了，你也別回去了，在這過年吧，計畫又該重新做了。

基本情況就是這樣，如果總這麼折騰，誰也受不了。經過分析，官員們發現，關鍵問題在於蓋印這個環節，因為紙筆都是現成的，帳冊錯了改就是了，但印是不能讓你帶的，你把印拿走了，官老爺總不能拿蘿蔔刻印蓋公文吧。當時在街頭私刻公章的生意還是沒幾個人敢做的，於是他們靈機一動，帶上事先預備好的蓋過印信的空白文冊不就行了嗎？

就這樣，帶空印文冊成了當時一條不成為的規定，朝廷上下都知道，除了一個人例外。

很不幸的是，這個人正是朱元璋。

洪武九年，朱元璋突然發現了這個所謂的秘密，就在自己眼皮底下，官員們竟然敢搞這些名堂！

他震怒了，他認為自己做了一回冤大頭，於是他派遣官員對此事進行了詳盡的調查。

按說只要一調查，這個問題是不難解釋的，其實即使是他派去調查的官員也清楚整件事情的來龍去脈，但是一個奇怪的現象出現了，事情的緣由大家都知道，可就是沒有人說。

於是就出現了這樣的滑稽場景，問話的官員也知道，回答的官員也知道，只有朱元璋不知道。

這個現象不難解釋——官員們害怕。

如果上書辯解，很有可能被認為是同黨或者包庇，這個黑鍋誰背得起。

就在此時，一個勇敢的人站了出來，值得敬佩的是，他並不是在職官員，而只是一個平凡的生員。從某種程度上來說，他只是一個老百姓。

鄭士利的直言

這個人叫鄭士利，他沒有任何背景，沒有任何靠山，只是憑藉自己的勇氣，只是為了說出真相。

他利用當時平民可以直接上書的管道給朱元璋寫了一封很長的書信，這封書信在歷史上也很有名，在書信中鄭士利明確指出：空印文冊所用的是騎縫印，並不是一紙一印，而錢糧數字不同，必須一一核對，所以很難確定。說明了空印出現的原因。

其實鄭士利不但敢於直言，也是個聰明人，他估計到朱元璋可能羞於認錯，便在文章的最後，為朱元璋開脫，寫道：其實您也是為了老百姓好，您是怕貪官污吏借機挪用這些空印紙，用來危害老百姓（恐奸吏得挾空印紙，為文移以虐民），您也是為了百姓好啊。

照鄭士利的意思那就是：皇帝大人您也沒錯，大臣們也沒錯，當然小人我也沒錯，大家都沒錯，誤會，誤會，誤會啊！

朱元璋給他的賞賜是送去勞改。

因為鄭士利把朱元璋看得過於簡單了，朱元璋並不是一個糊塗的人，他也不是不肯認錯的人。其實從他的無數耳目那裡，他是很容易得知事實真相的。如果他連這個問題都搞不清楚的話，明朝的天下就不會姓朱了。

那麼他為什麼還要處罰這些官員呢？

真正的原因在他的心裡。

朱元璋從來就不信任那些官員們，這與他從小的經歷是分不開的，他深刻了解這些官員們營私舞弊的本事，在他看來，這些人是靠不住的，即使現在這些官員們為他做事。

綜合各方面分析，空印案之所以給朱元璋如此大的觸動，是因為他認為這些官員們輕視他的權力，居然敢於不向他請示就私下擅自蓋印。這是藐視他的權威。

真是好大的狗膽！居然為了偷懶就私用權力，今天你們不經過我的允許，把印蓋在文書上，要是容了你們，明天就會把印蓋到我的頭上！不整治你們一下是不行了。

鄭士利被罰作苦工了，作為一個平凡的人，他沒有機會見識皇家的威嚴，沒有福氣享受當官的榮耀，他一無所有，卻憑藉自己的勇氣完成了他個人的壯舉。由於他的英勇行為，這位即非皇親國戚也非名臣將相的普通人被記入了明史。

在屬於他的《明史·鄭士利傳》上，我們看到的是勇氣。

這樣的人是不會被我們遺忘的。

相對於那些空印案中獲罪的官員們，鄭士利還是幸運的。

既然案件已經定性，那麼接下來的就是處罰了，問題在於幾乎全國所有的府縣都存在空印現象，總不能把所有的府縣官員都殺掉吧。

這又是一個難題，但在朱元璋那裡，似乎沒有他解不開的題目。

他總能做出別人想不到的事情，旁人認為他絕不可能把涉案的所有官員都殺掉，但他真的就這樣做了。

官員們，無論你們在什麼地方，不管是天涯還是海角，山地還是平原，所處的環境繁華或是荒蕪，你們的待遇都是一樣的。

在我們宣布處罰結果之前，先說一下當時全國的行政結構，全國共有十三個省，一百四十多個府，一千多個縣，這些省府縣的官員很多都與空印案有關。

處罰如下：主印官員全部殺掉，副手打一百杖充軍。除此之外，連各省按察使司的言官也多有獲罪者，理由是監管不力。

這是名副其實的一掃光，平時都爭誰官大，這下倒好，幹個副職還能去當兵，正職就得掉腦袋了，真是所謂能力越大，責任越大。

在這次空印案中很多素有清廉之名的好官也被殺掉了，最有名的就是千古忠臣方孝孺他爹方克勤，這位仁兄在山東濟寧當知府，為政清廉，平時肉都捨不得多吃，衣服上滿是補丁，就因為他是主印官，糊裡糊塗的沒了腦袋。

但要說明的是，空印案中所殺官員的數目是有爭議的，有些史料記載死者上萬人，這應該是不準確的，因為朱元璋處理的只是掌印的官員，對副職他並未殺掉，朱元璋也並不是人們想像中的殺人狂，他是有著清醒的政治頭腦的。殺光官員這種蠢事，他不會做的。

綜合分析空印案，可以看出，此案和肅貪其實並無太大關係。官員們由於工作上的便利採取的一種變通手法，演變成了一件大案。而在大家都心知肚明且有人上書說明真相的情況下，朱元璋還接著處理此案，就值得我們深思了。

朱元璋的行為大概可以用《說唐》裡秦叔寶進牢房時，衙役喊的一句話來解釋：「進得牢來，先打你一百殺威棍，看你老不老實！」

這殺威棍真是狠啊。

空印案的規模和排場在洪武四大案中只能算是小弟弟，下面這個案件才算是大哥級別的，那才是真正的所到之處，一掃而空。

郭桓案

此案與上一案件不同，其中確實存在著貪污問題，但牽涉之廣，影響之大在貪污案件中確屬罕見，而此案中也確實存在著某些很多疑點。

事情的經過是這樣的，洪武十八年（一三八五）三月，御史余敏、丁廷舉告發北平布政使司、按察使司官吏趙全德等與戶部侍郎郭桓合謀貪污，在朱元璋的編的《大誥》中，詳細列舉了郭桓貪污的方式和數量，看了實在讓人觸目驚心。我們有必要列舉一下（請仔細看，疑點就在其中），其貪污行為包括：

一、郭桓私分了太平、鎮江等府的賦稅，也就是說這些地方的錢糧朱元璋沒有收到，全被郭桓私自吞掉了。

二、郭桓私分了浙西的秋糧，具體數字是這樣的，當年浙西的錢糧是四百五十萬石，郭桓只交給了朱元璋二百多萬擔，其餘的他自己私分了。

三、郭桓等人在徵收賦稅的時候，巧立名目，創造性的徵收多種賦稅：包括水腳錢、車腳錢、口食錢、庫子錢、蒲簍錢、竹簍錢、神佛錢等。

最後算出總賬，他和同黨一共貪污了二千四百多萬石糧食。

這麼看來，郭桓確實是膽大妄為，他勾結其他官吏貪污腐敗，朱元璋也並沒有放過他的同黨。那麼郭桓的同黨是誰呢，經過朱元璋的追查，六部的大多數官員都成為了郭桓的同黨！

他們包括禮部（禮法）尚書趙瑁、刑部（司法部）尚書王惠迪、兵部（國防部）侍郎王志、工部（建設部）侍郎麥至德等。請注意，這個名單很長，據《刑法志》記載，當時六部除上面所列高級官員外，所有侍郎（副部長）以下官員都被幹掉了。

這也就是說當時的六部，每個部除了尚書（部長）一人，侍郎（副部長）兩人（上文已列出者除外），所有的辦事官員都被殺掉了。當時的部長真的成了光桿司令，官員們陷入了恐懼之中，見面的第一句話應該就是「你們今天死了幾個？」其實到後來這個問題也不用回答，因為一個部裡最多只剩下三個人。

這是中央官員，還有地方的經辦官員，糧食是由省裡送來的，往下查，就是各個府縣，府縣再往下，就是那些所謂的富戶、糧長。這些人也大多被殺掉。

此案一共殺掉了三萬餘人，結果是「百姓中產之家大抵皆破」，算得上是把朝廷上下一掃而空了。

這樣看來，我們不得不佩服在郭桓案件中倖存下來的官員，真不容易啊，怎麼把你們給漏了呢？

案發現場的疑點

在講述歷史事件的同時，我還會給大家介紹一些歷史學的分析方法，當然，還是用我的方式。對郭桓案件的分析，我們會採用一種類似於破案的方法，相信大家會感興趣的。

下面就請大家拿起自己的煙斗，開始對案發現場的勘查吧。

以上所列就是史料的記載，也就是我們所謂的案發現場，請大家注意，並非所有史料都是可信的，在這些資料中，互相矛盾的並不少，就如同凶案現場會出現很多將你引入歧途的線索一樣。

但只要你認真分析，是可以找出真相的。

其實歷史學家們很重要的一項工作就是從這些互相矛盾的資料中找到真相。這裡再提供一件重要的破案工具，也是歷史學上很重要的原理之一，那就是大家看史料的時候，一定要考慮到寫書人的背景，因為這也或多或少決定了該書的傾向。相信如果不是自虐，寫書罵自己的人畢竟還是少數吧。

我們就把這個案件的史料讓大家來分析，這裡就是案發現場，你能從中看出有哪些疑點嗎？

如果你還在思考，那就先不要看我的結論。

下面是我自己的分析，只供大家參考：

在我看來，至少有兩個疑點：

一、貪污的數目應該有一定問題，為什麼這麼說呢，大家要知道當時明朝一年的收入也只有二千四百多萬石糧食，在朱元璋剛剛處理完胡惟庸，且已經設立了錦衣衛的情況下，郭桓不過一個侍郎，何來包天大膽敢如此妄為，貪污的數量居然趕得上明朝一年的收入？

而且我們先前已經介紹過，當時肅貪力度之大，貪官聞風而逃，即使身在窮鄉僻壤，白天貪污，晚上就被告發，郭桓等人就在朱元璋眼皮底下，每天無數的密探來來往往，他老兄居然還敢私吞幾個省的公糧！朱元璋自廢除丞相之後，很多小事他也會親自處理，如果有幾百萬石糧食不入庫，朱元璋早就跳起來罵人了，何必等到御史告發？

二、我們看看歷史上著名的貪污案，就會發現其實貪污這種事情，一般都是人越少越好，既安全，分的錢也多。郭桓不過是個戶部侍郎，要貪污糧食怎麼會和禮部、刑部、兵部、工部、吏部的人一起合作，莫非他是覺得知道他貪污的人太少，想給自己打個廣告？不管怎樣，郭桓也算是風光了一把，他一個小小的侍郎，其同黨的數目居然打破了丞相胡惟庸保持的紀錄。

雖然這個紀錄並不光彩。

綜合看來，這個案件是存在著很大疑點的，但這也並不能說明此案就是子虛烏有，郭桓的貪污行為很有可能是存在的，只不過數量沒有這麼大，所謂的同黨沒有這麼多罷了，不然為何朱元璋不找張三李四，偏要找你郭桓呢。

如果你有更多的發現，那麼就要恭喜你了，你已經走上了理性分析歷史的道路。歷史的疑雲是永遠存在著的，我們在這裡所作的分析只是一家之言，並不能給郭桓案件下一個肯定的結論，充其量只是一個推論。

重要的是，如果你能從這種分析方式中有所斬獲的話，請你相信，打開歷史迷霧的鑰匙已經離你不遠了。

郭桓案最終還是結束了，具有諷刺意味的是，在此案中被殺的最後一個人正是此案的主審法官，殺掉無數官員的右審刑吳庸。

經過這一連串大案，朝中官員如驚弓之鳥，每天都擔心自己腦袋不保，有些好事的人就拿這些官員尋開心，說朱元璋上朝時如果玉帶繫在肚皮下面，就是要殺人了，如果玉帶在肚皮上代表今天平安無事。如果這樣判斷，那是要出問題的，萬一哪一天朱元璋吃得太飽，肚子脹，玉帶只能放在肚皮上，心情又不好，官員們可就要吃苦頭了。

史料記載，官員們每天上朝，都要在家門口舉行儀式，什麼儀式呢，穿戴整齊，抱抱老婆孩子，交代清楚誰還欠我多少債、我的私房錢藏在床底之類的後事，然後訣別而去，老婆孩子就在背後哭，除了人還是活的，和開追悼會沒什麼區別。

散朝的時候，老婆孩子在家門口等著，如果看到活人回家，就會大肆慶祝一番，慶祝的內容是今天我又活了一天。

這些並不是玩笑，而是真實的歷史景象，在不知明日禍福這種極大的壓力下，很多官員承受不住，紛紛表示自己就當白讀了幾十年書，情願回家種地。

官我也不做了，回家總行了吧。

哼哼，沒有那麼容易。「奸貪無福小人，故行誹謗，皆說朝廷官難做」，誹謗朝廷，這又是一條重罪。於是走也不是，留也不是，正是「你說你，想要逃，偏偏注定要落腳」。

人類最偉大的地方就在於總能想出辦法解決問題，明朝的官員們在這個矛盾上充分表現出了這一特點。他們想出了一個很絕的方法——裝瘋。

在洪武年間的朝廷裡，好好的一個人突然間得了精神病是常見的，具體表現為癡呆、神情木然、披頭散髮、見到人就叫爹、拿著菜刀四處和人打招呼等，形式多種多樣，目的當然只有一個——多活兩年。

話說回來，這招也是不錯的，而且當時也沒有精神鑒定這一招，只要你能下血本，多噁心的事都做得出來，就一定能夠成功。

下面我們就舉一個成功者的例子，那裝瘋意志可真是堅強。

這個倒楣（或者是幸運）的人叫袁凱，是監察御史，有一次朱元璋派了個工作給他，把處決人犯的名單交給太子朱標。這應該是個很簡單的工作，但袁凱沒有想到的是，自己的命運就這樣改變了。

他把名單交給太子，太子看到名單上人太多，主張從寬處理，可問題是他並沒有自己去找老爹說這句話，而是轉告袁凱，讓他去告訴朱元璋自己的意見。

袁凱心想，去就去吧，見了朱元璋，老實的把太子的話原樣說了一遍，完後叩個頭，準備走人。誰知就在此時，朱元璋問他：「太子意見和我相反啊，你看誰說得對呢？」

見鬼了，你們父子倆的事情，是我一個小官能摻和的嗎，袁凱左右為難，沒有辦法，想出了回答的話：「皇上也沒錯，太子也沒錯，皇上殺人是維持法紀，太子放人是發善心。」

真是難為袁凱了。

誰知朱元璋聽後大怒，當面斥責袁凱狡猾，不說真話，然後把他趕了出去。袁凱回家後越想越怕，下了決心裝瘋。第二天，他就不上朝了，讓家裡人傳話說自己已經瘋了。

朱元璋果然不信，派人到他家打探，派去的這個人也不是空手來的，還拿了一件木工鑽，傳朱元璋的話，瘋子是不怕疼的，就看看你是真瘋還是假瘋。於是便用木鑽去扎袁凱。

袁凱不愧是裝瘋高手，發揚了關雲長刮骨療傷的優良品質，任人來鑽只是不出聲，來人這才相信，便回去報告了朱元璋。袁凱躲過了這一關。

然而朱元璋還是不相信他瘋了，便偷偷的派另一使者去看袁凱家裡的情況，這位使者剛走到袁凱家的院子裡，就被一個景象驚呆了，直慶幸自己還沒吃飯（諸位吃飯前最好也不要看）。

原來袁凱脖子被鐵鏈鎖住，正趴在地上吃狗屎，還一段段的嚼。使者大倒胃口，到這個地步，如果袁凱還沒有瘋，那就是自己瘋了，連忙回去告訴朱元璋。朱元璋聽後也是一陣噁心，便沒有繼續追究袁凱。

大家應該知道，袁凱是裝瘋的，吃狗屎這一招也太狠了，不過袁凱並不是吃真的狗屎，他在都察院的同僚事先得到消息，便告訴了他，他靈機一動，把麵粉和上醬料做成狗屎狀物體，當飯給吃了。這才躲過了朱元璋的耳目。

朱元璋時期，官員們的日子是不好過的，從肅貪到空印案、郭桓案，朱元璋殺了很多人，有些是該殺的，而有些則是錯殺、冤枉的。很多人就此給朱元璋安上了「屠夫」，「殺人狂」的名字，甚至有人懷疑他的精神有問題，那麼朱元璋這樣做的目的到底是什麼呢？

我們之前講述了很多這一時期的情況，對朱元璋肅貪和錯殺的事實都進行了列舉。這也是希望能從更客觀的角度來訴說朱元璋與官員之間的關係。

應該說朱元璋的這些行為雖然有些過激，但其行為主體還是正確的，他的目的是消除貪官污吏，如果我們聯繫朱元璋少年時候的遭遇，就更能理解他的行為。

朱元璋從小就被官府欺壓，自己的悲慘遭遇很大程度上是貪官污吏造成的，這也使得他很不喜歡這些當官的，即使官員們為他做事，在他的內心中對這些人也存在著極大的不信任感。這種不信任感一旦遇到某些因素的觸發，就會迅速擴大，進而蔓延到對整個群體的信心缺失。

正如俗話所說「一朝被蛇咬，十年怕草繩」，朱元璋就是這樣一個被蛇咬過的人，他被官吏們欺壓了幾十年，怎麼會信任這些人。所以如空印案、郭桓案這樣的案件一發生，朱元璋就會迅速將風潮擴大，在他看來，官員都是不可信的。

而朱元璋的肅貪行為雖然可敬，效果卻不佳，這是因為他過分看重了刑法的力量，而沒有注意從各方面加強制度上的完善，一味的猛打猛殺，雖然在他統治時期，貪污現象很少，但他死後，明朝的貪污卻十分嚴重，我們後面還要講到。

朱元璋給官員的待遇很低，很多人認為是故意虐待官員。但我在分析明朝初期俸祿制度後發現，這個看法不一定是正確的，朱元璋制定的俸祿標準應該是經過仔細計算的，這些俸祿是足夠明初的官員們生活的。只不過他沒有考慮到官員除了自己一家吃飽外，還要養活辦事員，還有一定的人際往來，而由於經濟的發展，生活水準的提高，原先的俸祿是不夠的。

也許有人會問，朱元璋如此精明，怎麼會想不到這些呢，可是就實際情況看，在這些問題上，朱元璋確實是缺乏遠見的。

比如他為了不讓自己的子孫挨餓，規定凡是自己的子孫，一律不允許出去工作，就算沒有官做，也只能在家吃俸祿，由於自己要過飯，而且家破人亡，朱元璋對自己的親戚十分看重，他制定的世襲爵位制度對子孫們做了充足的打算，即使是像劉備那樣，不知是中山靖王多少輩打不著的子孫，他也預留了爵位，並準備了相應的俸祿。

然而他沒有想到的是，到了一百年後，他的子孫們已經繁衍到了幾十萬人之多，朝廷一個省的糧食來養活他們都不夠，最後某些皇子皇孫得不到糧食，又不能出去工作，就活活餓死在家裡。這就是所謂的好心辦壞事吧。

我想，這樣的分析和評價對朱元璋來說應該是公平的。

李善長的結局

在朱元璋整肅官吏的同時，另一個大案——胡惟庸案也在進行中，這個案件並沒有因為胡惟庸的死亡結束，它仍然延續著，不斷有某人因為另一某人的供詞被殺，何處是個頭？

出人意料的是，李善長還活著，他與胡惟庸是親家，而且他弟弟李存義是胡案的同黨，朱元璋考慮到他在朝廷中的巨大影響力，不但沒有殺他，連他的弟弟李存義也免死，放逐到崇明島（今上海崇明島），這應該算是很大的恩典了。

然而李善長很明白，自己活不了多久了。他太了解朱元璋了，自己畢竟還是或多或少參與了謀反，以這個人的性格絕不會放過自己。

朱元璋，來殺我吧！首級任你來取！

洪武二十三年（一三九〇），李善長家裡修房子，他已經不是當年的丞相了，不能再呼風喚雨，但總得找人修啊，難道要自己動手？他想到了帶兵的湯和。

湯和是他的老鄉，也是他的好友，他向湯和請求借三百士兵當勞工。這似乎是一件平常的事情。然而有一件事是他絕沒有想到的。

湯和出賣了他。

在借給李善長三百士兵後，湯和立刻密報了朱元璋，朱元璋又一次對李善長動了殺機。

應該說三百人實在是做不了什麼的，而且兵還是湯和派出去的，不會聽李善長的指揮，即使如此，這件事情已經足以成為駱駝背上的第一根草了。

這樣看來，湯和能夠活到最後，實在是有他的道理。

老眼昏花的李善長似乎是嫌自己活得太長，他立刻犯了第二個錯誤。

他的親信丁斌因為犯法應該被流放，李善長卻上書為丁斌求情。朱元璋又一次憤怒了，你以為自己是誰！我處理犯人還要你來管嗎？他下令不再流放丁斌，卻沒有釋放他，而是將他關到監獄裡，日夜拷打。朱元璋相信，李善長身上一定有著某些秘密，而這個秘密丁斌一定知道。事實證明，他的判斷是對的。

李善長所作所為對得起丁斌，丁斌卻對不起李善長。

他供認了李存義與胡惟庸共同謀反的細節。朱元璋當機立斷，把李存義抓了回來，還是嚴刑拷問，李存義於是又供出了他勸說李善長的情況，而李善長的那句「汝等自為之」也成為了朱元璋嘴裡出現頻率最高的詞句之一。

駱駝就要倒了，再加一把稻草吧，到了這個時候，稻草是不難找的。

李善長的家奴經過仔細的分析，認為時機已到，落水狗不打白不打，打了不白打。他們合謀以受害者的身分向朱元璋申述，自己長期受到李善長的欺壓，並狀告李善長積極參與胡惟庸謀反，並且將時間地點說得相當清楚，雖然以他們的身分似乎不太可能知道得這麼清楚。但在當時，這一點並不重要。

此時湊熱鬧的人也不斷的多了起來，御史們紛紛上書，彈劾李善長，從上朝時不注意禮節到貪污受賄，罪名無所不包，似乎恨不得控訴他修建房子過程中砍伐樹木，破壞了環境。更讓人想不到的是，一個絕對與辦案八竿子打不上邊的部門也在李善長身上踩了一腳，說來實在讓人啼笑皆非。

這個部門是欽天監，主要負責天文曆法，無論怎麼也想不到看天文的還能插一腳，但他們確實做到了，可見世上無難事，只怕有心人。

他們向朱元璋奏報，最近出現星變，是不吉利的預兆，然後提出了解決的方法「當移大臣」。

要什麼來什麼，真是不能不服啊。

李善長活到頭了，別說什麼鐵券，就是鑽石券也救不了他。

追隨你幾十年，終於到了終點，我不能再陪你了，自己走完這條路吧。

不管怎麼說，李善長都沒有謀反的理由，他的兒子娶了公主，他本人不但是朱元璋的親家，也是第一重臣，即使胡惟庸謀反成功，他最多也只是第一重臣，有謀反的必要嗎？

朱元璋自然知道李善長沒有必要去謀反，但他卻有必要殺掉李善長。

念及李善長跟隨自己多年，在臨刑前朱元璋見了李善長最後一面。

朱元璋坐在自己的寶座上，看著跪在下面的李善長。

這個人曾經是我最信任的部下，現在我要殺他。

李善長跪在地上，抬頭望著朱元璋。

這個人曾經是我最真誠的朋友，現在他要殺我。

還能說什麼呢，什麼都不用說了。

李善長看著朱元璋，幾十年前，他投奔了這個人，他們徹夜長談，相見恨晚，共同謀劃著將來的遠大前景。那一年，李善長四十歲，朱元璋二十六歲。

他向現在的皇帝朱元璋叩頭謝恩，走出了大殿。

李善長走上了刑場，他最後看了一眼天空。

今天的天氣真好，天很藍。

他突然想到，三十六年前，他走進朱元璋軍營的那天，似乎也是個晴朗的天氣。

洪武二十三年（一三九〇），朱元璋殺李善長，夷其三族。

二十 最後的名將——藍玉

李善長的死終於給延續十年的胡惟庸案件劃上了一個小小的句號。官員們終於可以鬆口氣了。朱元璋卻沒有鬆氣，他似乎是個精力無限的人，在處理胡惟庸、李善長的同時，他在另一個戰場上也贏得了勝利。

這個戰場上的失敗者就是已經逃到大漠的北元，雖然在明初的幾次戰爭中，北元的實力受到了嚴重的削弱，但他們仍然有足夠的兵力對明朝的邊境進行不斷的侵襲。

朱元璋並沒有因為北元的實力削弱而放鬆對它的打擊，他一直認為蒙古騎兵始終是明朝最大的威脅。坦白的說，在軍事上，你不得不佩服朱元璋的眼光，他的預言在幾十年後很不幸的得到了應驗。

朱元璋組織兵力，分別於明洪武十三年（一三八〇）二月及洪武十四年（一三八一）正月，對北元發起兩次遠征。

這兩次遠征都取得了勝利，但並未對北元形成致命的打擊。而北元也認識到，與強大的明朝正面作戰是不可能取得勝利的，他們化整為零，採用打了就跑，跑了再打的游擊戰術不斷騷擾明朝邊境。

此時北元的統治者正是元順帝的兒子，從亂軍中逃出的愛猷識理達臘，他繼位為北元皇帝，他奉行的是堅決對抗明朝的政策，其實他採取這一政策也是可以理解的，畢竟本來在大都當皇帝的父親也被人逼得搬了家，而自己的大部分親戚都被明朝抓去吃了牢飯。此仇實在不共戴天。

而更重要的原因是，他也要吃飯。作為游牧民族，在貿易沒有開放的情況下，要想得到中原地區的物產，只有一個方法——搶。而且這個辦法不是太費勁，雖然有損失，但所得也不少。用經濟學上的話來說，叫機會成本低。這樣的生意自然是要常做的。

朱元璋清醒地認識到了這點，他知道，要想徹底消除北元的威脅，就必須讓這位愛猷識理達臘賠上所有的老本，永遠無法翻身。

但朱元璋也有一個難題，那就是明初的那些名將們都死得差不多了。當然，很多是被他自己殺掉的，最能打仗的幾個人中，常遇春死得早，李文忠被他削職流放，馮勝和鄧愈雖然還活著，也已垂垂老矣。而第一名將徐達也於洪武十七年（一三八四）病死，算是善終。

值得一說的是，很多書上記載，徐達得病後不能吃蒸鵝，而朱元璋偏偏就賜給他蒸鵝，徐達含恨而死。這一說法是不太可信的。

徐達不但是朱元璋的重要將領，而且還在和州救過朱元璋的命，殺掉他對朱元璋沒有任何好處，而且他為人低調，從不招搖。退一步講，即使朱元璋要殺徐達，也不需要用這麼笨的法子，找個人開點毒藥，派兩個錦衣衛就能解決問題。何苦要用賜蒸鵝這麼明目張膽的方法來殺掉徐達。

徐達是明朝的優秀將領，他平民出生，卻是不世出的軍事天才，他從小兵做起，跟隨朱元璋出生入死，在殘酷的戰爭中成長為元末明初最優秀的將領。他善於指揮大軍團作戰。深通謀略，為人寬厚，歷數十役，戰必勝、攻必取，與北元第一名將王保保的作戰更是他軍事生涯的最高峰。

他告訴我們，一個平凡的人經過自己的努力，也能成為叱咤風雲的名將。

而他的赫赫戰功及傳奇經歷也告訴了所有的人：

我徐達是當之無愧的第一名將！

徐達的時代結束了，新的名將時代到來了。

這個時代屬於另一個人，這個人就是藍玉。

藍玉是安徽定遠人，他是常遇春的內弟，常遇春為人高傲，但卻對他的這個親戚非常推崇，幾次在朱元璋面前推薦。但朱元璋並沒有輕信常遇春的話，直到藍玉跟隨徐達參加了洪武五年的遠征，表現出眾，才委他以重任。

說是重任，其實也不算，藍玉的運氣其實並不好，在他的那個時代，名將太多。他無論從資歷和能力上都還差一截，只能乖乖的給那些前輩們跑跑腿。

洪武二十年（一三八七），朱元璋又一次下令遠征，在當時能夠參加征沙漠（明稱伐北元為征沙漠）的軍事行動對每一個將領來說都是一種光榮。而藍玉在歷次征沙漠的行動中只是擔任了幾次配角，偏偏配角還當得並不順利，洪武五年的那次演出還是被王保保追著跑回來的。

這對於一個軍人而言，實在是不光彩的。

軍人最大的光榮到底是什麼？不是攻克了多少城池，殺死了多少敵軍，也不是繳獲了多少牛羊。

對於軍人而言，最大的榮耀莫過於找到那個打敗過自己的人，然後徹底戰勝他！

藍玉永遠也忘不了洪武五年的那次戰爭，王保保的軍隊突然出現，將自己打得措手不及，他連王保保長得什麼樣都沒有看清，就被擊潰。雖然這次失利並不是他的責任，但他明白，要爭取自己的光榮，最好的方法就是再次與王保保交鋒，徹底擊敗他，然後站在他的面前，驕傲的對他說：我就是藍玉，曾經被你擊敗的藍玉，現在，你是我的俘虜！

自從那之後，藍玉苦苦思索著用兵之道，他不斷的總結經驗，熟讀兵書，朝思暮想的就是與王保保再戰一場。然而他的願望落空了，洪武八年（一三七五），王保保死在了漠北。

藍玉一度失去了目標，但他很快又找到了新的方向——徹底消滅北元！

雖然他有著雄心壯志，屢次請命要求指揮征沙漠的戰役，但還有幾個老資格在那裡撐著，哪裡輪得到他。他先後跟隨著傅友德出征雲南，大理，立下了赫赫戰功，並被封為永昌侯（侯爵）。雖然眾人已經承認了他的軍事才能，但在他們的眼中，藍玉始終只是藍玉，他不可能超越徐達、常遇春、李文忠這些名將。

藍玉是一個要強的人，他從不會承認自己比任何人差。

但他也明白，要獲得大家的承認，只有做他的前輩徐達、常遇春沒有做到的事情，那就是消滅北元。

所以洪武二十年（一三八七）的這次遠征，無疑給藍玉提供了一個最好的機會，朱元璋同意了藍玉的請求，給了他右副將軍的位置。

聽到右副將軍的名字就知道，藍玉這次又是副手。但他實在沒有任何理由去爭取更高的位置，因為主帥是馮勝。

藍玉心又不甘，卻又百般無奈的出發了，他知道，現在還輪不到他。

不過，機會這樣東西總是無處不在的，藍玉多年的努力將在這次遠征中開花結果，雖然是以一種誰也想不到的方式。

這次遠征的目標是佔據松花江以北廣大地區的元太尉納哈出，納哈出也是一位優秀的將領，在王保保死後，他擁兵二十萬，佔據遼東的大片地區，嚴重威脅著明朝的邊界。

朱元璋很早就想拔掉這顆釘子，因為只有除掉納哈出，才能放心大膽的攻擊北元。

與以往一樣，重大的軍事行動由朱元璋親自部署，他根據形勢，對馮勝做出了如下指示：

你們的部隊應該首先進駐通州（今北京通縣），但千萬不要急於行動，先派人打探元軍的消息，如果在慶州（今內蒙古巴林左旗）發現了對方的行蹤，就要立即展開攻擊，但萬不可大軍全動，而應先派騎兵對其發動突然襲擊。只有在前鋒部隊攻克慶州之後，大軍才能開始進攻，戰則必勝。

朱元璋停了一下，加重語氣說道：但在佔據慶州之前，你們萬不可動兵，動則必敗。

朱元璋的這番話好似算卦，仗還沒有打，他就已經預測到了戰爭進行的全部過程。即使是如馮勝、藍玉這樣的優秀將領，也不大敢相信朱元璋的這些話。

在明朝的很多次軍事決策中，朱元璋都是少數派，但真理往往就站在他那邊。這次也不例外。而且就在這次遠征的同時，朱元璋暗地裡還布置了一個計畫，事後證明，這個計畫的成功實施，徹底地瓦解了納哈出的二十萬大軍。

朱元璋，真奇人也！

雪夜中的攻擊

正月初二，朱元璋命宋國公馮勝為征虜大將軍，潁國公傅友德、永昌侯藍玉為左右副將軍，率軍二十萬人向遼東進發。

二月初三，馮勝率兵抵達通州，他聽從了朱元璋的安排，並未出兵，而是派人打探慶州的消息，讓他驚訝的是，納哈出果然在慶州安排了重兵把守。

下一步就不用猶豫了，馮勝派遣騎兵先鋒攻擊慶州，這個先鋒的位置自然被藍玉搶了去。

藍玉終於等到了機會，他看著自己身後的那些騎兵，雖然人數並不多，雖然此行也許很危險，他的心中卻充滿了興奮。

終於等到了這一天，屬於我的時刻到來了！

藍玉看著他的部下們，這些人都是他精心挑選出來的，即將出征去獲取更大的光榮。

此時天降大雪，萬物被白雪覆蓋，天地一片蒼茫，山川大地似乎已經沒有了界限。大軍就要在這樣的環境中出發，向那不可知的前方挺進。

在出征之前，藍玉對他的士兵們說道：「我們馬上就要出征了，此次攻擊務求必勝，各位要奮力殺敵！唐時名將李愬冒雪下蔡州，一舉蕩平藩鎮，立下不朽功業，今天又降大雪，豈非天意！望各位以身許國，至死不棄，建立功勳，名留青史！」

言罷，他翻身上馬，向慶州出發。

這支軍隊就在白茫茫的風雪中開始了行軍，嚴寒之下，萬物似乎都沒有了生機，一片寂靜中，只能聽見急促的馬蹄聲，疾馳而來，又飄然而去。馬蹄印很快就被大雪覆蓋，彷彿從未有人經過。

藍玉跟隨常遇春多年，名雖親屬，實為師徒，深得其兵法之精髓，他的作戰風格也與常遇春相似，向來以突擊奔襲震懾敵膽。往往敵人還未反應過來，就已被擊潰。

常遇春泉下有知自己有如此傳人，也當含笑。

慶州之戰中，藍玉充分發揮了自己用兵的這一特點，連夜奔襲，不作任何停頓，趕到慶州時，敵人毫無準備，城門大開，正在埋鍋做飯。當他們看見這些身上白雪覆蓋，混似幽靈的人手持馬刀向他們衝來時，嚇得目瞪口呆。

藍玉沒費什麼力氣，就全殲敵軍，殺北元平章果來，佔據慶州，並抓獲了大批俘虜。

但他並沒有洋洋得意，因為他知道，下一步的行動才是最重要的。

馮勝在通州得到了藍玉的捷報，他意識到，決戰的時刻終於到來了。

三月初一，馮勝親率大軍出松亭關，駐兵大寧（今內蒙古寧城）。馮勝用兵十分謹慎，絕不輕易動兵，在探明敵情後，他終於下定了決心。

五月二十一日，馮勝留兵五萬人駐守大寧，率大軍直搗遼河，獲得小勝，打開了通往遼東的通道，納哈出就在眼前！

就在馮勝與藍玉會師，準備與納哈出決戰之時，一個意外的消息打亂了他們的計畫。

與以往不同的是，這是個好消息。

故百戰百勝，非善之善也；不戰而屈人之兵，善之善者也。——《孫子兵法》

朱元璋在派出馮勝遠征的同時，還召見了一個人，並派給他一個使命。這個人名叫乃剌吾，是納哈出原來的部下，他得到的使命是勸降納哈出。

朱元璋在軍事上從來都不是一個蠻幹的人，他很清楚要打敗北元很容易，要徹底消滅北元的威脅很難。於是他在軍事征討的同時，用了另一種武器來打擊北元。

這種武器比任何刀槍劍戟或是火槍大炮都厲害，它的名字叫錢。

朱元璋客觀的分析了形勢，他認識到單靠武力是很難消滅北元的，應該採用一種更為有效的方法，在與北元多次交鋒後，朱元璋找到了這個方法。

北元是游牧民族組成的政權，經濟實力是無法和明朝相比的，他們所憑藉的不過是英勇善戰的傳統而已。既然如此，就以己之長，攻彼之短。北元的士兵善戰，朱元璋就用大量的金錢引誘蒙古人內遷，並分給蒙古貴族土地。這一招十分有效，畢竟誰願意天天在沙漠裡吃沙子呢，還是中原好啊，好吃好喝，還有娛樂節目。

這一招釜底抽薪十分厲害，許多蒙古人都遷居到中原，北元的人丁逐漸稀少起來。

與此同時，朱元璋還採取了開明的民族政策，他平等的對待所有民族，沒有民族歧視。早在徐達攻擊大都時，他就嚴令徐達進城後不可屠殺蒙古人，對元朝的王公貴族也沒有採取清洗政策，還派人守衛宮殿，嚴禁殺戮。徐達攻克大都當天，城中居民生活如常，商店照常營業。

在他的這種開明政策下，即使在明初，也有很多蒙古人在政府中擔任官職。如前面說到的道同就是蒙古族。這一政策也成為他處理民族問題的基本政策。

就在馮勝準備進攻納哈出前，乃剌吾也到達了松花河，並勸納哈出投降。納哈出被說動，但又覺得自己帶這麼多人就此投降，似乎太沒有面子。他多次猶豫，說了投降又反悔，來回幾次後，馮勝和藍玉都覺得此人實在是個不到黃河心不死的傢伙。他們給納哈出下達了最後通牒，並且把軍隊架在了納哈出的門口。

納哈出估計了一下自己的實力，他還是有些自知之明的，對手是馮勝和藍玉，且都是精兵強將，要打只有死路一條。

「天不復使我有此眾矣！」在發出了這樣的哀歎後，納哈出率二十萬軍隊投降明軍。

投降總是要有一個儀式的，這個也不例外。

畢竟納哈出是帶了二十萬人投降的，很有點資本，為了表示對他的敬意，藍玉準備請他吃頓飯，按說吃飯是好事，酒足飯飽後就在飯桌上把投降合同簽了，豈不美哉。

可這頓飯竟然吃出了意外。

埋下禍根

納哈出帶了幾百人去參加投降儀式（按說投降似乎不用這麼多人），藍玉熱情接待了他，親自把他迎進營房，設盛宴款待他，藍玉也很注意給對方留面子，盡量不提投降這樣的字眼，雙方氣氛很融洽。

就在一切都順利進行的時候，藍玉的一個舉動徹底打破了這種和諧的氣氛。

當時納哈出正向藍玉敬酒，大概也說了一些不喝就不夠兄弟之類的話，藍玉看見納哈出的衣服破舊，便脫下了自己身上的外衣，要納哈出穿上。

應該說這是一個友好的舉動，但納哈出拒絕了，為什麼呢？這就是藍玉的疏忽了，他沒有想到，自己和納哈出並不是同一民族，雙方衣著習慣是不同的，雖然藍玉是好意，但在納哈出看來，這似乎是勝利者對失敗者的一種強求和恩賜。

藍玉以為對方客氣，便反覆要求納哈出穿上，並表示納哈出不穿，他就不喝酒，而納哈出則順水推舟的表示，藍玉不喝，他就不穿這件衣服。

雙方都是武將，不會文人那一套，脾氣都很硬，誰也不肯讓步。

於是一個本來很簡單的問題變成了到底是雞生蛋還蛋生雞的邏輯辯解上，藍玉說你不穿我就不喝，納哈出說你不喝我就不穿。

這樣爭來爭去，大家慢慢有了火氣，納哈出性格直爽，首先翻臉，他把敬藍玉的酒潑在了地上，態度是相當的橫。但納哈出想不到的是，還有比他更橫的。

這個更橫的人並不是藍玉，此人也在我們的文章中出現過，但由於其本人能力所限一直沒有露面的機會。他就是常遇春的兒子常茂。

常茂繼承了常遇春的爵位和脾氣，卻沒有繼承他的軍事天分，一直以來都跟著藍玉到處跑。此時見到藍玉沒了面子，怒髮衝冠，二話不說，抽出刀就向納哈出砍去，就像今天酒桌上一言不合，抄起酒瓶子打架一樣。納哈出身經百戰，反應很快，躲過了要害部位，但還是被砍中了肩膀。

此時情況急轉直下，營外的雙方士兵都聽到了動靜，圍攏來準備動手打群架。如果任由發展下去，納哈出是活不了了，但他的二十萬人也不會再投降了。在這關鍵時刻，都督耿忠保持了冷靜，他連忙招呼身邊軍士把納哈出扶著去見主帥馮勝。

馮勝是一個脾氣溫和，處事謹慎的人，他一見納哈出狼狽不堪，身上還帶著傷，嘴裡不停的喊著他聽不懂的蒙古話。便大致明白出了什麼事。他馬上好語安慰納哈出，這才將納哈出的情緒穩定下來。此時納哈出的部下也得到了消息，以為納哈出被殺掉了，紛紛表示要報仇雪恨。馮勝立刻派納哈出手下降將觀童去說明情況，才最終順利招撫。

這個事件可以看出藍玉的性格缺陷，即處事考慮不周，性格過於強橫，本來很簡單的事情，對方敬酒你喝就是了，給了對方面子，事情也能圓滿完成。這也為他後來的悲劇埋下伏筆。

洪武二十三年（一三八七）的這次遠征就這樣圓滿結束了，納哈出被迫投降。明軍俘虜北元二十餘萬人，繳獲輜重無數，最終肅清了元朝在遼東的勢力。

讓人想不到的是，主帥馮勝在回師後被朱元璋定罪抓了起來，藍玉就以這樣一種滑稽的方式得到了他夢想十餘年的主帥位置。他無數次想像過自己得到帥位時的榮耀，卻也料不到會是這樣一種情形。

當然他更想不到的是，自己將來的下場比馮勝還要慘，當然了，這是後話，至少現在，藍玉實現了他的夢想，他將在這個位置上獲得更大的光榮。

這個機會很快就到了。

自至正二十七年（一三六七），朱元璋與元朝全面開戰以來，雙方你來我往，爭鬥不休，朱元璋雖然把元朝統治者趕出中原地區，但來自蒙古草原的威脅就從來沒有停止過，為了解決這個老對手，朱元璋什麼手段都用了，雖有成效，卻從未根除這個頑強的敵人。

他不能再這麼無限期的等下去了，北元一定要在他的手中被消滅！

只有這樣，他才能放心的離開這個世界，離開他親手創立的帝國。

洪武二十年的遠征消滅了北元在遼東的勢力，解除了朱元璋的後顧之憂，他那敏銳的軍事直覺告訴他，最後決戰的時刻就要來到了。

他已經等了二十年，二十年中，多少士兵跨上戰馬，踏上征途就再也沒有回來，在邊塞裡，在沙漠中，處處都有戰死士兵的屍體，無數的家庭失去了父親、丈夫、兒子。為了解除北元的威脅，付出的代價太大了。

不能再等了，畢其功於一役吧！

最後的決戰

歷史往往是出人意料的，它在二十年前將收復大都、滅亡元朝的光榮賜予了徐達和常遇春，二十年後的今天，它又將消滅北元的使命授予了以前從未擔任過主帥的藍玉。

當藍玉從朱元璋手中接過帥印的時候，他感受到一種難以抑制的興奮，自己十幾年的努力終於沒有白費，上天給他的比他要求的還要多。

我終於可以開創自己的偉業了，我將和那些傳說中的名將一樣，名留青史，為萬人景仰！

朱元璋看著自己眼前這個並不算年輕的人。這是一個多麼神奇的時代！那麼多偉大的將領都是我的部下，他們率軍縱橫天下，建立了不朽功勳。

徐達、常遇春、李文忠，他們都是那麼的優秀。但他們已經不在了，我也老了，不能出征了。

藍玉，我相信你的能力，你一定可以繼承他們的遺願，完成他們沒有完成的功業！

在軍事上，朱元璋幾乎從未錯判過，這次也不例外。

洪武二十一年（一三八八）三月，朱元璋將十五萬大軍交給了藍玉，這和洪武五年那次遠征兵力相同，但不同的是，這次的進軍路線只有一條，而唯一的指揮官就是藍玉。

藍玉將統帥十五萬人的大軍去進行最後的決戰。

朱元璋親自為藍玉送行，並告訴他：「倍道前進，直抵虜廷」「肅清沙漠，在此一舉！」

藍玉，我將這個使命交給你，我相信你一定不會讓我失望！

此時北元的皇帝已經不再是愛猷識理達臘。他已經於洪武十一年（一三七八）死去，他的兒子脫古思帖木兒繼任北元皇帝，定年號為天元。

根據史料記載，這位元脫古思帖木兒很可能就是洪武三年（一三七〇）在應昌被李文忠俘虜的買的里八剌。明朝政府為了顯示寬大，在得到其不再與明朝為敵的保證後，於洪武七年（一三七四）將其送還給北元，但事實證明，這是一個不守承諾的人，他繼位後不斷騷擾明朝邊界，挑起戰爭，與明朝繼續對抗。這場對抗已經持續了十年。

對這位對抗的繼位者，朱元璋已經表示了足夠的誠意，不斷派使者通好，卻從無效果。他的頑固終於耗盡了明朝政府的耐心，既然如此，就用刀劍來解決吧！

藍玉的軍隊出征了，他由大寧出發，一路攻擊前進，抵達慶州後，有情報傳來，脫古思帖木兒駐紮在捕魚兒海（今貝加爾湖）。藍玉當機立斷，決定大軍立刻向目標挺進。

這是一條艱苦的道路，不但路途遙遠，而且路上還要經過荒蕪的沙漠，後勤也很難得到保障，一旦迷路，更是後果難以想像，軍心也會動搖。

但藍玉是有信心的，後來的事實證明，他所擁有的是一支當時最強大的軍隊，正是這支軍隊的優秀素質保證了戰爭的勝利。

那麼到底具有什麼樣素質的軍隊可以稱得上是最強大的軍隊呢？

強大的軍隊

這是一個值得分析的問題，戰爭的勝利是將領和士兵共同努力的結果，在我看來，一支軍隊強大與否可以從其外在的表現展現出來。大致分為四等。

第四等的軍隊是烏合之眾，他們沒有軍紀，四處搶劫，沒有紀律。這樣的軍隊只要受到有組織的軍隊的打擊，就會一哄而散，他們絕對算不上強大。

第三等的軍隊有著完整的組織結構，他們軍容整齊，步伐一致，但鬥志不高，士氣不盛。他們雖然比第四等要強，但只要遇到更有戰鬥力的敵人，也必然會被打敗。他們也算不上強大。

第二等的軍隊不但有統一的指揮系統，裝備精良，而且士氣高漲，在行軍途中經常會喊出兩句「殺敵報國」的口號，士兵們都急於表現自己的英勇。這一檔次的軍隊有氣勢、有衝勁。他們不畏懼任何敵人，可以稱得上是強大的軍隊，但很遺憾的是，他們也不是最強大的。與最強大的軍隊相比，他們還缺少一種素質。

這種素質就是沉默，最強大的軍隊是一支沉默的軍隊。

這種沉默並不是指軍隊裡的人都是啞巴，或者不說話。

所謂的沉默應該是這樣的一種情景：

指揮官站在高地上對他的十五萬大軍訓話，這十五萬軍隊漫山遍野，黑鴉鴉地佔滿了山谷、平地。

他們不同相貌、不同民族、不同地方、不同習好，卻擠在同一片地方，聽著同一個聲音，看著同一個方向。

鴉雀無聲。

這才是所謂沉默的真意，這才是軍隊最重要的素質。

藍玉率領的正是這樣一支軍隊，他們攀越高山，渡過大河，進入了沙漠，在這片不毛之地裡，有的只是那刺眼的陽光和滿天的風沙，他們的後勤無法保障，士兵們只能自己攜帶笨重的乾糧輜重，不斷有人倒下，但餘下的人繼續向前走。

士兵饑餓、口渴、疲勞，但這些都擋不住他們前進的腳步，這是一支頑強的軍隊，支持他們的就是他們心中的信念和目標——徹底消滅敵人。

痛苦的抉擇

藍玉看著他的士兵們，他為自己有這樣的部下而自豪，但他也明白，這次戰爭的關鍵不是排兵布陣，而是找到敵人。

很明顯，北元已經知道了明軍的行動計畫，他們躲藏了起來，這可不是平日孩童們玩的躲貓貓遊戲，茫茫大漠，又沒有偵察衛星，到哪裡去找人？

部隊已經走了很長時間了，現在糧食和水都不夠了，雖然士氣還算高漲，但能堅持多久呢？

他召來了自己最信任的部將王弼，詢問他：「我們現在在什麼位置？」

王弼回答：「這個地方叫百眼井，離捕魚兒海大約還有四十里。」

百眼井？此地名中居然還有個井字？這裡已經很靠近捕魚兒海了，可不但沒有敵人，連水都沒有。

難道情報錯誤，敵人又轉移了？這是很有可能的，但他們又去了哪裡呢？

正在藍玉思考的時候，部將郭英向他報告了糧食缺乏和水源殆盡的情況，藍玉明白，下決斷的時候到了。

在戰鬥電影中，到這個時候，經常會出現以下的場景：一個戰士滿臉憤怒的表情，對部隊的指揮官（一般是排長或連長）喊道：「連長，打吧！」

另一個戰士也跑上來，喊道：「打吧！連長！」

眾人合：「連長，下命令吧！」

這時鏡頭推向連長的臉，給出特寫，連長的臉上顯現出沉著的表情，然後在房間裡踱了幾個圈，用沉穩的語氣說道：「同志們，不能打！」

劇情的發展告訴我們，連長總是對的。

這並不是開玩笑，當時的藍玉就面臨著連長的選擇。

前面我們說過，但凡重大軍事決策上拿主意的時候，就會有一群人在你身邊嘰嘰喳喳，這個說前進，那個說後退，這個說東，那個說西。反正說對了就有功勞，說錯了也是你做決策，責任推不到自己身上。這種便宜大家都會去揀，最可憐的就是統帥，因為他是最終的決定者，也是責任的承擔者。

這個責任並不是賠點錢，或者道個歉疚能解決的，因為如果判斷失誤，付出的代價將是十幾萬人的性命！

藍玉終於明白了當年徐達被擊敗後的沮喪和失落，現在他也陷入了這種痛苦之中，何去何從呢？

藍玉思慮再三，決定將將領們召集起來，聽取他們的意見。

不出所料的是，將領們有的說撤退，有的說前進，其中建議撤退的佔多數，而王弼則堅決主張繼續前進（深入漠北，無所得，遽班師，何以復命）。但他的意見也很快就淹沒在一片反對聲中。

藍玉終於明白了，召來這些將領是沒有用的，主意還要自己拿。

就此退回去嗎？那自己十幾年的心血豈不是白費了，等待了這麼久，臨到關鍵時刻功虧一簣？不，我絕不甘心！

那麼繼續前進嗎？可是敵人在哪裡呢，糧食和水也不多了，部隊堅持不了幾天，十幾萬人可能就餓死、渴死在這裡。到那個時候，自己也只能騎著馬踏過無數士兵的屍體逃回去，又有何臉面去見皇帝啊。

前進還是撤退，這是個問題。

大家都不說話了，他們明白，現在已經到了緊要關頭。

士兵們看著將領們，將領們看著藍玉，藍玉看著天空。

最終的判斷

如果上天能幫自己拿主意該多好啊，做出選擇是容易的，但如果我選擇錯誤，上天能給我第二次改正的機會嗎？

藍玉，你要明白，這個遊戲最殘酷的地方就在於你只有一次機會。如同拍賣行裡的一錘定音，貴賤得買，貴賤得賣！

到這個地步，兵書已經沒用了，誰也不能告訴我敵人在哪裡，要作出這個抉擇，我還有什麼可以依靠的呢？

直覺？對，就是直覺！這裡滿天黃沙，遍地荒蕪，沒有人煙，但我能感覺到，敵人一定就在附近！

可是直覺真的靠得住嗎，沒有情報，沒有線索，沒有任何蹤跡。就憑自己的感覺作出如此重大的判斷？

為了作出今天的判斷，我已經默默地奮鬥了很多年。

是的，我要相信自己，要相信無數次戰場廝殺累積的經驗，要相信無數個夜晚孤燈下熟讀兵書，苦苦思索的努力。

沒有理由，沒有線索，沒有證據，但敵人一定就在附近！

前進！這就是我的判斷！我的判斷是對的，我的判斷一定是對的！

他下定了決心，沉穩的對那些等待他的將領們說道：「前進，敵人就在附近。」

沒有人再提問，因為他們已經從藍玉的臉上看到了自信，這種自信也感染了他們，感染了整支軍隊。

於是，十五萬大軍出發了，士兵們向著未知的命運又邁出了一步，但這支荒漠中的軍隊沒有猶豫，沒有動搖。因為他們相信，無論如何困難，藍玉一定是有辦法的，這個人一定能夠帶領他們取得勝利，並活著回家。

上下同欲者，勝。

藍玉帶著他的軍隊繼續深入荒漠，他們行軍路上小心翼翼，就連做飯也要先在地上挖個洞，在洞裡做飯，以防止煙火冒出，被敵軍發覺（軍士穴地而炊，毋見煙火）。這實在是一支可怕的軍隊，在茫茫沙漠中，還注意到這樣的細節，這支軍隊就像一隻沙漠中的蠍子，悄悄地前進，隱藏在陰影中，只有看到敵人，才會發出那致命的一擊。

當大軍到達捕魚兒海南面後，藍玉終於發現了北元大軍的蹤跡，但到底有多少人，首領有多高的級別，他並不知道。無論如何，這是最好的機會，他立刻命令王弼為先鋒，向捕魚兒海東北前進，務求一舉殲滅北元軍隊。

此時，在捕魚兒海的東北邊，北元的最高統治者脫古思帖木兒正在和他的大臣們舉行宴會，他並不是傻瓜，藍玉的大軍一出發，他就得到了消息。他深知平時小打小鬧，打完就跑，對方也不能把自己怎麼樣，但這次朱元璋是來真的了，要跟自己玩命，好漢從來不吃眼前虧，他把自己的主力部隊和大大小小的貴族們都轉移到了這個地方。

此地平素無人居住，茫茫大漠，藍玉的軍隊沒有後勤保障，更重要的是軍馬沒有水草，藍玉深知用兵之道，是不會深入大漠的（軍乏水草，不能深入）。只要等到藍玉的補給供應不上，糧盡水絕，就可以反守為攻。

在等待的時間裡，他也曾經不安過，萬一藍玉真的來了呢，但許多天過去了，連人影都沒一個，慢慢的，他放鬆了警惕，甚至連基本的守衛也不再設置，每天和大臣們飲酒取樂，順便說一句，這次避難，他還帶上了自己的老婆和兒子，這本是為了他們的安全。但後來事情的發展卻與他的設想完全相反。

就在王弼向他的大營挺進的時候，他正坐在自己的帳篷裡，這天正好大風揚沙，天空被一層黃沙掩蓋，幾十米內都看不見人，白天變得如同黑晝，按說這樣的天氣，明軍更不可能發動進攻，他應該更加安心才對，但這漫天的沙塵卻似乎打在了他的心上，一種不祥的預感湧上心頭。

在大漠和草原上英勇善戰的蒙古民族，對於危險往往有種先天的預知，這是他們民族長期游牧的生活習慣養成的，可是脫古思帖木兒也說不出到底哪裡不對，預感終究只是預感。

還是接著喝酒吧。

在脫古思帖木兒舉行宴會上的帳外，一名百戶長喝醉了酒，他向駐防的太尉蠻子打了個招呼，暈暈乎乎的走出了營區，漫天飛沙中，他也不知自己走了多遠。等他有點清醒過來時，已經不認得回去的路了。

這可不是開玩笑的，他努力使自己鎮定下來，分辨出了方向，便回頭向大營走去，突然，他發現自己的前方出現了許多人影，由於天空被黃沙覆蓋，根本看不清遠處人的面孔，他以為這裡就是自己的大營。連忙高興的一路跑了過去，到跟前一看，他才發現迎接他的是一群灰頭土臉，就像剛從沙裡撈出來一樣的士兵。要命的是，這些士兵穿的並不是自己熟悉的軍服。

他們是明軍。

這些明軍士兵用惡狼般的眼神看著他，臉上露出欣喜的表情，還大聲呼喊，很快，更多的明軍士兵圍攏了來，他們以看待珍惜動物似的眼神注視著他。他很榮幸地成為了第一個俘虜。

今天真是倒楣，出門忘了看黃曆啊。

黃沙中的戰鬥

危機就在眼前，而北元貴族們卻仍在飲酒作樂，但並非所有的人都喪失了警覺。

太尉蠻子就是一個比較清醒的人，根據史料推測，這個蠻子很可能就是洪武三年（一三七〇）在野狐嶺被李文忠擊敗的那個太尉蠻子。如果這一推測屬實的話，他倒也真是個人物。十八年過去了，多少名將都雨打風吹去，這位仁兄卻一直戰鬥在前線，也算是老當益壯吧。

他作為北元軍隊的統領者，敏銳的感覺到在不遠處漫天風沙的背後，似乎有危險正在向他逼近。於是他增派了士兵加強守衛。可是天氣實在太差，沙塵飛起，白晝如同黑夜。士兵們摸黑在營區裡走來走去，調度極其困難。這位太尉正在為此發愁，一群人的出現徹底為他解除了這一憂慮。

此時，風聲小了，代之而起的卻是一陣急促的馬蹄聲，北元士兵們發現，距自己僅僅十幾步之處突然殺出一隊面目猙獰，兇神惡煞的騎兵！他們伴隨著黑夜和飛沙而來，與傳說中的妖魔鬼怪的出場方式一模一樣。

他們不問來由，以千鈞之勢衝入元軍大營，揮舞馬刀，見人就砍，無數的北元士兵在黑暗之中恐懼萬分，以為這些人真是地獄中的妖魔鬼怪，完全喪失了抵抗的勇氣。

但太尉蠻子很明顯是個無神論者，他很快就意識到了這些不速之客正是他們的死敵——明軍，於是迅速跑到後軍組織還未被衝擊的部隊進行抵抗。其頭腦不可謂不冷靜，反應不可謂不快，但他一個人的努力是無法挽救元軍的。

他組織部隊趕去與明軍作戰，此時的明軍卻是士氣高漲，他們為了找到這些冤家，在沙漠裡吃盡了苦頭，受夠了累，好不容易找到了對手，積蓄多日的怒火終於發洩出來，個個以一當十，而元軍沒有提防，很多人還在飲酒作樂，哪裡是他們的對手！明軍時而分散，時而集中，把元軍大營衝成幾段，趕殺來不及上馬的元軍。太尉蠻子手忙腳亂，疲於應付，正在他指揮抵抗時，一個明軍趕到他的身後，狠狠地給了他一刀。這位清醒的抵抗者就此沉睡了。

蠻子死後，元軍更是大亂，沒有人再想去組織反擊，大家一哄而散，正是所謂：兵敗如山倒，你跑我也跑。

營帳內還在喝酒的脫古思帖木兒聽見營外大亂，頓時慌了手腳，逃跑也是有天分的，要先搶馬匹，看準位置，然後突然衝出，才算大功告成。在這方面，王保保可算是個行家，可惜脫古思帖木兒沒有王保保逃跑時的天賦和從容，慌亂之中只帶走了自己的長子天保奴和丞相失烈門。把老婆和次子地保奴及十餘萬部下都留給了明軍。

這回老底是徹底賠光了。

明軍繼續追趕著慌亂的元軍，在他們心目中似乎沒有繳槍不殺這一說，只是揮舞馬刀四處砍殺，北元軍完全陷入混亂，死亡的恐懼籠罩著每一個人，他們本是英勇的戰士，他們曾經縱橫天下，但現在，他們變成了待宰的羔羊。

皇帝已經跑了，統帥也死了，抵抗還有什麼用呢，於是很多人放下了武器。

牢飯畢竟也是飯，就這麼著吧。

當藍玉來到北元軍營時，他看到的是成群的俘虜和牛羊，是垂頭喪氣的北元貴族，是一場真正而徹底的勝利。

他遙望天際，仰天長嘯：「伯仁（常遇春字伯仁），終平矣！不負此生！」

捕魚兒海戰役就此結束，此戰徹底殲滅了北元的武裝力量，俘獲北元皇帝次子地保奴、太子妃並公主內眷等一百餘人、王公貴族三千餘人、士兵七萬餘人、牛羊十餘萬頭，繳獲了元朝皇帝使用了上百年的印璽。

以往無論元朝統治者如何敗退，每次逃跑時起碼還帶著印，從大都到上都，從應昌到和林，再到捕魚兒海，別管多差的地方，支個帳篷就能成立臨時政府，大臣是現成的，抓走一批再任命一批，這次連印都丟了，這套把戲也就不用再演了。

勝利的消息很快就傳到了朱元璋那裡，他並沒有大臣們想像中的興奮和欣喜，而是靜靜的坐著，二十年的努力，二十年的戰爭，太長了，長得似乎永遠沒有盡頭。

現在終於結束了，我的敵人崩潰了，和平和安寧將降臨我的帝國和我的臣民。藍玉，你沒有辜負我的希望！

他看著滿朝文武，說出了他一生中對部下將領的最高評價：「藍玉就是我的仲卿、藥師啊（仲卿是漢大將軍衛青，而藥師就是唐時名將李靖）！」

藍玉在極其困難的條件下，帶領十餘萬大軍深入不毛，奮勇作戰，徹底擊潰了北元，完成了他的先輩沒有完成的偉大功業，他確實無愧於這一評價。

北元的謝幕

逃亡中的脫古思帖木兒卻沒有朱元璋和藍玉的歡快心情，他的軍隊沒有了，大臣沒有了，甚至他的親人也不在了。

環顧身邊，只剩下了太子天保奴、知院捏怯來和丞相失烈門，十餘萬大軍僅剩數十人。沒有了臣民，沒有了士兵，本錢沒有了，再也不能去幹打劫的買賣。這次是真的失敗了。

為什麼會失敗呢，如果再走遠一點，如果天氣不是那麼差，如果不是有風沙，如果能多種點樹，做好環境保護，如果還有如果，我會失敗嗎？

說這些都沒用了，先到和林吧，王保保能在那裡東山再起，我也可以，只要重整旗鼓，我一定能重振元朝，恢復我祖先的光榮！

但這個夢想還沒有到達它的目的地，就在中途破滅了。

夢想破滅的地方叫土剌河，脫古思帖木兒在這裡遇到了一個叫也速迭兒的蒙古人，讓他想不到的是，正是這個蒙古人終結了北元。

也速迭兒到底是什麼人呢，我們還要從一百多年前說起：

西元一二五九年，蒙古大汗蒙哥率軍攻擊釣魚城，然而出乎他意料的是，城池沒有攻下，自己卻被城中發射的炮石擊傷，加上水土不服，不久就死去了。

蒙哥的死造成了一連串的後果，正在攻擊南宋的忽必烈立刻收兵回去爭奪汗位，而他的競爭者就是自己的弟弟阿里布哥，在這場王位爭奪戰中，阿里布哥戰敗，被幽禁而死。忽必烈最終成為了元朝的開國皇帝，他勝利了。

相對於黃金家族（成吉思汗的子孫稱黃金家族）的其他子孫而言，他的勝利延續了上百年，即使在被明軍趕出中原之後，他的子孫始終牢牢地把握著至高無上的大汗之位。

但失敗者是不會永遠失敗的，忽必烈的勝利在土剌河結束了，結束它的就是也速迭兒。他十分乾淨俐落的殺死了脫古思帖木兒和他的兒子天保奴，並奪走了大汗的寶座。

這個也速迭兒是脫古思帖木兒的親戚，但他還有一個身分，他是阿里布哥的子孫。一百多年過去了，他終於等到了這個機會。

仇恨往往比愛更有生命力，歷史無數次地證明了這一點。

也速迭兒殺死脫古思帖木兒後，自己當上了蒙古大汗，稱卓里克圖汗。但他的勝利也沒有延續多久，不久死去，而死亡的魔咒似乎就此附在了黃金家族的身上，他的繼任者也都在登基不久後就死掉了，黃金家族的最後一位繼承者坤帖木兒死於建文四年（一四〇二），他的部將鬼力赤篡奪了汗位，取消了元的國號，恢復了韃靼的古稱。

元就此滅亡了，黃金家族的光輝消散了。

一百九十六年前，鐵木真在斡難河（今蒙古鄂嫩河）召開大會，他豪情萬丈的看著臣服於他的諸侯，大聲宣告自己即蒙古國大汗位，他從此成為了蒙古的統治者，鐵木真這個名字不再被人們提起，取而代之的是偉大的成吉思汗。

這個名字從此響遍了整個世界，從東亞到中亞、西亞，再到東歐，黃金家族和它的士兵們呼喊著這個偉大的名字征戰全世界，橫跨歐亞的帝國就此建立。

然而還不到兩百年，這個大帝國和統治帝國的家族就此衰敗了，這個曾經的龐然大物只剩下了捕魚兒海的逃亡，土剌河的背叛和謀殺，和那夕陽下形單影隻的身影。

結束了，一切都結束了。

藍玉開始班師，這一戰使他的名望達到了頂峰，從此他不會再被人說成徐達第二或者常遇春第二，他的名字將和這些名將一起為人們所傳頌。

捕魚兒海戰役是藍玉一生的最高點，但在此之後，他卻頻頻出錯，最終走向了毀滅的終點。

二十一 藍玉的覆滅：昏著

昏著是圍棋用語，它的意思是指高明的棋手出現不該有的錯誤，把這個詞用在藍玉身上是很合適的，離開戰場後，這位英明神武的大將軍似乎就和任意妄為這個詞結下了不解之緣。

在歸途中，藍玉做出了一件頗為讓人不恥的事情，他欺負了元主的老婆，而這位女性性情也甚是剛烈，自殺了（私元主妃，妃慚自盡死）。

藍玉的行為違反了朱元璋的民族政策，也十分不得人心，朱元璋十分憤怒，但由於考慮到藍玉功勞很大，便沒有去更深的追究他，而藍玉卻以為這是默許的表現，更加猖狂起來。

此後，他的這類表演越來越多，在他回到喜峰關口時，由於已經是黑夜，守關的官員休息了，聽到有人叫關就立刻跑去開門，而藍玉卻做出了誰也想不到的事情。

他命令自己的士兵攻擊關卡，打破城牆強行闖入，還頗為洋洋自得。

這就太過分了，守關的官員也是人，人家已經跑去開門了，而你連一會都不願意等，難道你是趕去救火不成？

這兩件事讓朱元璋十分惱火，他原來準備封藍玉為梁國公，為了警告藍玉，他把梁字改成了涼字，大家從中也可以看出朱元璋對藍玉態度的轉變。

藍玉似乎也應該有所警覺了，但他卻注定是個有兩分顏色就要開染坊的人。不但繼續放任自己的行為，居然還把手伸到了軍權上，他不經過朱元璋的允許，在軍隊中任命自己的親信官員，布置自己的勢力。

這一切自然沒有逃過錦衣衛的眼睛，於是朱元璋開始考慮怎麼處理這個胡惟庸第二了。

藍玉是一個優秀的將領，卻在獲得成功之後做出如此多不法的事情，似乎是難以理解的。但其實只要聯繫我們前面提到過的納哈出投降事件，就能合理的解釋藍玉的行為。

從宴請納哈出時的傲慢到喜峰關的驕狂，我們可以給藍玉下一個結論，那就是：這是個粗人。所謂粗人，不是指他沒有文化或是行為粗魯，而是指他的行為欠考慮，為人處事不通人情，屬於那種想了就做，做了再想的人。其實他的性格一向如此，就算不在這件事上犯錯誤，遲早也會在那件事上捅婁子。

這就是所謂的性格決定命運吧，而關鍵問題在於，藍玉的命運並不完全掌握在他自己的手中，在很大程度上，他的生死只取決於朱元璋的容忍和耐心，而朱元璋並不是個有耐心的人。

藍玉很快就犯了新的錯誤，朱元璋考慮到藍玉的功勞，破例封給他太子太傅的官銜，我們前面已經說過，這是個從一品官職，一般官員只有在夢裡才能得到，可以說已經是位極人臣了。

而藍玉就像吃錯了藥似的，居然在很多人面前大叫：「以我的功勞難道不能給個太師嗎？」（我不堪太師耶）

這就不是要求進步了，是嫌自己活得太長。

朱元璋再也不能忍受了，如果他還能忍，他就不是朱元璋了。

他又一次亮出了屠刀。

要說明的是，在歷史上，藍玉被殺的原因還有另外一種說法，據《明通鑒》記載，藍玉被殺和燕王朱棣有莫大的關係。

朱棣是朱元璋的第四個兒子，他的行事方法和手段都很接近朱元璋，所以很多人都說他最像朱元璋，此人後來的故事大家應該也有所了解了，這裡先不說他，後面自有專題介紹。

藍玉是常遇春的內弟，而常遇春的女兒又是太子朱標的妃子，所以藍玉和太子的關係很好，在出征納哈出回來後，這位仁兄找到太子，對他說：「燕王不是一般人，遲早是要造反的，我找過人望他的氣，有天子氣象，你一定要小心。」

藍玉算是夠朋友，把這些話對太子說了，只是希望太子小心，但他忘記了一句成語「疏不間親」，你藍玉最多不過是個外戚，怎麼能和親兄弟比！

太子後來在閒聊時把藍玉對他說的話告訴了燕王朱棣，於是朱棣便狠狠地告了藍玉一狀。朱元璋在朱棣的挑撥下才對藍玉動手。

當然這只是一種說法，在我看來，藍玉被殺的主要原因應該還是他的驕縱不法，無論如何，朱元璋決定要對藍玉下手了。

既然決定要動手，先要給藍玉一個罪名，畢竟程序還是要走的。總不能無緣無故就拉出去砍頭，如果要告藍玉小偷小摸，應該不會有人相信，而當時包二奶等生活作風問題似乎還是一種榮耀。

看來還是謀反這個罪名好一點，標題醒目，主題鮮明，且方便實用一看就懂，我們一直用它。

洪武二十六年二月，錦衣衛指揮蔣瓛告發藍玉謀反，洪武四大案的最後一案——藍玉案終於拉開了序幕。

無數人頭即將落地。

在錦衣衛告發後，朱元璋很快就逮捕了藍玉，並將他下獄審理，公正的說，藍玉狂妄不法是有實據的，但謀反實在沒有真憑實據。作為一個新貴將領，沒有深厚的根基，沒有充足的準備，藍玉是不敢造反的。

欲加之罪，何患無辭。

估計藍玉在牢裡是挨了不少黑棍的，因為這個本來沒有謀反打算的人居然寫出了長篇供詞，不但說明了自己造反的企圖，還供出了企圖謀反的方式、地點，看來他在監獄中應該出演了一次監獄風雲的主角。

既然藍玉招認了，那就殺了藍玉結案吧。可就如前面所說，如果朱元璋真的這樣做了，他也就不是朱元璋了。

但凡謀反，肯定不會只有一個人的，這就是線索，就要查下去，於是張三李四王二麻子都出來了，錦衣衛玩這一套也是十分有經驗的（具體操作過程及方法參見胡惟庸案件）。

最後一共牽扯出多少人呢，經查，藍玉同黨共一萬五千人。從這個數字看，藍玉平時的人際關係還是不錯的。

藍玉本人被滅族，被他牽連的人數不勝數，因此案被殺的共有一個公爵，十三個侯爵，兩個伯爵，各級官員更多，那些在胡惟庸案中倖存下來的人曾經心存僥倖，但他們不會想到的是，自己也不過多活了十幾年而已，終究沒有逃過這一刀啊。

這些因為藍玉案被殺的人死後也沒有得到安息，他們的名字被編為《逆臣錄》，我估計了一下，如果列出一萬五千人的名字，列名至少是兩個字，加上名字就是五個字。這份《逆臣錄》大概在三萬字到七萬五千字左右，趕得上一份碩士論文的字數。

但這篇論文的不同之處在於，文章中的每一個字都是用血寫成的。

藍玉案把洪武年間的功臣宿將幾乎一掃而空，從洪武十三年的胡惟庸開始，到此也應該告一段落了，該殺的殺了，不該殺的也殺了，大家歇歇吧。

藍玉的一生是極富戲劇性的，他的前半生一直籠罩在名將的陰影中，沒有太多表現的機會，歷史並沒有虧待他，在他的後半生讓他成為了主角，建立了自己的功業，卻又在他最出鋒頭的時候將他拉下馬，難道這是天意嗎？

當然不是，藍玉的悲劇並不是歷史造成的，而是他性格缺陷的必然結果，但值得欣慰的是，他終究不負名將之名，用赫赫戰功證明了他自己，他的不朽功績將記入史冊，為後人追憶。

從這個角度來看，他似乎又是幸運的。

那一夜，我夢見百萬雄兵。

真正的動機

在藍玉案中朱元璋揮動屠刀，還有更深層次的原因。

其實大家也可以想到，殺掉一個小小的藍玉何必要牽連這麼多的人，而且藍玉並不是胡惟庸，他的同黨並不多。朱元璋卻不斷的把很多無辜的人當作藍玉的同黨殺掉。這就值得我們細細分析了，朱元璋行為的背後到底隱藏著什麼目的？

我們的偵探又該上場了，前面說過，很多看上去不相干的事情，其實是有著緊密的聯繫的。在那枯燥的歷史資料裡面往往隱藏著事實的真相，只等著你去發掘，在藍玉案中也是如此，答案可能就在那紛繁複雜的歷史事件中，各位偵探開始自己的偵查吧。

我先說一下自己的思路吧，藍玉案件發生的時間是在洪武二十六年二月，我們以此為線索，看看在這一年的前後出現過什麼事件呢？這些事件應該對藍玉案的處理有著深遠的影響。

在經過一段時間的查找和分析後，我找到了自己的答案。

史載：洪武二十五年四月，太子朱標病亡，其子朱允炆繼太子位。

如果聯繫起來仔細思考一下，朱元璋的行為也就不難理解了。朱標是朱元璋的長子，但並非嫡子（其母為庶母），而朱元璋卻早早地將他立為太子，可見他對朱標是很滿意的。朱元璋對朱標的深厚感情使得他在朱標死後選擇了朱標的兒子朱允炆繼承皇位。

這個選擇應該說也是不錯的，從後來的情況來看，朱允炆也是個很好的繼承人。但問題在於，朱允炆太小了，他不像自己的父親，經歷過開國時期艱苦的考驗，也沒有駕馭群臣的手段。

藍玉這一批開國功臣，文韜武略，能謀善斷，只有朱元璋能夠控制他們，朱標也還算有點威信，用俗話說就是還勉強能壓得住陣，但朱允炆就完全沒辦法了。自己辛苦打下的江山，豈能拱手讓人，良弓走狗之類的要先清理乾淨，這樣才能保證朱允炆的皇位。

現代的史書對朱元璋殺功臣的動機目的也基本持上述觀點，但我們不能人云亦云，我們應該通過對史料的聯繫分析，得出自己的結論，這才是科學的歷史觀。

朱元璋殺掉了那些能幹的大臣，但他還要考慮到，必須有人去保衛國家，而那些未經歷過戰爭考驗的書呆子是不能完成這一使命的。朱元璋完美的解決了這一矛盾（至少他自己這樣認為），他把自己的幾個兒子分封到了各地，這些人歷史上稱為藩王，允許他們擁有軍隊。

我們不得不佩服朱元璋，他也想到了這幾個藩王有可能會造反，於是他創造了一整套制度來制衡各藩王的權力，這一制度我們將在後面詳細介紹。應該說他所制定的藩王制衡體系相當完善，但並不完美。再仔細的人也會有疏漏，朱元璋也不例外，他的這個體系有一個微小的漏洞，後來的事實證明，這個漏洞雖小，卻是致命的。

另一個故事也可以說明朱元璋殺害功臣的動機。

有一次，朱元璋又要殺掉大批功臣，朱標看不過眼，勸他：「陛下殺人太多，恐傷了和氣。」朱元璋不作聲，叫人找了一根帶刺的木棍丟在朱標面前，讓朱標去撿。朱標也不是白癡，看見有刺自然不動手。朱元璋冷冷的看著他說：「我殺人就是要替你拔掉這根木棍上的刺，這些都是危險人物。」

這件事很清楚地說明了朱元璋的動機，但這個故事還有下半部分，從這一部分裡我們能夠了解朱標是怎樣的一個人，朱標身為太子，卻從來沒有享受過皇帝的尊榮，但他也是一個重要的人物，我們有必要介紹一下他。

出乎朱元璋意料的是，他的口氣並沒有嚇倒朱標，這個平時說話輕聲細語的兒子居然敢反駁，而且話說得十分難聽。

朱標以同樣冷淡的口氣說道：「皇帝是堯舜一樣賢德的君主，大臣才會是擁護堯舜的臣民。」

這句話分量實在太重，隱含的意思就是有什麼樣的皇帝，就會有什麼樣的臣子，你自己不賢明，怎麼能夠怪大臣呢？

朱元璋被驚呆了，這個老實巴交的兒子居然敢挖苦自己！他勃然大怒，拿出當年打天下的氣勢隨手操起武器——座椅，朝太子擲去，朱標身手敏捷，躲了過去，但朱元璋的這一動作還是讓他嚇得不輕，回去就生了重病。

從這個故事裡我們可以看出，朱標確實是一個仁慈的君主，而且他敢於堅持原則，屬於外柔內剛的性格。朱元璋一生看人都很有一套，他選擇的這個繼承人也應該是相當不錯的。

值得注意的是，我們從朱標的話語裡也可以看出他有著卓越的見識，那一句「皇帝是堯舜一樣賢德的君主，大臣才會是擁護堯舜的臣民」實在很有見地，如果後來的崇禎皇帝能夠懂得這一點，他的天下可能也不會丟得這麼快，更不會發出「大臣皆可殺」的感歎了吧。

無論從哪個角度看，朱標都是理想的繼承人，他自幼跟隨朱元璋，謙恭待人，和大臣有著良好的關係，見識過腥風血雨而處變不驚，有著豐富的處理政事的經驗。

朱元璋對朱標也很重視，他在洪武十年（一三七七）已經將很多政事交給朱標處理，並告訴了朱標處理國家大事的四字訣「仁、明、勤、斷」，將全部的希望寄託在朱標的身上，可以說當時的朱元璋最信任的只有兩個人，一個是馬皇后，另一個就是太子。

然而上天似乎是要懲罰朱元璋，朱標比朱元璋更早去世，這個噩耗徹底摧垮了朱元璋，他不顧大臣的勸阻，將皇位傳給了年紀尚小的朱允炆。這也可以看出他對這個兒子的感情之深。

我們從中可以看出，朱標確實是實至名歸的繼承人。

然而在某些史料中卻有著截然不同的記載，這又是怎麼回事呢？

歷史是可以篡改的

記載朱元璋事蹟最重要的史料之一《明太祖實錄》中是這樣記載的，首先還是老一套，說朱棣剛生出來的時候，到處冒光及五色滿室（具體描述可參考朱元璋出生紀錄）。然後說朱元璋十分喜歡朱棣，不喜歡太子和太孫。甚至說朱元璋屢次要改遺囑，臨死前要傳位給朱棣，是被太子矯詔阻止的。

這些情節我們都似曾相識，沒有什麼新意，但這畢竟是史料上的記載，我不得不慎重的進行分辨。

我們說過，此文不但要敘述那段歷史，還會告訴大家一些分析歷史的方法，如之前講過，看一段史料先要辨明材料作者是誰，有什麼傾向，掌握了這個規律可以讓我們少走很多彎路。

所謂《明實錄》是明朝史官的歷史紀錄，自永樂奪位後，對前朝歷史多有篡改，已是不爭的事實，朱棣為了說明自己不是奪位，對繼承人的確定問題更是極為重視，出現這些記載當不在意料之外。

而更具有說服力的是，後世的史官及正統史料都沒有採納這些說法，這些經驗豐富的歷史學家們仔細分辨和篩選了史料，他們對這些記載的態度是很能說明問題的。

根據以上情況，我們應該可以推定，朱標和朱允炆是當之無愧的繼承者。不可否認的是，朱元璋和朱棣的性格和做事方法是很相像的，但這並不能成為朱元璋想要傳位給朱棣的證據。

事實上，朱元璋後來已經認識到其為政過嚴的問題，他教導太子「以仁治國」，並對早年政策多有修正。朱元璋是一個成熟的政治家，他明白張弛治國的道理，選擇仁慈的朱標為繼承人是合情合理的。

朱標是一個不幸的人，他的一生都生活在朱元璋那龐大的身影中，沒有自治、自決的權力，生命線也不長，而他的兒子朱允炆更是不幸。這父子倆算得上是難兄難弟。

雖然歷史已經過去了幾百年，那些故往早已淹沒在黃沙之中，但我們還是應該從那些史料堆中找出真相，還朱標父子一個公道。

因為遲到的公道仍然是公道。

二十二　制度後的秘密：朱元璋和明朝法制建設

上面我們介紹了朱元璋時代的一些重大事件，接下來要對明初的制度作一個概括性的介紹，這些制度對整個明代都有著深刻的影響，更重要的是，在這些制度背後隱藏著一個秘密，而這個秘密就埋藏在朱元璋的心中。

說起法制建設，大家可能很難把這個現代化的觀點和封建君主聯繫起來，但朱元璋實在是個了不起的人，他不但制定了完備的法律，還成功的普及了法律。

我們之前說過，朱元璋制定了《大明律》，並規定了五種刑罰，分別是笞、杖、徒、流、死。翻譯成現代語言就是小竹棍打人、大木板打人、有期徒刑、流放、死刑。當然按照朱元璋的性格，他是不會滿足於這幾種處罰方式的，這五種只是正刑，另外還有很多花樣，之前已經介紹過，這裡就不多講了。

而在明初普及法律的教育中，最重要的並不是《大明律》，而是一本叫做《大誥》的書，這到底是本什麼樣的書呢？為什麼它比《大明律》還重要呢？

所謂《大誥》是朱元璋採集一萬多個罪犯的案例，將其犯罪過程、處罰方式編寫成冊，廣泛散發。那麼為什麼朱元璋要推廣《大誥》而不是《大明律》呢？只要細細分析，我們就可以發現朱元璋確實是個厲害的人物。

根據法理學的分類，《大誥》採用了案例，應屬於判例法，這麼看來朱元璋還頗有點英美法系的傾向。朱元璋正確的認識到，要老百姓去背那些條文是不可能的，而這些案例生動具體。個個有名有姓，老百姓吃完了飯可以當休閒讀物來看，就如同今天我們喜歡看偵探故事一樣，更重要的是，裡面還詳細記述了對這些犯人所使用的各種酷刑，如用鐵刷子刮皮、抽腸、剮皮等特殊行為藝術，足可以讓人把剛吃進去的東西再吐出來，然後發誓這輩子不犯法。

把犯人的罪行和處罰方式寫入《大誥》，並達到警示作用，實在是一種創舉。

但問題還是存在的，因為當時的人們文化程度普遍不高。文盲佔人口的大多數，沒有希望工程，讀過小學（私塾）的已經很不錯了，大家在電視上經常可以看到，城門口貼著一張告示，一個人讀，無數人聽，並不是因為讀的那個人口才好，而是由於大家都不識字，這是符合客觀事實的，老百姓素質低，即使是通俗的案例也很難普及。

朱元璋再有辦法，也不能代替那麼多的老百姓去聽，去讀。這實在是個難以解決的問題。但奇人就是奇人，朱元璋用一個匪夷所思的辦法解決了問題。

他的辦法具體操作如下：比如張三犯了罪，應該處以刑罰，縣官已經定罪，下一步本來應該是該坐牢的去坐牢，該流放的流放，但差役卻不忙，他們還要辦一件事，那就是把張三押到他自己的家中，去找一樣東西，找什麼呢？

就是這本《大誥》，如果找到了，那就恭喜張三了，如果本來判的流放，就不用去了，回牢房坐牢，如果是殺頭的罪，那就能撿一條命。

反之，家裡沒有這本書，那就完蛋了，如果張三被判為流放罪，差役就會先恭喜他省了一筆交通費，然後拉出去咔嚓掉他的腦袋。

其實從法理上說，家裡有這本書，說明是懂得法律的，按照常規，知法犯法應該是加重情節。不過在當時而言，這也算是朱元璋能夠想出來的最好的方法了。

朱元璋通過這種方式成功的普及了法典，雖然具體效果不一定很好，但他畢竟做出了嘗試。

朱元璋的特殊規定

在洪武年間，朱元璋規定了很多奇怪的制度，如果要都寫出來，估計要十幾萬字，這裡只簡單介紹其中幾種。不要小看這些制度，在這些制度的背後隱含著深刻的含義。

在那個時候，人去世是不能隨便說死的，要先看人的身分，具體規定如下：

皇帝死稱崩、公侯貴戚死稱薨、大臣死稱卒、士死稱不祿、庶人死才能稱死。

這個規定給人們製造了很多麻煩。比如當時官員的喪禮，擺出靈堂，眾人祭拜。當時有很多人都搞「撞門喪」。所謂「撞門喪」是指祭拜的人和死掉的人不熟，有的根本就不認識。但同朝為官，死者為大，無論好壞都去拜一拜，具體操作過程如下：

進到靈堂，看清神位位置，如果不認識這人，就要先記住神位上的名字，然後跪地大哭：某某兄（一定要記準名字），你怎麼就死了啊，兄弟我晚來一步啊。

如果你這樣說了，大家就會懷疑你是來砸場子的，你祭拜的是官員，怎麼能用庶民的說法呢？

正確的方法是這樣的，進到靈堂，先去問家屬：您家老爺前居何職？

家屬回答：我家老爺原是兵部武選司郎中。

這時心裡就有底了，這是個五品官，該用「卒」。

那就拜吧。

別忙，還要再問一句：您家老爺可有世系爵位？

家屬回答：我家老爺襲伯爵位。

還是仔細點好啊，差點就用錯了。這時才能去神位前，跪地大哭：某某兄，你怎麼就薨了啊，兄弟我晚來一步啊。

大功告成，真累啊。

其實稱呼上的規定前朝也有，但並沒有認真執行過，而在洪武年間，如果違反這些制度規定，是會有大麻煩的，除了稱呼外，當時的老百姓也被分成了幾個種類。

職業分配制度

當時的人按職業劃分可大致分為：民戶、軍戶、匠戶。

其中民戶包括儒戶、醫戶等；軍戶包括校尉、力士、弓兵、鋪兵等；匠戶分委工匠戶、廚役戶、裁縫戶等。

這些戶的劃分是很嚴格的，主要是為了用人方便，要打仗就召集軍戶，要修工程就召集匠戶。

看上去似乎也沒有什麼問題，但其實缺陷很大。

比如你是軍戶，你的兒子也一定要是軍戶，那萬一沒有兒子呢，這個簡單，看你的親戚裡有沒有男丁，隨便拉一個來充數，如果你連親戚都沒有，那也不能算完，總之你一定要找一個人來當軍戶，拐來騙來上街拉隨便你，去哪裡找是你自己的事情。

再比如你是匠戶中的廚役戶，但你說你不懂廚藝，那也不要緊，人去了就行，只要人數對得上就沒問題，反正你做的飯我也不吃，誰吃了拉肚子我也不管。

我們可以看到，這樣的劃分實在是不科學的，不但民戶軍戶這些大戶之間不能轉，同一戶內不同的職業也不能轉，萬一打仗時要召集弓兵戶，偏偏這些人從小沒有練過拉弓，那也沒辦法了，每人給一把弓就上吧。這樣的軍隊戰鬥力是不能保證的，又如召集醫戶，如果召來的都是一些不懂醫術的，那可就要出人命了。

這是老百姓。官員們也不輕鬆，他們衣服穿著和顏色搭配、用料、圖案都有著嚴格的規定，如違反，是要殺頭的。

如朝服冠上的梁數，一品七梁，二品六梁，往下遞減，不能多也不能少，這衣服是祭祀典禮要穿的，平時上朝要穿公服，公服的規定也極為複雜，從一品到九品，從文官到武官，衣服顏色不同、花紋不同、花徑不同、衣服上的補片也不同。

回家之後也不輕鬆，不能穿睡衣之類的衣服走來走去，要穿常服，這常服也不能隨便穿，不同品級也有規定，如腰帶，一品用玉、二品用花犀，以下各不相同。

如果你不小心穿了常服去上朝，或是穿了公服去祭祀，繫錯了腰帶，穿了黃色內衣，只要被人發現，就是嚴重錯誤，可能要殺頭的。

這些制度看上去眼花繚亂，但他們之間是存在著聯繫的，如果我們仔細的對這些制度進行分析，就會發現，這些制度的背後隱藏著某種目的。

除了這些制度外，朱元璋還為他的臣民們設置了嚴格的規定，他貴為天子，卻給全國幾乎所有的行政機關都分好了工，行政公務、司法裁決、倉儲準備、人口統計，甚至連街道清潔都逐一分配到人。不但如此，他還詳細說明工作該怎樣去做，相當於今天買電器時附送的說明書，一一列舉唯恐不能窮盡，如人口統計時要注意哪些事項，如何進行核查，隱瞞人口的常用手段等等都列明出來。估計要是再詳細點，他還會規定清掃街道時怎樣使用掃帚，出門時該先邁哪隻腳。這樣看來，在朱元璋手下做事倒也不累，相信只要不是白癡，能看懂朱元璋配發的說明書，都是能夠做好工作的。

此外他還禁止農民進城打工，規定所有老百姓只能在自己的生活範圍內活動，在所有的交通要道上設置了關卡，人們要走出規定地域，必須持有官府出具的路引。這玩意可千萬要收好，如果丟了，守關卡的士兵會直接把你當成逃犯，抓走充軍，目的地是去不成了，家也不用回去了，很可能過那麼幾年，這位丟了路引的兄弟也站在關卡當檢查員了。

說到這裡，大家應該也能看出來了，朱元璋要建立的是一個等級分明，秩序嚴謹，近乎僵化的社會結構，在這個結構中，農民只能種地，商人只能經商，官員按照規定做好自己的工作，無論誰都不能越界。軍戶、民戶、匠戶的劃分決定了在那個時代找工作從來都不是難題，不用費盡心思設計什麼簡歷，洗乾淨臉，打好領帶去參加面試。因為除了那些讀書厲害的人之外，所有人的工作都是在投胎的那一刻決定的，你爹幹嘛，你也幹嘛。

應該說這是一個近乎完美的模型，在這個模型中，所有人都各司其職，互不干擾，他們就像無數條永不相交的平行線，一同組成強大的明帝國。這些制度之嚴密、周到，即使在今天看來，也堪稱典範。

我們不得不佩服朱元璋，他不但打下了江山，還耗盡心力制定了如此完美的規章制度。他的目的也很明確：

明帝國的所有問題我朱元璋都給你們解決了，制度也有了，方法也有了。後世子孫照著做就是了，我辛苦點沒有關係，你們就等著享福吧。

可惜模型始終只是模型。

規則的漏洞

在這個世界上，從來就不存在著完美的東西，任何制度都有缺陷，任何體系都有漏洞。朱元璋的這個體制也不例外。

事實證明，他的體系經不起時間的考驗，而且還出現了很多朱元璋本人做夢都想不到的意外。

朱元璋廢除了丞相制度，限制大臣的權力，然而明朝的內閣比以往的任何丞相都更專權。

朱元璋規定老百姓不得四處流動，然而明朝中後期流民成風，四處遊蕩，絲毫不受束縛。

朱元璋頒布了抑制商業發展的條令，並規定商人不得穿著綢紗等貴重衣物，然而大規模的工商業發展正是從明朝開始，而那些本應該是社會最底層的商人卻穿金戴銀，甚至登堂入室，為官經商。

朱元璋嚴令太監不得干政，可是明朝的閹宦卻個個都是重量級的（這與他廢除相權有關）。

朱元璋給他的所有子孫都準備了爵位和俸祿，然而一百多年後，他的很多後代都家道中落，窮困潦倒。

這些朱元璋認為可以用千年萬年的制度，在短短的百餘年間已經煙消雲散。甚至他的繼承者們也不再認真遵守這些規定，他們口中說著太祖成法萬年不變，實際上卻是各有各的辦法。偶爾有那麼一兩個腦袋不開竅的叫囂著要恢復祖制，換來的卻是眾人嘲笑的眼神，甚至連當時的皇帝也不以為然。

實際上，朱元璋為了保障自己的這套制度模式能夠貫徹實施下去，對那些敢於改動和違反者，制定了嚴厲的處罰措施，如他曾銘文規定太監干政者，殺；敢議立丞相者，殺，等等。可是這些措辭嚴厲的規定從來就沒有真正發揮過作用。太監還是照常干政，內閣還是行使著丞相的權力，此路不通就繞道走，誰也沒把太祖成法當回事。

更讓朱元璋想不到的是，他規定的事情往往都向著反方向發展，用俗話說就是怕什麼來什麼。在朱元璋的面前似乎有一個看不見的對手，朱元璋想往東，這個對手偏要向西。朱元璋想吃飯，這個對手卻給他喝水。

這個對手並不是虛無的，我們之前提到過他的名字——歷史規則。

如果我們細細分析一下朱元璋制定的這些制度，就會發現很多問題。比如他規定商人不允許穿好衣服，限制商人的政治地位，如有違反，就要處以重刑。

然而這規定真的行得通嗎？

農民有權穿紗，卻買不起，商人雖然地位低賤，但他們有錢，有錢才能買得起那些貴重的東西，農民沒有錢，所謂的權力也就成了一句空話，他們連飯都不一定吃得飽，哪裡還談得上穿什麼衣服？這不是拿窮人開心嗎？（雖然他本意並非如此）

類似的制度缺陷還有很多，這些制度本身並沒有什麼大問題，但遺憾的是並不一定適應情況的變化。因為朝廷的收入不斷的增加，經濟不斷的發展，在此基礎上，人們的生活方式和行為方式也會發生變化，墨守成規的制度最終一定會被歷史所淘汰。

朱元璋制定的這套政策是適應明朝初年的情況的，事實證明，這些制度促進了生產的發展和恢復。但朱元璋雖是能人，卻不是超人，他是皇帝可為所欲為，但他不能也無法停滯歷史的進程，當他把自己的這些制度和方法作為「萬世不變之法」流傳下來後，這些過時的玩意在後人眼中就會變得荒謬和不適用，並成為絆腳石。

朱元璋這一生有過很多厲害的對手，頑強的張士誠、兇狠的陳友諒、糾纏不清的北元、狡猾的胡惟庸、驕橫的藍玉，這些人都是一代人傑，然而他們都敗在了朱元璋手下。直到他遇到了最後一個敵人——歷史規則。

在歷史的進程中，命運之神會從芸芸眾生中挑選一些人，給他們建功立業的機會。如果你被挑中，實在是一件幸運的事情。但你同時也必須認識到，這是一場殘酷的比賽，當機會到來時，你若要真的有所建樹，就必須比其他人更優秀、更強大，因為最終的勝利者只有一個。

四十多年前的一個夜晚，命運之神來到了朱重八的床邊，將一柄劍和一把鑰匙交給了他，他告訴朱重八：用劍去推翻殘暴的元朝，用鑰匙去打開那扇新的大門，你將建立自己的王朝，獲得你應得的榮耀！

朱重八莊重的接收了這兩份禮物，他沒有辜負命運之神的期望。在那漫長而艱苦的歲月裡，他用自己天才的軍事和政治才能，戰勝了所有的競爭者，獲得了最終的勝利。

他不再是那個窮困潦倒的朱重八，而是重權在握的開國皇帝朱元璋！他認為自己已經有足夠的力量改變原先的規則，創造自己的體系。

但他錯了，無論他如何強大，在歷史的眼中，他只不過是一顆小小的棋子。

他可以影響少數人於永遠，也可以影響多數人於暫時，但他無法影響多數人於永遠。

毫無疑問，朱元璋是那個時代最傑出的人物，他有著卓越的軍事和政治天賦，精力充沛，他執政三十一年，勤勤懇懇日夜不息的處理政務，一個天才加上勤奮，世上還有什麼事情是他做不成的呢？

他相信自己能夠操控一切、改變一切，他已經憑藉自己的才能獲得了命運之神的垂青，成為了這片廣闊大地的統治者。但他並不滿足，所以他按照自己的設想創造了一整套獨特的社會體系和架構。他相信，就如同以往一樣，他會勝利的，事情是會按照他的設想進行下去的。

可是歷史規則這個對手與之前的都不相同，他無影無形卻又無處不在。他沒有去招惹朱元璋這位強人，卻不斷的纏擾著朱元璋的子孫，而朱元璋的體系也在時間的磨礪下變得千瘡百孔，最終失去了控制力和約束力，歷史固執的按照自己的邏輯方式走了下去。

事實證明，在這場鬥爭中，朱元璋失敗了。

原因何在呢，答案看起來似乎深不可測，其實很簡單：

因為朱元璋只是歷史的執行者，他並不是歷史的創造者。

即使沒有朱元璋，也會有李元璋、王元璋來完成歷史的使命，推翻舊的王朝，建立新的帝國。歷史是一個好客的主人，但卻從不容許客人取代它的位置。歷史也從來就不是一個人或是幾個人可以支配創造的。所謂時勢造英雄，實乃至理名言。

那麼誰才是歷史的創造者？又是誰支配著這些歷史規則呢？

真正創造支配歷史的是稻田裡辛勤勞作的老農，是官道上來往的商賈，是朝堂上進言的官員，是孤燈下苦讀的學子。

是的，正是這些普通人創造和支配著歷史，他們中的大多數人注定沒沒無聞，都無法在歷史上留下自己的名字，但他們也是偉大的，他們用自己勤奮的工作不斷推動著歷史的前進，他們才是歷史真正的主人。

從古至今，從無例外。

在解構了朱元璋的體系後，讓我們回到洪武時代，還有一些對後世影響深遠的事件是必須述說的。

可怕的錦衣衛

特務政治是明朝的一個特點，其代表機構就是錦衣衛。

錦衣衛這個名字對我們而言只是一個歷史概念，但明朝的人們提起這個名字卻是談虎色變。這是一個奇特的機構，它原本只是一支軍隊，是皇帝的親軍二十六衛之一。這些部隊由皇帝本人指揮，各有各的職責。

按說親軍應該整日在皇帝身邊，是個不錯的職業，但你可不要以為當上親軍就能飛黃騰達，比如親軍二十六衛中的孝陵衛就是守墳的。整日只能和陵墓打交道，如果不幸被選入孝陵衛，恐怕一輩子也見不到活著的皇帝了。

相比而言，錦衣衛就厲害得多了，它是皇帝的衛隊，出行時負責保衛，此外它還是儀仗隊，上朝時掌管禮儀。所有錦衣衛的成員服裝整齊，穿著飛魚服，佩戴繡春刀。正是由於錦衣衛承擔著如此重要的職責，且都是皇帝身邊的人，他們漸漸的成為了皇帝的耳目，負責打探情報和懲處大臣。

這個機構的可怕之處在於，他們不受任何部門的管轄，只聽皇帝的指揮，其機構也比較簡單，指揮使一人（正三品）為最高統帥，下各設同知、僉事、鎮撫二人、千戶十四人，這些是錦衣衛的高級領導。

明初加入錦衣衛的人都要進行嚴格審查和面試，必須保證是良民，無犯罪前科，並經過精心挑選和各種訓練，順利通過這些考驗的人才能成為錦衣衛。

錦衣衛的主要職責是偵查大臣們的行動，並隨時向皇帝報告，他們還掌管著「廷杖」，負責懲處違反皇帝意志的大臣，而在大臣眼中，這是一群極為可怕的人。洪武年間，如果大臣家有錦衣衛上門，他就會收拾好衣物，和家人告別，然後一去不返。

此外，錦衣衛還負責收集軍事情報、策反敵軍高級軍官的工作，如在後來的萬曆朝鮮之戰中，錦衣衛表現的相當活躍，收集了大量日軍情報，為戰爭的勝利作出了貢獻。

錦衣衛的另一個可怕之處在於，他們不受司法機關的管轄，可以自己抓捕犯人，並審判判刑。在逮捕犯人前，錦衣衛指揮會發給所謂「駕帖」，大家可能在「新龍門客棧」中看到過這件東西，要說明的是，「駕帖」並不是身分證明，而是逮捕證。

錦衣衛持有此物逮捕人犯不受任何人阻攔，如有反抗，可格殺勿論。由於錦衣衛擁有幾乎超越一切的權力，無論刑部還是大理寺見到錦衣衛都避而遠之。

錦衣衛還有自己的監獄，稱為「詔獄」，此獄名氣之大，甚至超過了刑部的天牢，因為能被關進這個監獄的都絕非普通人，往往不是大忠大善就是大奸大惡。

事實證明，這些人的工作效率確實很高，在胡惟庸和藍玉案中，錦衣衛晝伏夜出，四處打探，以不怕錯殺，只怕漏殺的精神找出了許多所謂的同黨，並一一處決。這兩宗案件也大大提升了錦衣衛的名聲。

毫無疑問，這是一群可怕的人，他們重權在握，除皇帝外不受任何人管轄，是皇帝重要的統治工具。

但這一機構的始創者朱元璋卻深刻的認識到了特務政治的危害，他知道如果放任下去，國家法律的約束性和權威性將蕩然無存，於是在洪武二十六年（一三九三），他命令撤銷錦衣衛，並下令

所有司法審判行為必須由司法機關執行。（詔內外獄無得上錦衣衛，大小咸經法司）

為了顯示廢除錦衣衛的決心，朱元璋還當眾焚毀了錦衣衛的刑具，以示永不重開之意。

然而很多事情只要開了頭，就很難收尾了。

錦衣衛這個獨特的機構將在後來的明朝歷史中扮演重要的角色，我們以後還會經常和它打交道的，現在就先放下吧。

一個盟友的加入

就在朱元璋逐步解決國內問題時，明帝國的東北邊界發生了一件令人意想不到的事情，這件事將對明朝後來的發展產生深遠的影響。

事情的發生地是高麗王國。

高麗王國是王建於西元十世紀建立的，這個王朝取代了之前的新羅王國，一直延續下來，但這個高麗王朝與明朝的關係並不好，這是有著歷史原因的。

在元朝建立之後，發兵攻打高麗，高麗最終不敵，被迫屈服蒙元。而元朝統治者按其一貫的方針政策，將本是隸屬過的高麗歸併為元朝的征東行省。元朝還隨意廢除高麗國王，其目的在於通過王室的通婚，將高麗牢牢控在手中，他們是這樣想的，也是這樣做的，從元世祖到元末，元朝皇帝先後將七位公主下嫁高麗國王。

這樣看來，和親這一招永遠都是有用的，萬一有一天雙方打起來，只要把七姑八姨的拉出來，讀一下家譜，考證出閣下是我姐姐的兒子的堂弟的鄰居等等，就能把對方說得目瞪口呆，收兵回家。

元朝的目的達到了，經過長期的相親介紹和血緣分配，三代高麗國王都帶有元朝皇室血統。當然了，如果要算出到底是哪一輩的，互相之間怎麼稱呼還是要翻家譜的。

正因為高麗王室與元朝皇室的血統聯繫，在朱元璋建立明朝，元朝統治者被趕出中原後，高麗仍然依附於元朝。

朱元璋很明白一個穩定邊界的重要性，他在明朝建立後，就派遣使臣出使高麗通報國號年號，意圖與高麗建立宗藩關係。

在利害關係面前，親戚關係是不一定管用的，事情的發展又一次證明了這一點。

看到元朝敗退，高麗王朝國王王顓便斷絕與元朝的關係，受明朝冊封，趁機擺脫了元朝的奴役。然而事情總是一波三折，高麗王朝裡還有很多人是元朝統治者的親戚，他們自然不甘心被明朝控制。於是親元與親明的勢力展開了長達十餘年的鬥爭。

後王顓十歲的養子江寧君辛隅繼位。這位國王是傾向北元的，但他為了不得罪明朝，也派遣使者去為他的父親請封謚號（高麗國王的謚號按例由明朝確認）。本來事情還是順利的，明朝派遣使節林密、蔡斌前往高麗，然而此二人在從高麗歸國途中被人劫道，不但隨身物品被搶，人也被殺掉了。

按說這件事不一定是高麗做的，因為在自己地盤上做這些事就等於在凶案現場寫下殺人者係某某，太過招搖，此事恐怕是北元派人做的。

但朱元璋豈是好得罪的？陰謀居然耍到了他的頭上，怎肯干休！他暴跳如雷，收回了給王顓的諡號，表示絕不承認辛隅的國王地位。高麗也是一肚子苦水沒辦法倒，只好轉而向北元請封，獲得了高麗國王、征東行省左丞相的封號。

至此，明朝與高麗王國決裂，雙方亮出了兵刃。眼見一場大戰又要開打，但刀劍雖然沒得商量，帶刀劍的人卻是可以商量的。

高麗國王決定動手了，洪武二十年（一三八七），馮勝和藍玉率領軍隊打敗納哈出，控制了遼東，並在遼東設了鐵嶺衛都指揮使司，控制了鐵嶺，這可是一個敏感地帶，因為鐵嶺在元朝時就是元朝和高麗之間的國界。高麗一直想佔據這個緩衝地帶，而明朝的軍事行動無疑打亂了高麗王朝的如意算盤。

高麗國王辛隅畢竟政治經驗不足，居然去找朱元璋要求獲得鐵嶺的領土，這一要求使得朱元璋啼笑皆非，自己打了幾十年仗，就是為了幾塊地盤，這位少年天子居然異想天開，想找連工資都不願意多發的朱元璋要土地。

結果可想而知，朱元璋嚴詞拒絕了使臣，這位高麗國王也真是血氣方剛，他命令調集各道軍隊於洪武二十一年（一三八八）征伐遼東。

那麼這支遠征軍有多少人呢？據《李朝太祖實錄》，這支部隊一共只有近四萬人。而他們的敵人——駐守遼東的明軍，剛剛打敗了納哈出的二十萬元軍，在北元已經被擊潰，退守沙漠的情況下，高麗的遠征軍有什麼辦法和這支久經沙場的明軍對抗呢？

但辛隅似乎並沒有考慮太多，估計他是按照高麗軍隊以一當十的比率來計算戰鬥力的。

這樣看來，辛隅對當時的形勢的認識是比較糊塗的，但他派去打仗的將領卻並不糊塗。至少李成桂不糊塗。

這支軍隊的統帥是曹敏修和李成桂，他們分任左、右軍都統使。李成桂一直反對和明朝決裂，他極力勸阻未能成功。作為一名將領，他清醒的認識到攻擊遼東是以卵擊石，但迫於上級壓力，他還是率領軍隊出征了。

大軍到達鐵嶺後，李成桂並沒有發動進攻，他另有打算。

這位統兵大將先做疏通了曹敏修的工作，然後一咬牙、一跺腳、造反了！

他帶領軍隊打回了老家，廢黜了辛隅，建立了自己的王朝，這就是著名的李氏王朝。

為了爭取明朝的支持，李成桂派使臣向明朝稱臣，他向朱元璋遞交了國書，新人新氣象，李成桂廢除了高麗的稱呼，這個新的王朝需要一個新的名字。

這個莊嚴的使命落在了朱元璋的身上，他經過慎重考慮，取「朝日鮮明之國」之意，為這個王朝確定了新的名字——朝鮮。

從此這個名字成為王國的統一稱呼，並延續至今。朱元璋親自下令：朝鮮為永不征討之國，明和朝鮮正式以鴨綠江作為邊界。而朝鮮尊明為天朝，並採用明年號，此後朝鮮的歷代國王繼位後都要派使臣至明朝，得到明朝皇帝的確認並賜予封號。

朱元璋和李成桂確定了明王朝和朝鮮和睦友善的關係，也立下了雙方守望互助的諾言。後來的歷史證明，他們都遵守了自己的承諾。

李成桂的建國舉動及明朝朝鮮和睦關係的確立，對後來明朝的發展產生了影響，而從某種意義上來說，對今天的文化傳播也有一定的因果關係。這是從何說起呢，且聽我慢慢道來：

在李成桂建立李氏王朝一百多年後的一五〇六年，李朝中宗繼位，在他擔任國王的三十八年裡，有一位醫官靠著自己的努力做出了一番事業。四百多年後，這位醫官的事蹟被拍成了電視劇，流行一時。

這部電視劇就是《大長今》。

這麼看來，李成桂那一咬牙的決定實在影響深遠。

朝鮮成為了大明的屬國，北元也被打得奄奄一息，躲到沙漠裡整日吃沙子。強大的明朝終於平定了帝國的邊界，自盛唐之後，經過數百年的漫長歲月，中原政權終於不再畏懼游牧民族的進攻，一個龐大的帝國又一次屹立起來，它用自己的實力保證這個國家的臣民可以安居樂業，經濟文化可以不受干擾的持續發展。

在今天看來，我們不得不說，這是一個了不起的成就。

二十三 終點，起點：最後的朋友們

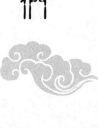

此時大明帝國的內部，也是一片欣欣向榮的景象，戰爭造成的破壞已成為過去，經濟得以恢復，國庫漸趨充盈，朱元璋通過自己的努力使這片飽經戰火摧殘的土地恢復了生機。

朱元璋對此也十分滿意，應該說，他是一個好父親，好祖父。幼年的不幸遭遇使得他不願自己的子孫受苦。為了讓繼承人可以安心的統治天下，為了維持這種欣欣向榮的景象，他為自己的帝國建立了一整套完備系統，他堅信只要子孫們堅守自己創立的制度，大明帝國將永遠延續下去。

但要保證皇位永遠屬於自己的子孫，還必須清除一些人，這些人包括胡惟庸、李善長、藍玉等（名單很長），經過二十餘年的不懈努力和胡藍案的血雨腥風，他基本解決了問題。

似乎一切都很完美，該殺的殺了，該整肅的也整肅了，就此結束了嗎？

不，還沒有。

還有幾位老朋友需要做個了斷。

洪武二十五年（一三九二），朱元璋殺掉了四十年前為他算命的周德興（大家應該還記得他），這位已經被封為江夏侯的算命先生終於兌現了當年的算卦結果——卜逃卜守則不吉。

他確實是無處可逃，也無法可守了。

洪武二十七年（一三九四），朱元璋殺穎國公傅友德，一代名將就此隕滅。與他同時被殺的還有藍玉的副將，在捕魚兒海戰役中立有大功的定遠侯王弼。

洪武二十八年（一三九五），朱元璋殺宋國公馮勝，這位開國六公爵的碩果僅存者終於沒有躲過這一刀。

殺吧，殺吧，為了帝國的將來，你不入地獄，誰入地獄？

當年的夥伴一個個都被送走了，事情終於可以了結了。

對了，還剩下最後一個——湯和。

湯和是很懂事的，與胡惟庸、藍玉不同，他一向對朱元璋尊重有加，而且他很早就看出朱元璋的強大與可怕，所以他選擇了放棄兵權，安享榮華。

其實朱元璋並沒有完全趕盡殺絕，曹國公李景隆（李文忠之子襲父爵），武定侯郭英、長興侯耿炳文都逃過了朱元璋的屠刀，但湯和與他們不同，作為與朱元璋一同起兵的夥伴，他比別人更有影響力，更有威脅。

所以儘管湯和已經不再掌兵，朱元璋還是去看望了湯和，當然，這次探望在某種程度上將決定湯和的生死。

當朱元璋看到湯和時，他驚奇的發現，這位當年英勇無畏的將軍只能躺在椅子上，嘴角留著涎水，支撐著向他行禮。

湯和似乎也了解朱元璋的來意，他以一種常人難以理解的眼神看著朱元璋，那眼神中隱含著乞求。

陛下，難道你真的一個都不留嗎？

朱元璋懂得這種眼神的意義，四十年前，一群出身貧賤卻胸懷大志的年輕人，為了生存和理想，挺身而出，經歷千辛萬苦，推翻暴元，建立了大明王朝。他們曾經憧憬過未來，也曾互相許願，以榮華相見。在走向成功的路上，有人死去，有人活了下來。

而此時，倖存者只剩下了一個站著的人和一個躺著的人。

朱元璋不會忘記，四十年前的濠州城，一個九夫長的身後跟隨著一個謙恭的千戶。

幾十年的刀光劍影和斧聲燭影，當年的朋友都遠去了，有些是為我而死的，有些是我殺的，想來所謂孤家寡人，就是如此吧。

湯和，活下去吧，那激盪歲月裡英姿勃發，生死共進的人們，現在只剩下你和我了，陪我走完這段路吧。

我很孤獨。

送走了老朋友，朱元璋終於放心了，大好河山將永遠掌握在自己子孫的手中。具有諷刺意味的是，雖然之後發生了很多他做夢也想不到的事情，但這個判斷卻始終是正確的。

燒掉良弓，殺掉走狗固然是好，可問題也隨之而來了，蒙古騎兵仍然時不時地騷擾邊界，這也是可以理解的，游牧民族不擅長耕田，一旦從統治者的位置上退休，想再就業就很難了，糧食衣服金銀不會從天上掉下來，獲得這些東西的最好方式只能是重操舊業——搶劫，這也是沒辦法，總得找條活路吧。

朱元璋老了，他不再是那個意氣風發、縱橫千里的年輕人，長期的戰爭經歷和繁重的公務壓彎了他的身軀，消磨了他的銳志。且不說眼前的這些打劫者，萬一將來又出個蒙古第二，誰去抵抗呢？

年輕人還是靠不住的，他們只會空讀兵書，戰爭不是兒戲，需要嚴謹的思維和準確的判斷。李景隆年紀不大，可這個人除了是李文忠的兒子外，什麼都不是。而此時能帶兵、有經驗的都被殺掉了，這又是一個難以解決的問題。

可就如同以前一樣，朱元璋總是能夠想出解決的辦法。他找到了一個極有軍事天賦的人，這個人的能力足以完成保護國家安全的任務，更重要的是，這個人的忠誠是絕對可以信任的。

此人就是我們下一幕的主角——朱棣。

禍根

至正二十年（一三六〇）四月，根據可靠情報，陳友諒即將率大軍進攻應天，兵勢極為強大，謀臣武將個個人心惶惶，而就在這戰雲瀰漫之時，一位身分卑賤的妃子為朱元璋生下了一個兒子。當然，這實在不是個生孩子的好時候。很多人都已經準備收拾包裹分行李散夥了，沒人顧得了這位母親和他的兒子，朱元璋照例去看了看，但也僅此而已。對他而言，現在最重要的是保住自己的命，兒子已經有三個了，多一個不多，少一個不少。

在險惡環境中出生的這個嬰兒，就是朱棣。而按照出生地屬地原則，他應該算是南京戶口。

雖然他是城市戶口，但他的出生環境似乎並不比當年的朱重八好，因為至少朱五四全家不用擔心腦袋搬家的問題。

一位傳奇的帝王從此在歷史上留下自己的痕跡，從一聲啼哭開始。

自古有云：善用刀劍者，死於刀劍下。

而對於這個嬰孩而言，生於戰火，死於征途，似乎就是他一生的宿命。

朱棣的童年是在一種特殊的環境下度過的，他的母親並不是馬皇后，雖然《明實錄——成祖實錄》中曾經確定了這一點，但種種證據顯示，他的母親另有其人，其身世十分神秘，我們將在後面對此進行詳細的分析和敘述。

雖然在他當上皇帝後改動了自己的出生紀錄，但這只能騙騙後來的人（現在看來這一目的也未達到），當年他是不可能拿這些蹩腳的把戲去糊弄朱元璋的，雖然朱元璋很忙，但兒子是哪個老婆生的，他還是有數的。

也正是因為他的母親身分低賤，且並非長子，從小朱棣就沒有得到過什麼好的待遇，當然，這是相對於他的哥哥朱標而言的。

雖然朱標的母親地位也不高，但他是長子，而且為人忠厚，很得朱元璋的喜愛，在洪武元年（一三六八）正月初四，即明朝建立的同日，就被立為太子。

而朱棣從小就被告知，自己將來只能做那個高高在上的繼承人的臣子，當那個人登上皇位後，每當聽到他的指令（聖旨），必須跪下並以虔誠的態度接受，即使這道指令是讓自己去死，也必須服從，並叩謝聖恩。

憑什麼？就因為他早生幾年？

這種不公平的待遇隨著朱棣的成長越來越明顯，朱元璋十分注意朱標的教育，他為太子設立了東宮，而且派了當時最著名的學者宋濂來教導太子的學業。

此外，他還專門指派了李善長兼太子少師，徐達兼太子少傅。如太子有疑問可以隨時得到此二人的指點。

這堪稱當年的最豪華陣容，天下最優秀的文臣武將都聚集在太子身邊，在他們的薰陶下，太子受到了良好的教育。

反觀朱棣就不同了，他出生時，父親朱元璋只是一個普通的勞動者，雖然他從事的是比較特殊的勞動——造反。但在元末那無數的造反者中，此時的朱元璋只是一個小本經營者。過著有今天無明日的冒險生活，自然顧不上這個並不起眼的兒子。

雖然後來朱元璋的環境日漸改善，身分地位都有了進一步的提高，但朱棣並沒有得到更多的優待，這是因為隨著朱元璋地位的提升，他的老婆也越來越多。而其生殖能力也值得一誇，在沒有他人幫忙的前提下，他一共生了二十六個兒子，十多個女兒。

此外，他還收了二十多個養子，粗略加一下，這些人足夠一個加強排的兵力了。

如果朱元璋檢閱這支朱家軍時喊一聲兒子，朱棣被叫到的機率大概是四十到五十分之一。

何苦生在帝王家啊。

和太子朱標比起來，朱棣的教育也很成問題，他應該沒有受過系統的托兒所和幼稚園教育，在他童年時，正是朱元璋搶地盤的黃金時期，除太子外，朱元璋顧不上其他兒子的教育問題，而且當時朱元璋手下最多的是士兵和將領，可做老師的文人並不多。除了寥寥幾個像李善長這樣主動來投奔的人外，大部分文人都是被「請」來的。

這個請字在實際生活中具體表現為威脅、拐騙、綁架等不同方式，如劉基、葉琛、章溢等都是被這樣「請」來的。讀書人混碗飯吃還是容易的，大可不必去造反。

這就注定了朱棣從小整日見到的都是那些拿著明晃晃的刀劍、穿著厚重鎧甲出入的將領和缺手缺腳、身負重傷的士兵，耳中終日聽到的都是什麼今天砍了幾個腦袋、昨天搶了多少東西之類的兒童不宜的話語。慢慢的，他也被同化了。

即使在環境變好後，朱棣也從來都不是朱元璋教育的重點對象，沒有像宋濂那樣的學者去教導他，他雖有皇子的名號，卻似乎並沒有皇子的尊榮。如果要以學習成績來劃分的話，皇太子朱標就是班裡的優等生，而朱棣則是不用功讀書的社會青年。

毛澤東曾經對朱棣的文化程度有過一個評價——半文盲，當然這個文盲不是指不識字，而是相對於當時皇家的教育水準而言的。就史料和朱棣批改的奏章來看，這個評價是比較中肯的，他確實沒有什麼文采，甚至還不如當年的失學青年，後來的自學成才者朱重八。

當然在實際生活中，優等生往往比不過社會青年，這也是不爭的事實。

與他的哥哥不同，在成長的歲月裡，他經常和武將們混在一起，似乎談論戰場上的事情才能引起他的興趣。另外，他和他的一個表哥關係也很好，時常一同出遊，按說他的表哥也是皇親國戚，應該不會給他什麼壞的影響，可問題在於這位表哥負責的工作比較特殊。

他的這個表哥就是李文忠。

李文忠是僅次於徐達和常遇春的名將，甚至有人認為他的軍事能力已經超過了常遇春，與李文忠在一起，除了打仗外，也沒有什麼可談的了。這段經歷讓朱棣受益匪淺，他學到了很多用鮮血和生命換來的軍事經驗。

此外，他還有一個收穫，那就是李文忠的兒子李景隆。由於李文忠比朱棣要大很多，李文忠的兒子李景隆自然就成為了朱棣的夥伴。

幼年時的經歷使得朱棣早熟，在經過一段時間的交往討論後，他清楚地認識到——與李文忠相比，李景隆是個軍事白癡。

俗話說，龍生龍，鳳生鳳，老鼠的兒子會打洞。李文忠雖然比不上龍鳳，但也可以稱得上是老虎，偏偏他的兒子卻只能算是一隻老鼠。

後來的事實證明，李景隆不但是個軍事蠢才，還是個軟骨頭。當然李景隆的這些性格特點都已被朱棣牢牢地記在心中，他相信，將來總歸是會派上用場的。

朱棣就是這樣成長起來的，母親身分低賤，得不到朱元璋的多少寵愛，他有三個哥哥，二十二個弟弟，故雖貴為皇子，卻沒有多少人關注，渾似路邊野草般無人照料，但最讓他難受的是，哥哥朱標卻可以享有一切優待特權，他用的東西是最好的，所用禮儀是最隆重的，文武百官見到他就跪拜行禮，誠惶誠恐。

因為大臣們知道，這個叫朱標的人將來會繼承皇位，是新一代的統治者，如果要保住腦袋、官位，就一定要拍他的馬屁。你朱棣是個什麼東西，上不管天，下不管地。還是早點去就藩，當個土財主吧！

人不怕窮，只怕比。

朱標享受這一切的理由似乎也很充分：因為他是太子。

什麼是太子？大家都是貧農朱重八的兒子，你穿開襠褲的時候我就認識你，尿床搗蛋哪一樣你沒做過，還真把自己當龍子龍孫了，誰不知道誰啊？

窮人家的孩子早當家，朱棣雖然不窮，卻比較慘，因為無論這個家多好，多富，將來都不是他的。所以很早就認識到這一點的朱棣並沒有同年齡人的天真。

他知道，在這個家裡，要想得到什麼，必須靠自己去爭取。

一定要成功

洪武四年（一三七一），十一歲的朱棣被封為燕王，這並不表示朱元璋特別看重他，因為據史料記載，他的二十六個兒子都被封了王，這不過是例行公事而已。十七歲時，朱棣經朱氏婚姻介紹所包辦，迎娶了他的第一個妻子，而他的這個老婆正是第一名將徐達的長女。

這樣看來，他的這次婚姻也包含了一定的政治色彩，體現了朱棣和武將之間的某種聯盟。

二十一歲時，他奉命就藩，地點是北平，即當年之大都，今日之北京。

此時的朱棣年紀雖輕，卻已飽嘗人間冷暖，看透世間悲涼，身為皇子，更能感受到那些大臣內官們趨炎附勢、落井下石的卑劣行徑。

當然他也明白，這些人的行為並沒有什麼不對的地方，榮耀總是站在成功者那邊，這是永恆不變的真理。

一定要做一個成功者。

他年幼時已歷經戰火，成長過程中又總是和武將打交道，他見識過慘烈的戰場、血腥的殺戮，年輕時所經歷的這一切已將他的人生角色定格為職業軍人，而這個角色也將伴隨他的一生，左右著他的性格，即使在他登上皇位之後。

當然，客觀的講，此時的朱棣並沒有謀反的野心，說到底無非是心理不平衡，最多也只是發發牢騷而已。作為一個不起眼的皇子，他目前最重要的任務是在朱元璋面前表現自己，以便在將來分遺產時多撈點好處。

洪武二十三年（一三九〇），他終於開始了自己人生舞臺上的第一次表演。

此時距離捕魚兒海大捷已經過去了兩年，當年的統兵大將，日漸驕狂的藍玉已列入了朱元璋的黑名單，在這種情況下，朱元璋自然不可能把兵權交給他，在經過仔細思考後，他把部隊的指揮權授予了自己的兩個兒子。

燕王朱棣正是其中的一個。

自從十年前被封在北平後，朱棣就和自己屬地的鄰居——蒙古騎兵打起了交道。由於雙方住得太近，時常因為宅基地之類的糾紛鬧點矛盾，談不攏就打，打服了再談，遇到打不服也談不攏的就讓朱元璋出兵遠征。

名將傅友德、馮勝、藍玉都曾帶兵自北平出擊蒙古，朱棣雖是皇子，但他明白，在這些老將面前自己還太嫩，於是他虛心向這些名將們學習，絲毫沒有皇室的架子。此外，他還隨大軍上陣，親眼見到過刀劈斧砍、你來我往的拼殺和血流成河，屍橫遍野的慘烈。

當朱標在舒適的皇宮中學習孔孟之道、聖人之言的時候，朱棣正在淒風冷月的大漠裡徘徊，在滿布屍首的戰場上前行。並沒有人教導他將來要如何去做一個好皇帝，如何統治他的臣民。對此時的朱棣而言，在戰場上活下去就是唯一的目標。兵書是不管用的，別人的經驗也不能照搬，而要在這個戰爭中取得勝利，只能依靠自己。

從戰爭中學習戰爭，從失敗中獲取勝利，在經歷無數次殘酷的考驗後，朱棣最終掌握了戰爭的規律，他成長了，從一個戰爭的愛好者成長為戰爭的控制者，良好的判斷力和堅強的意志力使他最終具備了一名優秀將領的素質。

而無數次殘酷的殺戮，無數具無名無姓的屍首也徹底的冷凍住了他的心。

昨天還活蹦亂跳的一群人，第二天就變成了一群屍體，在陣亡登記簿上可能也找不到他們的名字，他們的家人更不會知道，甚至在戰後統計傷亡人數時，這些人也會被當成零頭去掉。

誰會知道他們來到過這個世界？誰會知道他們也曾娶妻生子，有年邁的母親、吃奶的孩子在家裡等待著他們？在這樣的地方，生命是有價值的嗎？

殘酷的戰場讓朱棣更加深刻的認識了這個世界的本質，只有強者才能生存下去！

帶著這樣的意志和信念，朱棣統率著他的部隊踏上了遠征之路。

洪武二十三年（一三九〇），朱棣三十歲，他第一次成為了軍隊的主帥。

成為主帥，發兵遠征曾經是他的夢想，兒時他也常看見那些名將們出征時的情景，那是一個多麼光榮的時刻，亮甲怒馬，旌旗飄揚，數萬人將聽從自己的命令，在自己的旗幟下勇往直前！

其實戰爭也有它自己的美感，勒馬敵前，一聲令下，萬軍齊發，縱橫馳騁，這是何等的豪氣沖天！

朱棣近乎狂熱的喜愛上了這種殘酷的美感，當他披掛盔甲，騎上戰馬時，一股興奮之情便油然而生，長纓在手，試問天下誰敵手！

這就是軍人的快樂與榮耀。

但朱元璋對朱棣並不完全放心，他把兵馬一分為二，將另一半交給了晉王。並親自為他們制定了作戰計畫，此次遠征的目標有兩個，分別是北元丞相咬住和太尉乃兒不花。

朱棣明白，這次出征可以算是朱元璋的一次考試，如果成績好，將來就有好的前途，因此他為這次遠征作了充足的準備，此次出征與以往一樣，難點不在於能否打敗敵人，而是在於能否找到他們。

基於這個正確的認識，出征後，朱棣並未魯莽進兵，而是首先派出幾支輕騎兵四處偵查，這些人經過仔細探訪，果然找到了乃兒不花的確切位置。在做好保密工作後，燕王朱棣帶領部隊靜悄悄的出發了。

由於朱棣的軍事行動極其隱秘，乃兒不花竟然毫不知情，明軍按照朱棣的計畫準備向北元發動進攻了，然而就在軍隊即將達到目的地時，天突降大雪，很多人都認為風雪之中行軍不利士氣，要求停止進軍，軍營中也是一片哀怨之聲。

讓人意想不到的是，朱棣卻十分高興，他似乎是從藍玉的身上得到了啟發，嚴令軍隊繼續前進，很明顯，朱棣的決斷是正確的。

風雪之夜，行軍雖然辛苦，但敵人也必然會喪失警惕，因為他們也認為這樣的天氣不適合行軍。然而決勝的時機往往就在出其不意之間。

絕對不要做你的敵人希望你做的事情，原因很簡單，因為敵人希望你這樣做——拿破崙

朱棣的大軍就如同當年藍玉夜襲慶州時一樣，冒著大雪向著敵人挺進。當他的大軍到達乃兒不花的營地時，元軍被驚呆了，然而更讓他們驚訝的還在後面。

這支遠道而來的軍隊並沒有發動進攻，而是埋鍋做飯，安營紮寨。

明軍跑了這麼遠的路，吃了這麼多的苦，而自己沒有任何準備，毫無提防，如若敵人發動進攻，全軍崩潰只在旦夕之間，然而對方卻毫無動靜，看他們舞刀弄劍的樣子也不像是來旅遊的，到底打的什麼算盤？

朱棣並不是傻瓜，他十分清楚此時正是進攻的最好時機，毫無防備的元軍可謂是一擊即潰，他沒有這樣做，不是要講什麼風格，混個公平競賽獎之類的玩意，而是有著更深層次的考慮。

在安頓好部隊後，他派了一個人去元軍大營見乃兒不花，他要給乃兒不花一個驚喜。

果然乃兒不花一見此人，大驚失色，張口就叫道：「怎麼又是你？」

為什麼要說又呢？因為來者實在是老熟人了，此人就是觀童。大家可能還記得之前洪武二十年馮勝遠征納哈出時，勸降納哈出的也是這位仁兄，這麼看來他也算是老牌地下工作者了，專做這類事情。

自納哈出後，觀童勸降之名傳遍蒙古，但凡有此人出入的消息，蒙古各部落都如臨大敵，唯恐被認為暗通明朝，那可真是跳進捕魚兒海也洗不清了。偏巧觀童和乃兒不花交情很深，當年好友此刻相見，別有一番滋味在心頭。

照例，觀童先講了一通明軍的政策，如優待俘虜等等，然後把形勢擺在乃兒不花面前：頑抗到

底，死路一條。

其實也不用觀童說太多了，營外明軍磨刀的聲音都聽得見，再不投降，磨刀石就要換成自己的腦袋了，這個城下之盟不簽不行啊。

乃兒不花決定投降了，他和觀童一起去朱棣的營中辦理投降手續，這位北元的太尉對自己的對手朱棣有著濃厚的興趣和好奇心。時機判斷如此準確，行動如此迅速，這是一個怎樣的人呢？

讓他意外的是，一進大營，朱棣竟然以招待貴賓的禮儀來款待他，親自到營外迎接，乃兒不花不知所措，手忙腳亂，搞了半天才想起自己是來投降的。他小心翼翼的提了幾個保證士兵人身安全之類的條件，朱棣表現得十分大度，不但答應了這些要求，還設盛宴款待了乃兒不花。

乃兒不花萬沒想到，向朱棣投降還這麼有面子，有這麼好的待遇。十分感動，馬上回營召集人馬列隊投降。

就這樣，燕王朱棣人生中的第一次表演落幕了，他不費一兵一卒殲滅了北元軍的主力，完成了戰略目的。他在這次演出中的表現堪稱完美，連投降的乃兒不花都十分敬佩他，認為他是一個寬宏大量的人。

可怕的朱棣

史料的記載大抵如此，簡單看上去，這似乎只是一次平常的戰役經過，但我細讀之後，卻有毛骨悚然之感，朱棣實在太可怕了。

朱棣的可怕之處不在於他俘獲了多少敵人，而在於他在這次軍事行動中所表現出來的素質和心智。

他率領數萬士兵遠涉千里，冒雪頂風，歷經千難萬苦才找到敵人，這就好比尋寶片中，一群海盜費心勞力，疲憊不堪，終於找到了寶藏。相信所有的人在那個環境下都會極度興奮。就要發財了！命運即將改變！

當時的朱棣也是如此，他千辛萬苦才找到了敵人，而此時的敵人也不堪一擊，只要下個簡單的命令，敵人就會被擊潰，然而他卻沒有這樣做。這就好比海盜們找到了藏有寶藏的海島，打開了箱子，看見了無數的金銀珠寶，頭領卻突然發話：大家回家吧，把財寶留在這裡，明年再來取！

如果有哪個不開竅的頭目敢這樣說，只怕早就被部下收拾了。

簡單的佔有是小聰明，暫時的放棄才是大智慧。

朱棣為了這一刻等待了很久，眼看勝利就在眼前，自己的能力終於得到了展現的機會，父親也會另眼相看，這是多麼大的誘惑！

然而他放棄了，雖然是暫時的。

他沒有理會磨刀霍霍的部下的催促，沒有下令去砍殺那些目瞪口呆的元軍。他暫時擱置了自己將要獲得的榮耀。

這需要何等的忍耐力和抑制力！

這才是朱棣真正的可怕之處，一個能夠忍耐的人，一個能夠壓抑自己欲望的人。

不要小看這個遠征中的插曲，如果你進行認真仔細的分析，就可以從這件事情中獲知朱棣的性格秘密。

在史料中，關於朱棣存在著兩種完全不同的記載，也代表著他的兩種面孔，一種是仁慈和善，他經常和屬地的老百姓在一起，為他們主持正義，愛民如子。另一種是殘暴嗜殺，用油鍋烹死不服從他的大臣，滅殺他們所有的親屬。

這似乎是矛盾的，同一個人怎麼會有這樣截然不同的兩種表現？然而這些都是史實。那麼怎麼解釋這個問題呢？

答案很簡單：朱棣有著兩副不同的面孔不是因為他有精神病或者雙重人格，恰恰相反，他是一個頭腦極其清醒的人。他很清楚自己在做些什麼，這兩副面孔絕不會同時出現，他們分別有不同的用途。

和善慈悲的面孔用來應付服從他的人，殘暴兇狠的面孔用來對付他的敵人。

對於朱棣而言，殘暴是一種手段，懷柔是另一種手段，使用什麼樣的手段是次要的，達到目的才是根本所在。

為了達到目的可以壓抑自己的感情，為了達到目的可以勉強自己去做不願意做的事，為了達到目的可以不擇手段！這就是朱棣的人生觀和世界觀。

從一個不通人事的少年，到一個老謀深算的藩王，是爾虞我詐的宮廷鬥爭，是你死我活的戰場拼殺改變了他。

朱棣出生在權力編織的網絡中，成長於利益交匯的世界裡，但凡有利益的地方就有紛爭，就算你不去找別人麻煩，但只要你有著皇子的身分，麻煩就會找上你。在這樣的人生中，父親、母親、兄弟都只是一個符號，他們隨時都可能因為某個原因成為你的敵人。

親人都不能信任，還有誰是可以信任的呢？

無論何時何地，沒有人可以信任，一切都只能依靠自己，這就是朱棣的悲哀。

而在這樣的世界裡，只有變得足夠強大，強大到沒有人敢來冒犯你，侵害你，才能夠保證自己的安全。

這就是那些表面上看起來風光無限的封建皇族萬年不變的權力規則，不適應規則，就會被規則所淘汰。

朱棣就是在這樣的環境中逐步丟掉了他的童真和幻想，接受並掌握了這種規則。

他成為了強者，卻也付出了代價，這是十分合理的，因為世界上本來就沒有免費的東西。

對乃兒不花的寬大處理就是一種隱忍，朱棣對這個蒙古人談不上有任何感情，他何嘗不想一刀劈死這個害他在冰天雪地裡走了無數冤枉路的傢伙。從他後來的種種殘暴行為來看，他並不是個脾氣很好的人，可他不但客客氣氣的接待了這個人，還設盛宴款待。這需要何等的忍耐力！想到這裡，你不得不佩服朱棣，他實在是個可怕的人。

三十歲的朱棣做到了這些，在這些方面，他甚至可能勝過了三十歲的朱元璋。

三十歲的朱元璋用刀劍去爭奪自己的天下，三十歲的朱棣用隱忍去謀劃自己的將來。

朱棣就像一個優秀的體操運動員，省略了所有花俏和不必要的動作，將全部的心力放在那最後的騰躍，以獲得冠軍的獎賞——皇位。

當然，當時的朱棣還沒有足夠的實力去做到這一點，他現在最重要的任務是把俘虜人數清點好，然後回去覆命。

似乎是上天特意要展現朱棣的豐功偉績，與他同時出征的晉王是個膽小鬼，根本沒有進入蒙古腹地。用今天的話來說，他還沒有進人家的門，在門口放了兩槍，吆喝兩聲就走人了。

有這麼個窩囊的兄弟幫忙，朱棣一時之間成為了萬眾矚目的焦點，全國人民都把他當成民族英雄，朱元璋也很高興，他賞賜朱棣一張支票——面額一百萬錠的寶鈔（明朝紙幣）。

其實這個賞賜不算豐厚，因為我們前面介紹過，洪武年間的紙幣發行是沒有準備金的，估計朱元璋很有可能是在見朱棣之前，讓人準備好了紙張，印上了一百萬錠的數字。反正他是皇帝，想寫多大數字都行。

如果朱棣聰明的話，就應該早點把這張支票折現，換糧食也好，換布匹也好，總之是在通貨膨脹讓這張支票變成衛生紙之前。

這些都不是最重要的，關鍵在於朱棣通過這一次的成功表演讓朱元璋看到了他的價值，獲得了朱元璋的信任。其實演得好不好倒在其次，至少先混了個臉熟。

但這次遠征帶給朱棣的也只有這些，並沒有人認為他能夠成為皇位的繼位者，他心裡也清楚，無論自己如何表演，也無非是從龍套變成配角，要想當上主角，必須得到朱元璋導演的同意。可是很明顯，朱導演並無意換人。

如果事情就這樣發展下去，滿懷抱負的朱棣可能最終會成為朱標的好弟弟，國家的邊界守護者，他的能力將用來為國效力，他的野心將隨著時光的流逝被永遠埋葬。

就在看似事情已經定局的情況下，洪武二十五年（一三九二），太子朱標的死使得一切似乎都有了轉機。

朱標死了，主角的位置終於空了出來，時機到了！

朱標的兒子朱允炆不過是個毫無經驗、年幼無知的少年，這樣的人怎麼能承擔帝國發展的重任，換人吧，也該辦個公開招考之類的玩意了。退一步說，就算不公開競爭，也該給個抓鬮的機會啊，老爹，不能再搞一言堂了，多少給點民主吧。

朱棣曾經有過無限的期待，他相信只要公開競爭，自己是很有優勢的，那個小毛孩子懂得什麼，論處理政事出兵打仗，誰能比得上我！當然，寧王打仗也很厲害，不過他只是一介武夫，這樣頭腦簡單四肢發達的傢伙也想繼承皇位？

除了我，還有誰！

然而出乎他的意料，朱元璋對朱標的深厚感情使得他又一次使用暗箱操作，他真的任命只有十五歲的朱允炆為太子。

白幹了，這下真是白幹了。

等待時機的到來

朱標雖然文弱，到底是自己的哥哥，長兄為父，論資排輩，心理上還說得過去，畢竟人家參加工作早，可那個十五歲的小毛孩居然也敢在自己頭上作威作福，無論如何想不通，無論如何辦不到！

但這是事實，一旦父親死去，這個小孩子就會成為帝國皇位的繼任者，到時不管自己是否願意，都將跪倒在這個人的面前，發誓效忠於他。他懂得什麼，既無戰功，又無政績，憑什麼當皇帝？

人生最痛苦的地方不在於有一個悲慘的結局，而在於知道了結局卻無法改變。

如果說之前的朱棣只是抱怨，那麼朱允炆繼位後的朱棣就是真的準備圖謀不軌了。用法律術語來說，這是一個從犯罪預想到犯罪預備的過程。

但朱棣可以不服氣，卻不能不服從，洪武二十九年（一三九六），明太祖決定對北元再次發動遠征，主帥仍然是朱棣。這也是朱元璋一生中制定的最後一個作戰計畫。

他真的老了，青年時代的意氣風發，縱馬馳奔只能在腦海中回味了。但他的意識還很清楚，必須在自己死之前把所有的事情都解決掉，這樣大明帝國才能不斷的延續下去，永遠強大繁榮。國內的問題已經解決了，但卓越的軍事直覺告訴他，北元仍然是國家最強大的敵人，一定要把這個鄰居連根拔除！

而朱棣當仁不讓地成為了統帥，雖然他已經不再願意去做這些事，畢竟自己只是打工的，每個月按時拿工資，出兵打仗成了義務勞動，做好了是老闆的功勞，做壞了還要負責任，這樣的差事誰願意做？

可是即將解任的老闆朱元璋不是一個可以商量的人，誰讓你當年表現得那麼好，就是你了！不想做也得做！

同年三月，朱棣帶著複雜的心情從北平出發了，此次他的戰略和上一次大致相同，在軍隊抵達大寧後，他先派出騎兵去偵察元兵的方位，在確定元軍所在位置之後，他帶兵翻山越嶺，在徹徹兒山找到了元軍，這一次他沒有再玩懷柔的那套把戲，連殺帶趕，把北元軍趕到了數百里外，並活捉了北元大將索林帖木兒等人。

按說任務已經完成，也該班師回朝了，北元的難兄難弟也在遠處等著呢，既然仗打完了，人也殺了，帳篷也燒了，您就早點走吧，等您走後，我們再建設。但這一次朱棣似乎心情不好，於是北元就成為了他發洩的對象。他一氣追出幾百里，一直追到兀良哈禿城，打敗了北元大將哈剌兀，這才威風凜凜的回了家。

鬱悶的人真是惹不得啊。

朱棣得勝回朝，卻沒有以往的興奮，這也是可以理解的，但朱元璋的心思卻大不相同，在他看來，國家又多了一名優秀的將領，朱允炆又有一個可以依靠的好叔叔，當然，這只是他自己的想法。

朱元璋的歸宿

此時的朱元璋才真正感覺到一種解脫，他打了一輩子仗，忙了一輩子公務，不但做了自己的工作，連兒子孫子的那份他也代勞了。

此時的大明帝國已經恢復了生機和活力，人民安居樂業，商業活動也有相當的發展，朝鮮歸順了大明，北元已經被打成了游擊隊。而朱元璋對他制定的那套政策更是信心滿滿，在他看來，後世子孫只要有著基本的行為能力，就能根據他的政策治理大明，並保萬世平安。都安排好了，我也可以放心的走了。

對大臣們來說，朱元璋可能不是個好君主，但是對朱元璋的子孫們來說，朱元璋是個好父親、好祖父。其實朱元璋的這種行為反差的理由也很簡單，就如同今天獨生子女的家長，特別是那些當年曾經挨過餓的人，自然不忍心讓孩子受自己那樣的苦，他們恨不得代替子女去承擔來他們將來要經受的苦難。

朱元璋確確實實是一個好父親，他希望自己的子孫能夠團結一致，共同輔佐他選定的繼承人朱允炆。但就如今天的所謂「代溝」一樣，子孫們有自己的打算，特別是皇族的子孫，他們是無法體會朱元璋這種深厚的父愛的，在他們看來，這個白髮蒼蒼的老者早就應該領退休金走人了。他們關注的只是這個老者所坐的那把椅子。

朱元璋奮鬥一生，為子孫積攢下大筆的財富，可當他走到人生的終點時，他的子孫的眼睛卻只盯著他手中握著的那筆財富，投向這個老人的只是冷冰冰的目光。

這無疑是朱元璋一生中最大的悲哀。

是時候了，讓我們給朱元璋一個公正的評價吧。

朱元璋生於亂世之中，背負著父母雙亡的痛苦，從赤貧起家，他沒有背景，沒有後臺，沒有依靠，他的一切都是自己爭取來的，他經歷千辛萬苦，無數次躲過死神的掌握，從死人堆裡爬起來，掩埋戰友的屍體，然後繼續前進，繼續戰鬥。

朱元璋的那個時代有著無數的厲害角色，陳友諒、張士誠、王保保個個都不是省油的燈。朱元璋用他驚人的軍事天賦戰勝了這些敵人，可以說，在那個時代，最優秀統帥的稱號非朱元璋莫屬。

他幾乎是赤手空拳，單槍匹馬憑藉著自己的勇氣和決心建立了龐大的帝國。

是的，誰會想到幾十年前的那個衣衫襤褸，沿街乞討的乞丐會成為一個大帝國的統治者。

是的，命運之神其實並不存在，他也不會將什麼寶劍和鑰匙交給一個乞丐，在那絕望的日子裡，並沒有人去同情和可憐這個人，他的一切都是自己爭取來的。

他告訴我們，堅強的意志和決心可以戰勝一切困難。

他告訴我們，執著的信念和無畏的心靈才是最強大的武器。

當朱元璋回望自己幾十年的崢嶸歲月，回望自己一手建立的強大國家時，他有充足的理由為之而驕傲和自豪！

我是朱元璋，是大明天下的締造者！

六百多年過去了，但籠罩在朱元璋身上的爭論似乎並沒有停止的跡象。他有過不朽的功勳，也有過嚴重的過失，這些爭論可能再過六百年也不會停止。

朱元璋，你就是你，歷經時間的磨礪，歲月的侵蝕，你還依然屹立在那裡，你的豐功偉績和成敗得失都被記錄在史冊上，供後人評說。

江山如畫，一時多少豪傑！

黃昏　京郊馬場

這本是一片寬闊的農田，在一次政府徵地中被徵收，種上了草，並成為了皇室的專用馬場朱元璋現在就站在這片專屬於他的土地上，多年的馬上征戰使得他對於騎馬這項運動有著濃厚的興趣。他始終不能忘懷當年的縱馬馳騁的歲月。

歲月催人！

當年的風華少年，如今已經年華老去，當年的同伴好友，如今皆已不見蹤影。

回望這一生，我得到了什麼，又失去了什麼？

為了建立這個偉大的帝國，他付出了自己的青春、精力，犧牲了愛人、朋友和屬下，他殺了很多人，做錯了很多事，現在終於走到了終點。

一個孤獨的老人守護著一個龐大的帝國，這就是最終的結局。

他又一次跨上了馬匹，雖然他的身體早已不適合騎馬，也不復當年之勇，但當他騎上馬，揮動馬鞭，一股熟悉的感覺油然而生，是的，一切又回來了：

皇覺寺裡，明月相伴，孤燈一盞；
濠州城中，謹小慎微，奮發圖強；
鄱陽湖畔，碧波千里，火光沖天！
茫茫大漠，金戈鐵馬，劍舞黃沙！
開創帝國，保世宏規，光耀後代！

他縱馬馳奔，江河大地被他踩在腳下，錦繡山川被他拋在身後。

一個個的身影在他眼前浮現：郭子興、馬皇后、陳友諒、徐達、常遇春、王保保、胡惟庸、藍玉，有的他愛過，有的他恨過，有的他信任過，有的他背叛過，有的是他的朋友，有的是他的敵人。

他勒住馬頭，迎著落日的最後一絲陽光，向壯美河山投下最後的一瞥，仰天大笑：

此生足矣，足矣！

少貧賤兮壯志揚，

千軍如烈怒弦張！

我雄武兮大明強！

我雄武兮天下壯！

我本淮右布衣，天下於我何加焉！

洪武三十一年（一三九八），明太祖朱元璋崩，年七十一。

二十四　建文帝：建文的憂慮

朱元璋病逝前，指定皇太孫朱允炆繼位。朱元璋逝世時很是安心，因為他認為朱允炆一定能夠繼承他的意願，將大明王朝治理得更好，一個安心的人走了，卻留下了一個憂慮的人。

朱元璋巨大的身影從朱允炆身上消失了，朱允炆終於可以獨自處理政事了，但這個年僅二十一歲的少年驚奇的發現，他仍然看不到太陽，因為有九個人的身影又籠罩到了他的頭上。

這九個人就是朱元璋的九個兒子，從東北到西北分別是遼王、寧王、燕王、谷王、代王、晉王、秦王、慶王和肅王。

如果說皇帝是最大的地主，那麼這九個人就是保衛大地主的武裝地主。

朱元璋在全國各地封了二十四個兒子和一個孫子為王，這些特殊的人被稱為藩王，他們有自己的王府和軍隊，每個王都有三個護衛，但請注意，這三個護衛不是指三個人。

所謂護衛是一個總稱，護衛的人數從三千人到一萬九千人不等，這樣算一下就可以了解藩王們的軍事實力。

上面那句話的關鍵所在就是不等，按照這個規定，藩王所能擁有的軍力是九千人到伍萬七千人，而在實踐中，藩王們都傾向於選擇後一個數字，槍桿子裡出政權，就算不要政權，多養點打手保鏢看家護院也是好的。

按說這個數字其實也不多，區區五萬多人，自然打不過中央。可見朱元璋在安排軍隊建制時是有所考慮的，但事情往往壞就壞在例外這個詞上。

可以例外的就是我們上面提到的這九個人的某幾個。他們之所以可以例外，是因為他們負擔著更為繁重的任務——守護邊界。

他們的防區我們已經介紹過了，這九個武裝地主就如同九大軍區，分別負擔著不同的任務，其中燕王和晉王勢力最大，他們各自帶有十餘萬軍隊，可謂兵勢強大，但這二位還不是九王中最強的，公認的打仗第一強人是寧王，此人「帶甲八萬，革車六千」，看似兵力沒有燕王和晉王多，但他手下卻有一支當年最為強大的武裝——朵顏三衛。

這是一支特殊的部隊，可以說是明軍中的國際縱隊，全部由蒙古人組成，戰鬥力極強。可能有人要問，為何這些蒙古人甘心給明朝打工。

其實這個答案也很簡單，因為明朝按時發放工資，這些外援們吃飽飯還能去娛樂場所休閒一下，而北元卻是經常打白條（注），打仗前許願搶到的戰利品歸個人所有，結果往往搶回來就要先歸公家，剩下的才是自己的。

這就是明顯的賠本買賣了，拼死搶了點東西回來，還要交公，萬一死掉了估計還沒有人管埋。確實不如給明朝當公務員，按月拿錢還有福利保障，無數的蒙古人就是被這種政策吸引過來的。

在利益面前，要保持忠誠是一件很難的事情。

＊注：打白條：指開空頭支票

另外寧王本人也是極為兇橫，據說他每次打仗都領頭衝鋒，活像第一滴血裡的藍波，殺人不眨眼，砍頭如切菜，連燕王這樣的狠角色看到他都要讓三分。

這幾位鎮守邊界的武裝地主還經常舉行聯合軍事演習，動不動就是十幾萬人在邊界動刀動槍，喊殺沖天，一旦有這樣的動靜，北元游擊隊就會立刻轉入地下戰鬥。

其實這些喊殺聲驚動的不只是北元，還有坐在皇位上的朱允炆，在他看來，這是一種示威。該採取點措施了。

朱允炆是一個好人，在他十五歲的時候，父親朱標患重病，朱允炆盡心伺候。他的孝順並沒有感動上天，挽留住朱標的性命。朱標去世後，朱允炆將他的三個年紀還小的弟弟接來和自己一起住，目的很簡單，他不想這些年幼的弟弟和自己一樣去承受失去父親的痛苦，他知道他們需要的是親情。

那年，他才十五歲。

除此之外，他還擔任了朱元璋的護理工作，由於朱元璋脾氣本來就不好，伺候他的人總是擔心掉腦袋，朱允炆主動承擔了責任，他親自服侍朱元璋，直到朱元璋離開這個世界。他盡到了一個好兒孫的責任。

他也是一個早熟的少年，當然促使他早熟的並不只是父親的早逝，還有他的那些叔叔們。

叔叔的威脅

讓朱允炆記憶猶新的有這樣兩件事：

一次，朱元璋老師出了一道上聯：風吹馬尾千條線，要求學生們對出下聯，學生只有兩個人，一個是好學生朱允炆，另一個是社會青年朱棣。

朱允炆先對，卻對得很不高明，他的答案是雨打羊毛一片膻，雖然勉強對得上，卻是不雅，而此時社會青年朱棣卻靈感突發，脫口而出：日照龍鱗萬點金。

這句不但對得工整，還突出了一個龍字，確是絕對。朱元璋很高興，表揚了朱棣，而朱棣也不失時機地看了朱允炆一眼，那意思似乎是你也就這點能耐而已。

朱允炆雖然還小，但卻明白那個眼神的意義。

另一次就嚴重得多了，朱允炆放學後，正巧遇上社會青年朱棣，朱棣一看四下無人，就露出了流氓相，居然用手拍他的後背，說道：沒想到你小子也有今天（不意兒乃有今日）。

朱棣的這種行為在封建社會是大不敬，大概類似今天學校門口的不良少年堵住學生搶劫。

朱允炆也沒有想到朱棣居然敢如此放肆，一時不知所措，慌了手腳，正在這時，朱元璋老師過來了，他看見如此情景，勃然大怒，狠狠地罵了朱棣一頓，此時朱允炆的反應卻十分耐人尋味。

他不但沒有向朱元璋告狀，反而幫朱棣說話，向朱元璋表示這是他們叔侄倆鬧著玩的。朱元璋這才沒有追究。

你不得不佩服朱允炆的反應。這是皇室子孫在複雜環境下的一種天賦，但在我看來，這種天賦似乎是一種悲哀。

在朱元璋的眼裡，朱棣是一個好兒子，可是在朱允炆的眼裡，朱棣是一個壞叔叔。這倒也不矛盾，就如我們前面所說，朱棣本來就有兩張臉，一張是給父親看的，一張是給侄子看的。

在這種情況下，就有了那次歷史上有名的對話。

朱元璋在解決了良弓和走狗的問題後，曾不無得意地對朱允炆說：「我安排你的幾個叔叔為你守護邊界，站崗放哨，你就可以在家裡安心做皇帝了。」

朱元璋笑了，朱允炆卻沒有笑，他一反以往的附和，陷入沉思中。

這是一個機會，有些話遲早要說，就趁現在這個機會說出來吧。

朱允炆抬起頭，用憂慮的口氣說出了朱元璋萬想不到的話：「外敵入侵，由叔叔們來對付，如果叔叔們要有異心，我怎麼對付他們呢？」

一生運籌帷幄的朱元璋居然被這個問題問呆了，難道自己的兒子還不能相信嗎，他沉默了很久，居然也說了一句朱允炆想不到的話：「你的意思呢？」

這下輪到朱允炆傻眼了，皮球又被踢了回來，要靠我還用得著問你老人家麼，這爺孫倆被這個問題弄得沉默不語，但問題還是不能不答的，朱允炆經過長時間的思考，用寫論文的精神列出五點來回答了這個問題：「首先，用德來爭取他們的心，然後用禮來約束他們的行為，再不行就削減他們的屬地，下一步就是改封地，如果實在沒有辦法，那就只好拔刀相向了。」

一生精於謀略計算的朱元璋聽到這個計畫後，也不由得開口稱讚：「很好，沒有更好的選擇方法了。」

朱元璋十分高興，他的判斷告訴他，朱允炆列出的方法一定能夠解決這個隱憂，但事情真的會如他所想般順利嗎，有沒有什麼漏洞呢？

事實證明確實有一個漏洞，今天我們回頭來看這段經典的對話，就會發現兩個人說得都很有道理，朱元璋的判斷沒有錯，確實沒有比朱允炆所說的更好的方法了，但他忽略了一個關鍵因素，那就是朱允炆的能力。

朱允炆是一個很聰明的孩子，據史料記載，由於他的頭型不好，朱元璋曾經十分不喜歡他，但朱元璋慢慢發現，這個孩子十分聰明，背書十分在行，便對他另眼相看，最後立為繼承人。

這裡也說明一下能力的問題，在我小時候，我鄰居家有個小孩，才五歲就會幫家裡買醬油，居然還會討價還價，時人皆歎之，因為每次買醬油都能幫家裡省一毛錢，被譽為奇才，十幾年後，我偶然聽人說起他待業在家，找不到工作，不過仍然去買醬油，唯一的區別是副食店的老闆再也不肯跟他討價還價了。

買醬油只是個比方，這裡主要是說明讀書的能力和處理問題的能力是不一樣的，書讀得好，不代表事情能處理得好，能列出計畫，不代表能夠執行計畫。

建文的班底

其實朱元璋也並沒有把這個複雜的問題拋給毫無經驗的孫子，他為朱允炆留下了一群人，幫助他治理天下，其主要成員有三個人，他們也成為後來建文帝的主要班底。

第一個人

洪武年間，朱元璋曾帶著幾分神秘感，告訴已經被確認為繼承人的朱允炆，自己已為他選擇了一個可以治理天下的人才，但這個人有個缺點，就是過於傲氣，所以現在還不能用他，要壓制他一下，將來才能夠成大氣。然後他說出了這個人的名字：方孝孺。

大家應該從朱元璋的話中吸取教訓，一般領導提拔你之前總是要打壓一下的，所謂磨練就是這樣來的，千萬不要為此和領導鬧意見，否則就真有可能一輩子被壓制下去了。

說來倒也滑稽，這位方孝孺就是在空印案中被錯殺的方克勤之子，殺其父而用其子，不知這算不算是對方孝孺的一種壓制。

方孝孺自小熟讀經書，為人稱道，他的老師就是大名鼎鼎的宋濂，而他自己也常常以「明王道，致太平」為己任，但讓他莫名其妙的是，自己名聲很大，老師又在朝中為官，洪武十五年、二十五年，地方政府兩次向朱元璋推薦自己，卻一直沒有得到任用。

我們知道原因，但當時的方孝孺是不知道原因的，他就這樣等了十年之久，由此可見，領導的想法確實是高深莫測，不可琢磨的。

朱元璋告訴朱允炆，方孝孺是絕對可以信任的，他的一生都會效忠於你，並能為你治理國家，開創太平盛世。

這話他只說對了一半。

第二個人

洪武年間，京城裡的謹身殿由於沒有安裝避雷針，被雷給劈了，如果是今天大概是要做個安全宣傳的，教育一下大家注意天氣變化，修好完事，但在當年，這可是一件不得了的大事，朱元璋認為是上天發怒了，便決定去寺廟祭祀，他大概是認為自己確實做了不少錯事，所以這次祭祀他挑選了一批人和他一起去。

挑選條件是極為苛刻的，那就是在九年之內（含九）沒有過任何過失的，這在洪武朝可真是難過登天了。那個時候，官員能保住腦袋就不錯了，你就是沒錯，說不準老朱也能給你挑出錯來。這麼看來，能符合要求者還真是需要一顆純潔的心靈，至少對老朱純潔。

雖然不多，卻也不是沒有，齊德就是其中一個，他因為這件事被朱元璋留意，並記在心中，祭祀完畢後，朱元璋親自為齊德改名為泰，從此齊泰這個名字成為了他一生的代號。

此人是個文人，雖未帶兵，卻被任命為兵部左侍郎，朱元璋也曾放心不下，為他舉行了一場單獨面試，詢問邊界將領的名字，齊泰不慌不忙，從東說到西，從南說到北，毫無遺漏，得了滿分。之後又問各地的形勢，齊泰這次沒有說話，從袖子裡拿出一本手冊，上面的記載十分詳細。朱元璋十分驚訝，大為欣賞。

要知道，這次面試是突然性的，齊泰並未預先做準備，說明這位仁兄確實是把這些玩意當書來背的，還寫成小冊子，隨走隨看，其用功之熱情勝似今日在公車上背單字的考生。

他也將成為建文帝的重臣。

第三個人

這個人比較特殊，他從入朝為官起就是朱允炆的死黨，此人就是黃子澄。

黃子澄是江西人，洪武十八年，他一鳴驚人，在當年的高考中以最高分獲得會元的稱號，後被選拔為東宮伴讀，這是一個前途遠大的工作，因為太子就是將來的皇帝，能夠得到這個職位可見其學問之深。

朱允炆為皇太孫時，他一直陪伴在旁，而一件事情的發生更是加深了他與朱允炆之間的感情。

有一次，朱允炆在東閣門外唉聲歎氣，正好被經過此地的黃子澄看見，他便上前問原因，朱允炆看他是自己人，便說了實話，他擔心的正是他的那些叔叔們，萬一將來要造反可怎麼辦才好。沒想到黃子澄聽後微微一笑，要朱允炆不用擔心，他說：「諸王的兵力只能用來自保而已，如果他們敢造反，朝廷發兵攻擊他們，一定能夠取勝！」然後他又列舉了漢景帝時七國之亂的故事來鼓勵朱允炆，表示只要朝廷出兵，叛亂一定會被平定。

朱允炆聽見這些話，頓時大感安慰，他把這些話記在心中，並感謝黃子澄為他指出了一條金光大道。

這又是一個典型的脫離實際以古論今的例子，試問周亞夫在何處，你黃子澄能帶兵打仗嗎？

總結以上三人，有幾個共同特點，都是飽讀詩書，都是文人，都有遠大理想，都是書呆子。

書生誤國，並非虛言啊！

建文帝登基後，立刻召回方孝孺，任命為翰林侍講，並提升齊泰為兵部尚書，黃子澄為翰林學士，這三個書生就此成為建文帝的智囊團。

當朱允炆正式成為皇帝後，他找到了黃子澄，問了他一個問題：「先生，你還記得當年東閣門所說的話嗎？」

黃子澄肅然回答道：「從不敢忘記！」

那就動手吧，朱棣遲早要反，先下手為強，後下手遭殃，我的判斷沒有錯，他一定會造反的！

二十五 等待中的朱棣：朱棣的痛苦

朱棣其實並不想造反，他想當皇帝，但他不想造反。

這看起來似乎是個矛盾的命題，其實並不矛盾。從權利義務的關係來看，當皇帝是權利，而造反則是義務，因為對於那些投錯了胎或者是投晚了胎的人來說，要想享受權利，必須履行義務。

從經濟學上來說，造反的成本太高，而且很容易虧本，根據以往資料顯示，虧本者的結局一般都是死。相信朱棣在造反前還是仔細讀過歷史書的，古往今來，把五胡十六國和五代十國這些小朝代也算在內，王爺能夠造反成功的，扳指頭就可以數得出來，估計還不用腳趾。

如果把範圍再縮小一點，只統計類似明朝這樣的大一統時代，朱棣就會驚喜地發現，目前的紀錄還是零。而朱棣對打破這個紀錄似乎也不太有信心。如果有人告訴朱棣，出一筆錢，就可以讓他造一把反，造反失敗賠錢就行，估計朱棣就算是找銀行貸款也會把錢湊足的。

可惜這個世界上沒有這樣的機會，也沒有這樣的擔保者。對於朱棣而言，造反的成本實在太大了，當年的朱重八，爛命一條、父母雙亡、身無長物，一人吃飽全家不餓，無正當工作，也沒有銀行存款，簡直就是天生的造反苗子。可就是這樣，他在造反前還左思右想，猶豫不定。

朱棣就不同了，他出生皇族，有自己的房子和老婆孩子，手下有十幾萬人，隨時聽從他的指揮。王府休閒娛樂一應俱全，如果想找點刺激，出門左轉不遠就能碰到鄰居——蒙古人，順便過過打仗的癮。可萬一造反失敗，房子女人孩子部下都沒了，自己的小命也必然不保。

做這樣的一筆生意實在是要經過仔細考慮的。

因為走上了這條路，就不能再回頭。

此時有一個人打破了朱棣的猶豫，也改變了他的命運。

朱棣還在猶豫之中，建文帝的兩位重臣黃子澄和齊泰卻已經準備動手了，說來也是滑稽，雖然這兩個人都是書生，卻是有樣學樣，指點諸王，說今天滅這個，明天解決那個，很快就發生了爭論。偏偏兩人都很自負，一個號稱滿腹韜略，一個自認謀略過人，誰也不服誰。

其實他們大可不必爭論，因為當時的天下第一謀士另有其人，而更不幸的是，這個人正是他們的敵人，也就是改變朱棣命運的那個人。

另一個和尚

洪武十八年（一三八五），朱元璋從民間選拔十名僧人，準備分給諸位藩王講經薦福，對於這些本心並不清靜的僧人而言，選擇跟隨那位王爺就成了一件重要的事情，在藩王們到來前，僧人們紛紛議論，哪個更有錢，哪個更有權，哪裡地方好水土佳。

只有一個叫道衍的和尚巋然不動，似乎並不在意這些，但實際上，他的內心比誰都激動，因為他等待這個時機，等待那個人已經很久了。

不一會藩王們進來了，原先吵雜的僧人們立刻安靜下來，他們知道決定自己命運的時刻到來了。

道衍用眼睛的餘光看見了自己等待的人，他終於來了！

朱棣帶著招牌似的微笑一路走來，他並沒有注意道衍，就在他行將經過的時候，這個沉默的和尚突然開口了：「燕王殿下，貧僧願意跟隨您。」

朱棣愣住了，他回頭看了一眼這個自薦的和尚，微微一笑，問出了一句似乎很有必要的話：「為何？」

「貧僧有大禮相送。」

這下朱棣真的感興趣了，自己貴為藩王，要什麼有什麼，這個窮和尚還能送什麼禮給自己？

「喔，何禮？」

到關鍵時刻了，不能再猶豫了，這個禮物一定能夠打動他！

「大王若能用我，貧僧願意送一白帽子給大王！」

朱棣聞聽此言，勃然變色，他雖然讀書有限，但王上加白是什麼字他還是清楚的，他快步走到道衍面前，用低嚴的聲音怒斥道：「你到底是什麼人，不要命了麼！」

此時的道衍卻是笑而不言，似乎沒有聽到這句話，閉目打起坐來。

這個誘惑太大了，他一定會來找我的。

果然，過了一會，一個低沉的聲音在他的耳邊響起：「跟我來吧。」

一絲笑容爬上了他的嘴角，屬於我的時代到來了，把這個世界攪得天翻地覆！

亂世之臣

這個世界上有很多人，從事著不同的職業，種地的農民，做生意的商人，修修補補的手藝人，他們都是這世上芸芸眾生中的一員。而在他們中間，有一些人卻不安於從事這些職業，他們選擇了另一條路——讀書。

從聖人之言到經世之道，他們無書不讀，而從這些書中，他們掌握了一些本質性和規律性的東西，使得他們能夠更為理性和客觀的看待這個世界。同時，科舉制度也使得讀書成為了踏入仕途的一條重要管道。於是許多讀書人沿著這條道路成為了封建皇帝的臣子，協助皇帝統治天下。

在這些大臣中，有一些更為優秀的人憑藉自己的能力成為了精英中的精英，他們判斷問題比別人準確，懂得如何抓住時機，能更好的解決問題，我們稱這些人為能臣。

所謂能臣並不單指正臣、忠臣，也包括所謂的奸臣，它只用來形容人的能力，而不是立場。這些人都是真正的精英，但他們還可以按照人數多少和不同用途進一步劃分為三個層次。

第一種叫治世之臣，這種人幾乎每個朝代都有，他們所掌握的是聖人之言，君子之道，其共同特點是能夠較好的處理公務，理清國家大事，皇帝有了這樣的臣子，就能夠開創太平盛世，代表人物有很多，如唐代的姚崇、宋璟等。這種人並不少見，他們屬於建設者。

第二種叫亂世之臣，他們並不是所謂的奸臣，而是亂臣，他們掌握的是陰謀詭計，權謀手段，精通厚黑學，與第一種人不同，他們往往在社會上摸爬滾打多年，經歷過許多風波，對人生的黑暗面有著清楚地認識。這些人的能量極大，往往能夠將一個大好的朝代斷送掉，代表人物是安祿山，這種人並不多見，他們屬於破壞者。

第三種叫救世之臣，這可是稀有品種，其遺傳率和現世率比熊貓還低，往往上百年才出一個。這些人兼有上述兩種人的特點，既學孔孟之道，又習權謀詭計。他們能夠靈活的使用各種手段治理天下，並用自己的能力去延續一個衰敗朝代的壽命。其代表人物是張居正，這種人很少見，他們屬於維護者。

而這位道衍就是一個典型的亂世之臣。

他並不是個真正的僧人，在出家以前，他也曾飽讀詩書，歷經坎坷，滿懷報國之志卻無處容身，他的名字叫姚廣孝。

姚廣孝

姚廣孝，長洲人（今江蘇吳縣），出生於至正十五年，只比朱元璋小七歲，出生於亂世的他從小好學，擅長吟詩作畫，十四歲出家為僧，取名道衍。交際廣泛，當時的名士如楊基、宋濂等人和他關係都不錯。

但他所學習的卻不是當時流行的程朱理學和經世之道，其實和尚學這些也確實沒有什麼用，但讓人驚奇的是，他也不學佛經。更為人稱奇的是，他雖身為和尚，卻拜道士為師！宗教信仰居然也可以牽扯上國際主義，確是奇聞。

他的那位道士師傅是個不簡單的人，他的名字叫席應真，此人也是個奇人，身為道士，不去煉丹修道，卻專修陰陽術數之學。道衍跟隨著他，學習的也是這些東西。

所謂陰陽術數之學來源悠久，其內容龐雜，包括算卦、占卜、天文、權謀機斷等，這些玩意在當時的人看來是旁門左道，君子之流往往不屑一顧。但實際上，陰陽學中蘊含著對社會現實的深刻理解和分析，是前人社會經驗的總結和概括。

話說回來，學習這門學問的一般都不是什麼正經人，正經人也不學這些，因為科舉也不考陰陽學，但身懷此學之人往往有吞食天地之志，改朝換代之謀，用今天的話說，就是社會的不安定因素。此外學這門學問還是有一定的生活保障的，玩不成陰謀還可以去擺攤算命實現再就業。

一個不煉丹的道士，一個不念經的和尚，一支旁門左道之學。道衍就是在這樣的環境下一步步成長起來，成為一個陰謀家，他讀了很多書，見過大世面，了解人性的醜惡，掌握了權力鬥爭的手段，更重要的是，他希望能夠做一番事業。

問題的關鍵就在這裡，他雖結交名士，胸懷兵甲，卻無報國之門，因為考試的主要內容是語文，不考他學的那些課外知識。而且他學的這些似乎在和平時期也派不上用場。有才學，卻不能用，也無處用，因此在很長一段時間內，道衍都處於鬱悶的狀態。

可能這輩子都沒有出頭之日了，他開始消極起來。

既然在家裡煩悶，就出去玩吧，既然是和尚旅遊，地點最好還是寺廟。全國各地的寺廟大都留下了他的足跡，而當他到嵩山寺遊玩時，碰見了一個影響他一生的人，這個人給精於算卦的道衍算了一命，準確的預言了他未來的前程和命運。

這個人叫袁珙，與業餘算命者道衍不同，他的職業就是相士。相士也是一個歷史悠久的職業，他們在歷史上有很大的名聲，主要原因就在於他們往往能提前幾十年準確預告一個人的將來，比天氣預報還要準，而名人效應更是增加了這一人群的神秘感。最有代表性的就是對曹操的那句亂世奸雄的評語。

袁珙並不認識道衍，但當他看到道衍時卻大吃一驚，便如同今日街上算命的人一樣，追上道衍硬要給他算一卦（有沒有收錢不知道），並給了他一個評語：「世上怎麼會有你這樣奇異的和尚！長得一雙三角眼，就像生病的老虎，你這樣的人天性嗜好殺戮，將來你一定會成為劉秉忠那樣的人！」

如果今天街上算命的人給你一個這樣的評語，估計你不但不會給錢，還會教訓他一頓。但是道衍的反應卻大不相同，他十分高興，三角眼、嗜殺這樣的評語居然讓道衍如此愉悅。從這裡也可以看出，此人實在是個危險分子。

這裡還要說到劉秉忠，這是個什麼人呢，為什麼道衍要把此人當成偶像呢？

劉秉忠也是個僧人，聯繫後來的朱重八和道衍來看，當時的和尚實在是個危險的職業，經常聚集了不法分子。劉秉忠是元朝人，在忽必烈還是親王時，被忽必烈一眼看中並收歸屬下成為重要謀士，為忽必烈登上帝位立下汗馬功勞。

以這樣的人為偶像，道衍想幹些什麼，也是不難猜的。

道衍並不是一個清心寡欲的人，洪武年間，朱元璋曾下令懂得儒術的僧人去禮部參加考試，道衍抓住了這次招考公務員的機會，也去考了一把，考得如何不清楚，但反正是沒有給他做官，這讓道衍非常失望，他又要繼續等待了。

終於，他抓住了洪武十八年（一三八五牛）的這次機會，跟隨燕王去了北平，在慶壽寺做了主持。

如果他真的只做主持的話，也就不會發生那麼多的事了。

這位本該在寺裡念經的和尚實在不稱職，他主要的活動地域並不是寺廟，而是王府，他日復一日、年復一年的用同一個命題勸說著朱棣——造反。

從後來的史實看，道衍這個人並不貪圖官位，也不喜愛錢財，一個不求名不求利的人卻整天把造反這種事情放在嘴邊，唯恐天下不亂，是很奇怪的，他到底圖什麼呢？

很明顯，道衍是一個精神正常的人，他也不是那種吃飽了飯沒事做的人，造反又不是什麼好的娛樂活動，為何他會如此熱衷？如果從這個人的經歷來分析，應該是不難找到答案的，驅動他的是兩個字——抱負。

道衍是一個失落的人，他學貫古今、胸有韜略，卻因為種種原因得不到重用，在被朱棣帶回北平的那年，他已經五十歲了。青春歲月一去不返，時間的流逝增加了他臉上的皺紋，卻也磨練了他的心。一次又一次的等待，一次又一次的失望，使得這個本應在家養老的人變成了一個火藥桶，只要有合適的引線和時機就會爆炸。

朱棣就是那根引線，這個風雲際會的時代就是時機。

二十六 準備行動

黃子澄和齊泰準備動手了，但他們在目標的確定上起了爭論，齊泰認為先拿燕王開刀為好，而黃子澄卻認為，應該先剪除其他各王，除掉燕王的羽翼，然後才對燕王動手。

我們今天回頭來看這兩個計畫，似乎都有道理，後人評價時往往認為齊泰的做法是正確的，但我看來，這樣的論斷似乎有成王敗寇之嫌，黃子澄的計畫是有其合理性的。畢竟先挑弱者下手還是有一定作用的。

這是一盤決定天下命運的棋局，對弈的雙方是朱允炆和朱棣，現在身為皇帝的朱允炆猜到了先手，他在棋盤上下出了自己的第一著。

先著

周王朱橚是燕王朱棣的同母兄弟，在朱允炆看來，他將是朱棣的有力助手，也正是因為這個原因，他成了最早被清除的人。奉命執行這項任務的就是我們之前介紹過多次的李文忠之子李景隆。

事實證明，這位仁兄打仗可能不在行，抓人還是有一套的，他突調大軍奔赴河南周王府，把周王的老婆孩子加上他本人一股腦的押到京城，朱允炆對他的這位叔叔並不客氣，把他從國家一級幹部直接貶為老百姓，並遷至雲南，當時的雲南旅遊資源還沒有充分開發，算是半原始狀態的荒蕪之地，周王就被放到這個地方去當人猿泰山了。

此時，建文帝才登基一個月。但他顯然沒有到新單位上班的羞澀和謙虛，開始收拾起他的那些叔叔們，周王是第一個，但絕不是最後一個，而且周王很快就會發現與後來者的遭遇相比，去雲南旅遊未嘗不是一件好事。

同年十二月，有人告發代王「貪虐殘暴」，建文帝表現出了強烈的正義感，毅然履行了皇叔犯法與庶民同罪的法律原則，把他的叔叔遷至蜀地看管起來。

第二年五月，建文帝又一次大義滅親，以「不法事」罪名將岷王朱楩逮捕，並貶成老百姓。說到底，這個「不法事」是個什麼事也沒說清楚，和那句著名的「莫須有」有一拼，這樣看來，在歷史上，要整人實在不需要找太多理由。

還沒等大家反應過來，建文帝又以破壞金融罪——私印鈔票，對湘王朱柏下手了，其實那個時代的鈔票本來就沒有什麼計畫可言，亂印最多的就是建文帝本人。當然這只不過是一個藉口而已，隨後朝廷就派使臣至湘王封地去抓人，他們以為這次會像以往一樣順利，但意想不到的事情發生了。

湘王朱柏不愧是朱元璋的子孫，甚有骨氣，他在得知有人要來抓他的消息後，笑著對自己的手下說：「我親眼看到很多在太祖手下獲罪的大臣都不願受辱，自殺而死，我是高皇帝的兒子，怎麼能夠為了求一條活路而被獄吏侮辱！」

他沒有開門迎接使臣，而是把老婆孩子都召集起來，緊閉宮門，自焚而死。

這樣的慘劇，並沒有停滯建文的行動步伐，他以迅雷不及掩耳之勢又連續抓獲了齊王朱榑和代王朱桂，此二人皆被廢為庶人。

真是乾淨俐落，毫不留情！到了這個地步，就是傻瓜也知道建文帝想幹什麼了。

大家可能會奇怪，為什麼這些藩王們毫不反抗呢，其實原因很簡單，一方面他們並沒有燕王那樣的反抗資本，而另一個更為重要的原因是，他們沒有反抗的理由。

在那個時代，皇帝是最高的統治者，所有的藩王都是他的屬下，別說你是皇帝的叔叔，就算你是他爺爺，只要他是皇帝，你也得聽他的。說句難聽點的話，削藩問罪還是客氣的，算是給足了面子，如果藩王不服氣明著來的話，自然也有大刀大棍伺候。

至此，建文帝已經完全違反了他自己向朱元璋做出的承諾，什麼以德服人都被丟到九霄雲外，他就像是一個剛上擂臺的拳擊手，疾風暴雨般揮出一輪王八拳，看似痛快淩厲，效果卻有限。

這是一場殘酷的政治鬥爭，也是一場拳賽。

天真的朱允炆不知道他要參加的這場拳賽並不是三個回合的業餘賽，而是十二個回合的職業賽。在這樣的比賽中，想要亂拳打死老師傅是根本不可能的事情，獲得勝利的關鍵在於隱忍的耐心和準確的判斷。

朱允炆搶到了先手，卻沒有搶到先機。

朱棣即將做出自己的應對。

應對

建文帝就要找上門了，這下子不由得朱棣了，要麼造反，要麼像他的那些兄弟們一樣被幹掉。此時的朱棣可謂處境艱難，他比當年的朱重八還不如，朱重八就算不去造反，還可以逃出寺廟，去當流氓，混碗飯吃。可是朱棣卻沒有這樣的好運氣。天下是朱允炆的，他還能逃到哪裡去呢？

道衍抓住了眼前的這個時機，繼續向朱棣推銷他的造反理論。對於這一點，朱棣是早已經習慣了，如果哪一天這位仁兄不說這些大逆不道的話，那才叫奇怪。以往朱棣對這些話還可以一笑置之，因為他很清楚，造反不是吃夜宵，說做就能做的，這個唯恐天下不亂的和尚身無長物，一無所有，才會全身心地投入造反事業。可是自己是藩王，和這些窮光蛋有天壤之別。怎麼可能被這些人拖下水。

但是到現在他才發現，如果放縱這個侄子鬧下去，自己會變得連窮和尚也做不了。

於是他開始了自己的準備工作，他招募大批強壯士兵為衛軍，並進行軍事訓練，地點就在自己的王府之內。所謂武器的批判不能代替批判的武器，要想造反，拿著木棍農具是不行的，這就需要大量的兵器，打造兵器的動靜很大，而當時又沒有隔音設備。朱棣在這個問題上充分發揮了想像力和創造力，他建造了一座很大的地下室，周圍樹起圍牆，並在附近開辦了多個養雞場，就這樣，地下室裡叮叮噹當的敲個不停，外面的人一點也聽不見。

此外，朱棣還吸取歷來農民起義戰爭中的先進經驗，虛心向農民兄弟學習，即在造反前要散布點封建迷信、遠古傳說之類的東西。為此他招募了一大批特殊人士。這些人被稱為異人術士，其實就是街上算命占卜的那些人，他把這些人找來無非是為了給自己壯膽，順便做做宣傳工作，但他本人也不會想到，這一舉措在後來竟然發揮了意想不到的作用。

步步進逼

建文帝在解決其他藩王的時候，眼睛卻始終看著朱棣，因為他也清楚，這個人才是他最為可怕的對手。為了削減朱棣的實力，他先派工部侍郎張昺接任了北平市市長的職務，然後任命謝貴、張信為北平都指揮使，掌握了北平的軍事控制權。之後他還派宋忠（此名極不吉利）率兵三萬，鎮守屯平、山海關一帶，隨時準備動手。

刀已經架到脖子上了，朱棣似乎成為了板上魚肉，在很多人看來，他只能束手就擒了。然而就在此時，朱棣卻做出了一件別人想不到的事情。

按照規定，建文帝登基後，藩王應入朝晉見皇帝，由於當時局勢十分緊張，很多人都認為朱棣不敢如期拜見新皇帝，但大家萬萬沒有想到，他不但來了，還做出了驚人之舉。

建文元年三月份，燕王入朝參拜新君，按說來到別人的地盤就老實點吧，可這位仁兄居然在眾目睽睽之下「行皇道入，登陛不拜」。可見朱棣囂張到了何種地步。

朱棣的無禮舉動引起了群臣的憤怒，戶部侍郎卓敬多次上奏，要求就地解決朱棣，建文帝竟然以燕王是自己的至親為由拒絕了這一正確提議。卓敬氣得跳腳，大叫起來：「楊堅、楊廣兩人難道不是父子嗎？」

但建文帝仍然拒絕了他的提議。

朱棣就這樣在京城逛了一圈，風風光光的回了北平。而齊泰和黃子澄竟然結結實實當了一回看客，平日在地圖上運籌帷幄、決勝千里的所謂謀略家就是這樣的水準。

當然，建文帝手下並非都是一些如齊泰、黃子澄之類的人，事實證明，他還是有許多得力部下的。

成功的策反

在這場鬥爭中，建文帝並非不堪一擊，他也使用了很多權謀手段，特別是在地下工作方面，可謂卓有成效。

建文元年（一三九九）初，朱棣派長史葛誠進京城朝見皇帝，其實這個葛誠也是個間諜，他的真實目的是打探消息，但朱棣萬沒有想到的是，此人竟然被策反了，而策反葛誠的正是皇帝本人。

葛誠一到，建文帝便放下架子，以九五之尊對葛誠禮遇有加，估計也親切地詢問了他的家庭收入情況並鼓勵他好好工作之類。葛誠十分感動，皇帝竟然如此看重自己！他一時頭熱，就主動交代了燕王朱棣的種種不法行為和自己的間諜身分。然後他光榮地接受了建文帝地下工作者的稱號，表示回去後一定努力工作，並及時做好情報信息傳遞工作，爭取早日將燕王等人一網打盡。

一顆釘子就這樣扎下了。

如果說葛誠是一個小間諜，那麼下面要介紹的這位就是超級間諜，更具諷刺意味的是，此人並不知道自己做了間諜。

這個人就是朱棣的老婆，大將軍徐達的女兒。

將門往往無虎子，如常遇春的兒子常茂，李文忠的兒子李景隆都是如此。但事情總有例外，徐達之子徐輝祖就是一個例外。他雖然出生名門，卻從不引以為傲，為人謙虛謹慎，熟知兵法，而且效忠於建文帝。

他利用裙帶關係，走夫人路線，在與他的妹妹聊天時了解到很多妹夫朱棣學習工作的情況，並通報給了一直以來都對朱棣關懷備至的朱允炆。

就這樣，朱棣的很多絕密情報源源不斷地傳到了朱允炆的耳中。

其實在這條戰線上，朱棣的工作也毫不遜色，他的情報來源比較特殊，主要是由朱允炆身邊的宦官提供的。朱元璋曾經嚴令不允許太監干政，作為正統繼承人的朱允炆對此自然奉為金科玉律，在他手下的太監個個勞累無比又地位極低，其實太監也是人，也有自己的情感傾向，他們對朱允炆十分不滿卻又無處訴苦。

正在此時，救世主朱棣出現了，他不但積極結交宮中宦官，還不斷送禮給這些誰也瞧不起的人，於是一時之間，燕王慈愛之名在宦官之中流傳開來，大家都甘心為燕王效力。

朱允炆從來有沒有正眼看過這些他認為很低賤的人，但他想不到的是，就是這些低賤的人在某種程度上決定了這場鬥爭的勝負。

除了這些太監之外，朱棣還和朝中的兩個人有著十分秘密的關係，此二人可以說是他的王牌間諜，當然不到關鍵時刻，朱棣是不會用上這張王牌的，他要等待最後的時刻到來。

黃子澄的致命錯誤

四月，朱棣回到北平後，就向朝廷告病，過了一段時間，病越生越重，居然成了病危。這場病並不是突發的，而是醞釀了相當長的時間。因為在即將到來的五月，朱棣有一件不想做卻又不得不做的事情。

五月，是太祖朱元璋的忌日，按照禮制朱棣應該自己前來，但朱棣敏銳地感覺到如果這次再去京城，可能就回不來了。可是老爹的忌日不去也是不行的，於是他派長子朱高熾及另外兩個兒子朱高煦、朱高燧替代他祭拜。一下子派出三個兒子，除了表示自己重視此事外，另一個目的就是告訴朝廷，自己沒有異心。

朱棣這次可算是打錯了算盤，當時的形勢已經很明瞭，朱允炆擺明了就是要搞掉藩王，此時把自己的兒子派入京城，簡直就是送去的人質。

果然，朱高熾三兄弟一入京，兵部尚書齊泰就勸建文帝立刻將此三人扣為人質。建文帝本也表示同意，誰知黃子澄竟然認為這樣會打草驚蛇，應該把這三個人送還燕王，表明朝廷並無削藩之意，以麻痹燕王。

真正是豈有此理！五六個藩王已經被處理掉，事情鬧得沸沸揚揚，連路上的叫化子都知道朝廷要向燕王動手，黃子澄的臉上簡直已經寫上了削藩兩個字，居然還要掩耳盜鈴！書生辦事，真正是不知所謂。

建文帝拿不定主意，此時魏國公徐輝祖出來說話了，按親戚關係算，這三個人都是他的外甥，他看著此三人長大，十分了解他們的品行，他對朱允炆進言，絕對不能放這三個人回去，因為此三人不但可以作為人質，而且都身負大才，如若放虎歸山，後果不堪設想。現在看來，徐輝祖的算命水準已經接近了專業水準，他的預言在不久之後就得到了證實，但更神的還在後頭。

緊接著，徐輝祖特別說到了朱高煦這個人，他告訴朱允炆，在他這三個外甥中，朱高煦最為勇猛過人也最為無賴，他不但不會忠於陛下，也不會忠於他的父親。

不能不服啊，徐輝祖的這一卦居然算到了二十多年後，準確率達到百分之百，遠遠超過了天氣預報。

可是決定權在建文帝手中，他最後作出決定，放走了朱高熾三兄弟。

如果朱允炆知道在後來的那場戰爭中朱高煦起了多大的作用，他一定會為自己做出的這個決定去找個地方一頭撞死。也正是為此，他後來才會哀歎：悔不用輝祖之言！

可惜，後悔和如果這兩個詞在歷史中從來就沒有市場。

遠在北平的朱棣本來已經為自己的輕率行動後悔，沒想到三個兒子毫髮無損的回來了，好吃好住，似乎還胖了不少，高興得從床上跳了起來，大叫道：「我們父子能夠重聚，這是上天幫助我啊！」

其實幫助他的正是他的對手朱允炆。

精神病人朱棣

朱棣明白，該來的遲早會來，躲是躲不過了，皇位去爭取不一定會有，但不爭取就一定沒有，而且現在也沒有別的退路了，朱允炆注定不會放過自己，不是天子之路，就是死路！

拼一拼吧！

不過朱棣仍然缺少一樣東西，那就是時間，造反不是去野營，十幾萬人的糧食衣物兵器都要準備妥當，這些都需要時間，為了爭取時間，朱棣從先輩們的事蹟中得到啟發，他決定裝瘋。

於是，北平又多了一個精神病人朱棣，但奇怪的是，別人都是在家裡瘋，朱棣卻是在鬧市裡瘋，專找人多的地方。

精神病人朱棣的具體臨床表現如下：

一、鬧市中大喊大叫，語無倫次（但可以保證絕無反動口號）；

二、等到吃飯時間擅入民宅，望人發笑，並搶奪他人飯食，但無暴力行為（很多乞丐也有類似行為）；

三、露宿街頭，而且還是一睡一整天，堪稱睡神。

此事驚動了建文帝的耳目，建文帝便派張昺和謝貴兩人前去看個究竟，此時正是六月份，盛夏如火的天氣，當兩人來到王府時，不禁為眼前的情景驚呆了。

可以捂蛆的天氣，朱棣竟然披著大棉被待在大火爐子前「烤火」，就在兩人目瞪口呆時，朱棣還說出了經典臺詞：「凍死我了！」

這一定是個精神病人，張昺和謝貴馬上就達成了共識，並上奏給建文帝。
為避禍竟出此下策，何等耐心！何等隱忍！
問世間權為何物，直教人生死相許！

二十七 不得不反了！

收到兩人密奏，建文帝很是高興了一陣子，精神病人朱棣自然也很高興，他終於有時間去準備自己的計畫了。

朱棣把事情想得太簡單了，由於一個意外的發生，他的計畫破產了。

朱棣失算了，因為長史葛誠背叛了他，他把朱棣裝瘋的情況告訴了建文帝，並密報朱棣即將舉兵。一向猶豫不決的兵部尚書齊泰終於做出了正確的決斷：他下了三道命令，一、立刻命令使臣前往北平；二、授意張昺和謝貴立刻採取行動監視燕王及其親屬，必要時可以直接採取行動；三、命令北平都指揮使張信立刻逮捕朱棣。

應該說這是一個很好的應急計畫，但就如同我們之前所講，計畫的執行才是最重要的，這個計畫的第一點和第二點都沒有問題，壞事就壞在第三點上。

張信說不上是建文帝的親信，他是燕王親任的都指揮使，齊泰居然將如此重要的任務交給他，簡直是兒戲！想來這位書呆子是聽了太多評書，在他腦子裡，抓人就是「埋伏五百刀斧手於帳後，以摔杯為號！」，完全估計不到權力鬥爭的複雜性和殘酷性。

張信接到任務後，猶豫了很久，還是拿不定主意，他和燕王的關係很好，但畢竟自己拿的是朝廷的工資，如果通知了燕王，那不但違背了職業道德，而且會從國家高級幹部變成反賊，一旦上了這條賊船，可就下不來了。

生死繫於一線，這條線現在就在我的手中！

關鍵時刻，張信的母親幫助他做出了抉擇，她老人家一聽說要逮捕燕王，立刻制止了張信，並說道：「千萬不可以這樣做（逮捕燕王），我經常聽人說，燕王將來必定會取得天下，他這樣的人是不會死的，也不是你能夠抓住的。」

我們可能會覺得納悶，這位老太太平日大門不出，二門不入，她怎麼知道這樣的「天機」？綜合各種情況分析，這位老太太很可能是受到那些散布街頭和菜市場的算命先生們傳播的謠言影響，得出了這樣一個結論。

最終做出如此重大的決策，竟然是受一個如此可笑的理由和論據影響，實在讓人覺得啼笑皆非。

封建迷信害死人啊。

張信的決斷

張信是一個拿定主意就動手的人，他立刻去燕王府報信，但出乎他意料的是，燕王府竟然不見外客，按說這也算燕王氣數已盡，來報信的都不見，還有什麼辦法，可偏巧這個張信是個很執著的人，下定決心，排除萬難，非要做反賊不可。

他化妝後混入王府，再表明身分要求見燕王，燕王沒有辦法，只好見他，但燕王沒有忘記自己的精神病人身分，他歪在床上，哼哼唧唧說不出話來，活像中風患者。張信叩拜了半天，這位病人兄弟一句話也沒有說。

張信等了很久，還是沒有等到燕王開口，看來這位病人是不打算開口了。

張信終於開口說話：「殿下你別這樣了，我有重要的事情要和你說！」那意思就是你別再裝孫子了，有火燒眉毛的事要辦！

誰知朱棣實在是頑固不化，居然繼續裝糊塗，假裝聽不懂張信的話。

張信實在忍無可忍（看來想做反賊也不是件容易的事），站起身來大聲說道：「您就別裝了吧，我身上有逮捕您的敕令（逮捕證），如果您有意的話，就不要再瞞我了！」

於是，一幕醫學史上的奇蹟發生了，長期中風患者兼精神病人朱棣神奇的恢復了健康。在一瞬間完成了起床、站立、跪拜這一系列複雜的動作，著實令人驚歎。

朱棣向張信行禮，連聲說道：「是您救了我的全家啊！」他立刻喚出在旁邊等待多時的道衍，開始商議對策。

事情至此發生變化。

齊泰的後手

張信遲遲不見動靜，應該也在齊泰的意料之中，從事情發展看來，他已經預料到了這一點，因為就在張信去燕王府報信後沒過幾天，張昺和謝貴就手持逮捕燕王官屬的詔書，率領大批部隊包圍了燕王府。

看來齊泰也早就料到張信不可靠，所以才會有兩手準備。

至此，從削藩開始，事情一步步的發展，終於到了不可收拾的地步。

把面具揭去吧！最後決斷的時刻來到了！

朱棣病好沒多久，就立刻精神煥發起來，但他也沒有想到敵人來得這麼快，千鈞一髮之刻，他召集大將張玉、朱能率衛隊守衛王府。由於事發突然，軍隊來不及集結，而外面的士兵人數要遠遠多於王府衛隊，朱棣正面對著他人生中最大的挑戰之一，要取得天下，必先取得北平，而自己現在連王府都出不去！

該怎麼辦呢？

這是朱棣一生中最為兇險的狀況之一，外面喊打喊殺，圍成鐵桶一般，若要硬拼明顯是以卵擊石，怎麼辦才好呢，難道要束手就擒？

辦法不是沒有，所謂擒賊先擒王，只要把帶頭的人解決掉，這些士兵就會成為烏合之眾。但要做到這點談何容易，對方就是衝著自己來的，難道他們會放下武器走進王府讓自己來抓？

關鍵時刻，朱棣突然意識到，自己好像忽略了什麼？

外面這些人到底是來幹什麼的？這似乎是一個很明顯的問題，從他們整齊的制服，兇狠的面部表情，手中亮晃晃的兵器，都可以判斷出他們絕不是來參加聯歡的。但問題在於，他們真的是來抓自己的嗎？

朱棣的判斷沒有錯，張昺和謝貴並沒有接到逮捕燕王的命令，他們得到的命令是逮捕燕王的官屬，偏偏就是沒有逮捕他本人的詔令！

這真是百密一疏，而燕王的膽略也可見一斑，所謂做賊心虛，有些犯過法的人在街上見到大簷帽就跑，也不管這人到底是公安還是城管，原因無他，心虛而已。朱棣竟然在政府找上門來後還能冷靜思考，做賊而不心虛，確實厲害。

於是朱棣下令請張昺和謝貴進王府，此二人並非傻瓜，好說歹說就是不進去。朱棣見狀便列出被逮捕人的名單，並表示這些人已經被抓住了，要交給政府。需要帶頭的來驗明犯人的身分。

這下子兩個人不進也得進了，因為看目前這個形勢不進王府工作就無法完成，而詔書也確實沒有說要逮捕燕王，兩人商量後，決定進府。本來他們還帶了很多衛士一起進府，但被王府門衛以其他人級別不夠拒絕了。王府重地，閒人免進，本來也是正常的，但在非常時刻，如果依然墨守成規就太迂腐了。偏偏這兩位就是這樣迂腐，居然主動示意士兵們聽從門衛的安排，然後兩個人肩並肩，大步踏入了鬼門關。

一進王府，可就由不得他們了，到了大堂，他們驚奇的發現精神病人朱棣扶著拐杖坐在那裡，一幅有氣無力的樣子。見到他們來也不起身，只是讓人賜坐。此場景極類似今日之黑幫片中瘸腿黑社會老大開堂會的場景。朱棣這位黑老大連正眼都不看他們一下。

張昺和謝貴的心中開始打鼓了，可是既然已經來了，說什麼也晚了。所幸開頭的時候氣氛倒還和睦，賓主雙方就共同關心的問題交換了若干意見，情況一時大有緩和之跡象。

就在二人暗自慶幸之時，有侍女端上瓜片（估計是西瓜），燕王朱棣突然腿也不瘸了，親自拿著兩片瓜朝張、謝兩人走來。兩人誠惶誠恐，起來感謝燕王。但他們哪裡知道，燕王這次玩了花樣，他似乎覺得摔杯為號太老套了，要搞搞創新。

二人正要接瓜，朱棣卻不給了，燕王突然間變成了閻王，他滿臉怒氣，指著二人鼻子大罵道：「連平常老百姓，也講究兄弟宗族情誼，我身為天子的叔叔，卻還要擔憂自己的性命，朝廷這樣對待我，天下的事就沒有什麼不能做的了！」

說完，朱棣摔瓜為號，燕王府內眾衛士把張、謝兩人捆了起來，這二位平時上館子都不要錢，沒想到吃片瓜還把腦袋丟了，同時被抓住的還有葛誠。朱棣一聲令下將他們全部斬殺。

這樣看來，那年頭想吃片瓜真是不容易啊。

朱棣扔掉了手中的拐杖，用莊嚴的眼光看著周圍的人，大聲叫道：「我根本就沒有病，是奸臣陷害我，不得不這樣做而已，事已至此，也就怪不得我了！」

決裂！

被殺者的鮮血還未擦淨，朱棣就發表了自己的聲明，現場陷入了可怕的沉默之中。

士兵們知道，就要打仗了，得把腦袋繫在褲腰帶上去拼命。燕王的親屬們知道，自己的命運將會改變，不是從王侯升格為皇親，就是降為死囚。無論如何，改變現狀，特別是還不錯的現狀總是讓人難以接受的。

畢竟大家都是人，都有自己的考慮，類似造反這種事情實在是不值得慶祝的，特別在成功之前。即使是義正言辭的朱棣本人，心底應該也是發虛的。但有一個人卻是真正的興高采烈。

這個人就是道衍，對於他而言，這正是最好的機會。他已經六十四歲了，為了等待這個機會，他已經付出了所有的一切！他的一生中沒有青春少年的意氣風發，也沒有聲色犬馬的享樂，有的只是歷經坎坷的生活經歷和孤燈下日復一日的苦讀。

他滿腹才學，卻未官運亨通，心懷天下，卻無人知曉。隱忍這麼多年，此時不發，更待何時！反了吧，反了吧，有這麼多人相伴，黃泉路上亦不寂寞！

不登極樂，即入地獄，不枉此生！

張昺和謝貴被殺掉了，可是他們的衛士還在門外等著，士兵們看見人一去不返，最先想到的問題倒不是兩人有什麼危險，而是自己的肚皮問題。

畢竟士兵也是人，拿著刀跟著你來拼命，你就要管飯，但是很明顯今天的兩位大哥不講義氣。王府裡面自然好吃好喝，卻把兄弟們晾在外面喝風。時間一長，天也黑了，再等下去也沒有加班費給，於是眾人回家的回家，找娛樂的找娛樂，紛紛散去。

但天下沒有不透風的牆，不久張、謝兩人被燕王殺掉的消息就不脛而走，老大被殺，這還了得，於是眾多士兵操起傢伙回去包圍王府，但他們雖然人多，卻沒有主將指揮，個別士兵雖然勇猛，也很快就被擊潰。

開弓沒有回頭箭，既然幹了，就幹到底吧！

朱棣立刻下達第二道命令，奪取北平！

大將張玉率兵乘夜攻擊北平九門。此時九門的士兵根本反應不過來，也沒有做激烈的抵抗，朱棣沒費多少功夫，就取得了九門的控制權。

在當時，只要控制了城池的城門，就基本控制了整個城市。所謂關門打狗的成語不是沒有道理的，建文帝花了無數心思，調派無數將領控制的北平城在三日內就被燕王朱棣完全佔據。城中將領士兵紛紛逃亡，連城外的明將宋忠聽到消息，也立刻溜號（注），率兵三萬退到懷來。朱棣終於奪取了北平城，這座曾是元朝大都的城市現在就握在朱棣的手中，他將在這裡開始自己的霸業！

給我一個造反的理由

朱棣為這一天的到來已經準備了很久，士兵武器糧食都十分充足，但他還缺少一樣東西，那就是造反的理由。

造反需要理由嗎？需要，非常需要。在造反這項活動中，理由看上去無關緊要，但實際上，理由雖不是必須的，卻也是必要的。

對朱棣而言更是如此，自己是藩王，不是貧農，造反的對象是經過法律認可的皇帝。無論從哪個方面來看，自己都是理虧的。所以找一個理由實在是很有必要的，即使騙不了別人，至少可以騙自己。

於是朱棣和道衍開始從浩如煙海的大明法條規定中尋找自己的依據，這有點類似今天法庭上開

*溜號：開溜

庭的律師翻閱法律條文，尋找法律漏洞。功夫不負有心人，他們終於找到了法律規則的漏洞，打了一個漂亮的擦邊球。

朱元璋並非完全沒有料到自己的兒子將來有可能會造孫子的反，他制定了一套極為複雜的規定，用來制約藩王，但為了防止所謂奸臣作亂，他又規定藩王在危急時刻可以起兵勤王。即所謂「朝無正臣，內有奸惡，則親王訓兵待命，天子密詔諸王，統領鎮兵討平之」。

但這個規定有一個關鍵之處，那就是需要天子密詔。而在朱棣和道衍看來，這個問題是不難解決的，他們充分發揮了自己厚黑學的本領，對這一點視而不見，公然宣稱朝中有奸臣，要出兵「靖難」，清君側。

更讓人難以置信的是，他們居然還將這一套歪論寫成奏摺，公然上奏朝廷，向朝廷要人，擺出一副義憤填膺的模樣，這就如同街上的地痞打了對方一個耳光，然後激動地詢問肇事者的去向，並表示一定要為對方主持公道。

「靖難」理論的提出和發展充分說明朱棣已經熟練的掌握了權謀規則中的一條重要原理：

如果你喜歡別人的東西，就把它拿過來，辯護律師總是找得到的。——腓特烈二世原創

不祥的預感

既然一切都準備好了，該幹什麼就幹什麼吧，但是中國自古就是禮儀之邦，即使是造反這種事情也是需要舉行一個儀式的，領導要先發言，主要概述一下這次造反的目的和偉大意義，並介紹一

下具體執行方法以及撫恤金安家費之類的問題。然後由其他人等補充發言，士兵鼓掌表示理解，之後散會，開打。

朱棣的這次造反也不例外，早在殺掉張、謝二人之前的一個月，他已經糾集一些部下舉行過一次誓師儀式，當然，是秘密進行的。但在那次活動中，出現了一個意外，使得朱棣產生了一種不祥的預感。

那是在六月七日，他召集一群參與造反的人宣講造反的計畫，並鼓舞士氣。但就在他講得正高興的時候，突然風雨大作，房屋上的瓦片紛紛被吹落。眾人頓時面如土色。

這實在不是一個好的兆頭，當時的人可不會從房屋品質、天氣情況上找原因，本來商量的就是見不得人的事情，突然來這麼一下子，莫不是老天爺反對自己造反？

朱棣也慌了，講得正高興的時候，老天爺來砸場子，事發突然，他也愣住了。關鍵時刻，還是道衍發揮了作用，他大聲說道：「真龍飛天，一定會有風雨相隨，現在瓦片落地，正是大吉大利的預兆！」

於是一番封建迷信宣傳過後，掉瓦片就成了上天支持朱棣的鐵證。看來上天倒真是一個隨和的人，總是按照人們的意願行事，所謂替天行道之言，實在不可深信。

小兵們好糊弄，他們沒有多少文化，沒見過老天爺，也沒見過皇帝，上級說什麼他們就信什麼，可是朱棣不同，他十分清楚所謂的皇帝天子到底是個什麼玩意，什麼天意歸屬、天星下凡都是自己編造，用來糊弄別人、安慰自己的。真要到了緊要關頭，只能靠自己。

他曾經不止一次的把自己和當朝皇帝作比較，無論從軍事、政治哪一方面來看，自己都要遠遠勝過那個毛小孩。而且他對自己的軍隊有絕對的信心，京城的那些部隊養尊處優，久不經戰陣，自然比不上自己手下的這些虎狼之士。

但畢竟那個在京城的人才是真正的皇帝，自己只是一個藩王，要想登上那個寶座，還有很長的路要走，兇險難測啊。

朱棣的預感並沒有錯，他即將走上的是一條異常艱苦的道路，貴為皇子的他必須要經歷金戈鐵馬、九死一生的戰場拼殺，去奪取自己的天下。而他遇到的敵人絕不僅僅是黃子澄那樣的無能之輩，還有很多十分厲害的對手在等待著他，他也將在不久之後吃到這些人的苦頭。

不用再考慮了，前路縱然艱險，總勝過坐地等死！

起兵！朱允炆，把你的寶座讓給我！

宋忠的應對

宋忠是一個名字不太吉利，軍事才能也很一般的人，本來在建文帝的布局中他並不是什麼重要的人物，事情急轉直下，卻將他推向了風口浪尖。

北平附近的南軍全部湧向了他所在的懷來，情況一片混亂，關鍵時刻，宋忠表現出了驚人的勇氣，他在短時間內收容和安排了許多士兵，並將他們重新編隊。但是士兵們的慌亂是他無法平息的。在很多時候，平息慌亂的最好方法是憤怒，為了盡快恢復士兵們的戰鬥力，宋忠決定撒一個謊，他平生可能撒過許多次謊，但事實證明這個謊話是比較蹩腳的。

宋忠派人傳播謠言，說家在北平的士兵家屬們都被燕王殺掉了，士兵們果然群情激奮，準備拼死一戰，宋忠這才安下心準備與燕王作戰。

可是當燕王的軍隊真的發動進攻時，意想不到的事情發生了，打頭陣的敵方士兵們並沒有衝上來拼殺，而是不斷大喊大叫，喊叫內容類似今天在機場火車站出站口接人時說的那些話，一時間父子兄弟表哥堂弟的喊聲此起彼伏。

原來朱棣得知了宋忠的這個謊言，他特意安排這些士兵的親屬打頭陣，用來瓦解宋忠的軍心。這一招十分有效，宋忠手下的士兵頓感上當，於是紛紛逃走。宋忠沒有辦法，只好自己親自上陣，但大勢已經不可挽回了。戰鬥結果，宋忠全軍覆沒，他本人也被活捉。

朱棣曾經想勸降宋忠，被他嚴詞拒絕了，最後被朱棣殺害。宋忠雖才具不高，卻有決戰之勇氣，寧死不屈，對得起他名字中的那個忠字。

戰敗的消息很快就傳到了朝廷，建文帝大驚失色，他終於明白一直害怕發生的事情最終還是發生了，現在只能用刀劍來說話了。

唯一的人選

朱元璋殺戮功臣的惡果終於顯現出來，當建文帝朱允炆環顧四周時，驚奇的發現他很難找出一個真正有戰鬥經驗的人去對付朱棣。

只剩下耿炳文了。

耿炳文是朱元璋的老鄉，身經百戰，戰場經驗豐富，為朱元璋所信任，並在戰後被封為長興侯，一等功臣。很明顯朱元璋當年殺掉無數功臣卻獨獨留下他，正是為了今日之變。

朱允炆的考慮是對的，當時唯一的人選只能是耿炳文，但他也犯了一個錯誤，他似乎並沒有仔細思考一個問題，為什麼他的爺爺偏偏要留下耿炳文呢？

洪武年間，名將如雲，耿炳文雖然是一個不錯的將領，但並不十分突出，在那個名將一抓一大把的年代，比他強的將領數不勝數，比他低調的也不在少數。朱元璋殺掉那麼多開國功臣，卻把他留下來。此人到底有什麼過人之處呢？

其實秘密就藏在他的封號中，耿炳文之所以被封為長興侯，是因為當年他駐守長興十年，抵禦張士誠的進攻，城池固若金湯，一直未被攻破，極大地牽制了張士誠的力量。

每個將領都有他自己的長處，也有他的短處，耿炳文的長處就是防守。聯繫起來看，你不得不佩服朱元璋的精明，擅長進攻的藍玉、王弼都被他殺了，擅長防守的耿炳文卻被留了下來，即使將來耿炳文真有異心，也翻不起多大的浪。而如果有外敵入侵，耿炳文就可以派上用場了。

可是朱允炆交給他的任務卻是進攻，而進攻的對象是從小混跡於名將之中，深通兵法的朱棣。他的軍事天賦絲毫不遜色於洪武朝的一流名將，碰巧的是他的長處正是進攻。

耿炳文接受了使命，一場矛與盾的交鋒即將開始。

朱允炆十分清楚，他的叔叔朱棣這次是來玩命的，馬虎不得，於是他將三十萬大軍的指揮權交給了耿炳文，希望他將叛軍一舉蕩平。為了表示對此事的重視，他還親自送耿炳文出征，也就是在這次送行活動中，朱允炆做出了他一生中最愚蠢的事情。

他在將軍隊交給耿炳文的同時，語重心長的對他說：「請你務必不要讓我背上殺害叔叔的罪名啊。」

雖然他一生中做過很多蠢事，但我認為這件事是最愚蠢的。

這就好比拿著刀去和人家拼命，砍傷目標後就停手，然後送對方去醫院，等他出院後接著打。朱允炆雖然從朱元璋那些學到了很多東西，但關鍵的一條規則他並沒有領會，這也是朱元璋一生的信條。

要麼不做，要麼做絕。

想必接到朱允炆命令的耿炳文也是一頭霧水，打仗還不能傷害對方主帥，是什麼道理？但他還是頂著霧水出發了。迎接他的將是兇險未卜的命運。

八月，耿炳文率領大軍到達了真定，他派遣徐凱駐守河間，潘忠駐守莫州，楊松為先鋒進駐雄縣，待主力會集後再發動進攻。可以看出，耿炳文確實經驗老到，他深知深入敵境作戰，應穩紮穩打，他擺出的這個三角形陣勢充分展現了其豐富的戰鬥經驗和紮實的幾何學功底。

萬事俱備，只等朱棣了。

張玉的狂言

朱棣比他的侄子更了解耿炳文，他明白這位老將並不簡單，絕不能輕敵。於是在戰前他派了自己手下的第一大將張玉去偵察敵情。然而張玉偵察敵情後卻給了他一個意想不到的回覆。

年輕的張玉似乎沒有把老前輩放在眼裡，他告訴朱棣，敵軍的紀律渙散，潘忠和楊松都是無謀之輩，耿炳文不過是個老傢伙，打敗他們打開南下之路，易如反掌。

在我們的經驗中戰前口出狂言，往往都沒有什麼好下場，可是有些時候，口出狂言者是有著充足的資本的。

張玉就有這個資本，他是經過仔細分析和研究後說出這番話的，而朱棣也認同他的這一看法，他親自帶兵抵達婁桑，準備發動他的第一波進攻。

朱棣的進攻對象正是楊松駐守的雄縣，他還為自己的這次進攻選擇了一個絕妙的時機——中秋之夜。

朱棣選擇中秋之夜開始進攻是經過充分考慮的，士兵也是人，即使打仗時也是要過節的，想想家裡的爹娘和老婆孩子。可是對於雄縣的那些士兵而言，他們的思念將到此為止。

朱棣的士兵們沒有過中秋節，他們趁著黑夜悄悄爬上了城頭，此時城內的士兵們個個喝得大醉，沒有任何防備，突然見到這些不速之客，不由得大驚，當然他們也絕對不會把這些人錯認為嫦娥或是吳剛的。於是主帥楊松一面派人向潘忠求援，一面組織士兵奮起反抗，楊松知道，己軍勢如犄角，如若潘忠能及時來援，必能擊退敵軍。

但是遺憾的是，由於寡不敵眾，楊松本人及其所部全部戰死，他沒有能夠等到援軍到來的那一刻。

援軍在哪裡呢？

潘忠確實接到了楊松的求援，他立刻意識到戰鬥已經開始，境況緊急。如果楊松的雄縣失守，自己也要完蛋，於是他親自帶騎兵奔襲雄縣。

加快速度！楊松你一定要堅持住，援軍馬上就到！

他的速度確實不慢，很快就到達了一座名為月漾橋的石橋，此時的潘忠自然沒有心思去管這裡到底是什麼地方，但如他原先來過這裡，再仔細觀察一下，就會發現橋底多了很多水草。

就在潘忠和他的部隊奔過橋後，突然炮聲四起，橋底的水草不見了，無數士兵冒了出來，佔據了大橋，截斷潘軍後路，而路邊和前方也出現大量燕軍，向潘忠發動猛烈進攻。潘忠進退不能，被關起門來猛打，頃刻全軍覆沒，他本人也被活捉。想來他被捉的時候應該還沒有緩過勁來。

朱棣不是一個頭腦簡單的人，他看破了耿炳文的陣勢，明白其分軍厲害之處就在於互相支持，互為照應，只要雄縣出事，潘忠必定來救並內外夾攻。但耿炳文沒有想到朱棣動作如此之快，用閃電戰打了一個時間差，解決楊松後居然還在援兵必經之路上設下埋伏。一箭雙鵰，實在是厲害至極。

朱棣旗開得勝，但他也明白，真正的決戰和考驗還在後面，不久之後他將面對耿炳文本人和他的三十萬大軍。那才是真正的考驗。

戰機

正當朱棣籌畫下一步的攻勢時，一個人來到了他的軍營，這個人叫張保，是耿炳文的部將。此人並非假投降，他向朱棣提供了重要情報，那就是明軍目前處於分散狀態，三十萬部隊並未到齊，現在只有十餘萬人分布在滹沱河南北兩岸。如果能夠分別擊破，將獲大勝。

聽到這個消息，眾人都很高興，他們也認為趁對方兵力分散進行攻擊能夠獲得勝利，應立刻進兵。然而朱棣的反應卻大出所料。

他沒有如張保所說去攻擊分散的明軍，而是安排張保回營告訴耿炳文，自己的大軍已經逼近，讓耿炳文作好準備。

這又是讓人疑惑不解的一招，莫非朱棣嫌敵人太少？

沒錯，他就是嫌敵人太少，太分散，他的真實計畫是讓耿炳文得到消息後合兵一處，然後與自己決戰！在他看來，敵人分兵兩處反而不容易打敗，自己有可能會腹背受敵，還不如把他們集中在一起收拾掉。

從這個計畫來看，朱棣對自己的指揮能力有著極強的自信心，在他看來耿炳文的軍隊並不可怕，他所需要的不過是一場面對面的決戰！

耿炳文果然如朱棣所料，將自己的部隊合兵一處，等待著朱棣的到來。無論張保是不是間諜，這都是他的唯一選擇。

對於已經六十餘歲的耿炳文來說，快到退休的年齡還要打仗實在不是一件讓人愜意的事情。而當他得知自己精心布下的陣形被突破，楊、潘二人如切菜一樣被朱棣處理掉時，也不禁為這個年僅四十歲的天才將領的軍事能力而驚歎。他是見過世面的人，徐達、常遇春、李文忠等人的身影陪伴了他很多年，他們那勢如破竹的攻勢、神鬼莫測的判斷能力都給他留下了深刻的印象。在那個時候，自己只能在這些人的光芒之下做一些力所能及的事情。隨著這些人的去世，他也曾自負的認為天下能打仗、會打仗的人不多了。

但是現在，他終於完全認識到：自己面對的是一個可怕的敵人，一個很會打仗，很難對付的敵人。

他的專長並非進攻，而朱棣的軍隊不斷向他逼近，他沒有辦法，只能合兵，等待著對方的進攻。這對於一個帶領三十萬軍隊的將領而言實在是一種恥辱。是死是活總要有個結果的，朱棣，你來吧！

真定潰敗

朱棣在得知耿炳文合兵後，立刻開始了攻擊，但他所謂的決戰並不是帶領全部兵力和對方拼命，因為他清楚，決戰也是有很多方式的。

耿炳文終於看見了朱棣的旗幟，他等待著朱棣的到來。

真定之戰就此拉開序幕，但在這場戰役中，北軍沒有指定做先鋒的將領，因為這個光榮的職位由朱棣自己兼任了，當然也是不會有人跟他搶的。

朱棣喜愛戰爭，戰火中出生的他似乎和戰爭結下了不解之緣。當他跨上馬，聽著那熟悉的號角聲和吶喊聲，揮舞馬刀殺向敵陣時，他似乎更能找到自己存在的價值。

喊殺聲是他的音樂，鎧甲是他的服裝，屍山血河是他的圖畫，他屬於這個地方。

耿炳文等了很久，他相信朱棣就在對面陣中的某個地方看著他，可他等了很久，還是不見朱棣出戰，到底搞的什麼名堂？

耿炳文注定等不到朱棣了，因為朱棣並沒有從正面進攻，他沒有去赴耿炳文的約會，放了對方鴿子，卻親自帶領著數千人繞了個圈，從城池的西南面突然衝了出來！這下耿炳文真是被打了個措手不及，兩營被攻破，損失慘重，但他不愧經驗老到，並不慌亂，立刻列兵出陣。他相信自己的兵力與對方比並沒有太大的劣勢，還是可以拼一下的。

然而北軍的反應簡直如同閃電一般迅速，他剛帶兵出戰，正面的北軍立刻就發動了攻擊！

等待已久的北軍在張玉、譚淵、朱能的帶領下對耿炳文的南軍發動了猛烈進攻，這些經常與蒙古人打交道的北軍戰鬥力自然遠遠勝過了疏於戰備的南軍。在他們的攻擊下，南軍敗相初現，而陣中的耿炳文又得到了一個不幸的消息，游擊隊員朱棣已經繞到了他的背後發動進攻。

這下算是完蛋了。

兩下夾擊之下，耿炳文再也抵擋不住，他帶領部隊退到了滹沱河東，但北軍大將朱能卻緊追不捨，耿炳文不是膽小鬼，當他定下心來仔細觀察敵情時，他驚奇地發現，緊追自己數萬大軍的朱能居然只帶了三十來個人。

幾十個人就敢追逐數萬大軍！實在太欺負人了。耿炳文立刻命令停止撤退，重新列隊，他要看看這些人是不是真的刀槍不入。

不要命的朱能

朱能發現南軍停止了撤退，並列好隊伍準備迎戰，他明白，南軍為了軍人起碼的榮譽，要拼命了。窮寇莫追，如果識時務的話，似乎應該撤走了。

但朱能很明顯是一個不要命的人，不要命的人不懼怕敢拼命的人，他不但沒有停止追擊，反而加快了速度，帶領剩下的幾十人冒死衝進敵陣！事實證明，人只要不怕死，是什麼奇蹟都可能創造的。耿炳文的南軍本來已是敗軍，被朱能這麼一衝，居然又一次崩潰。棄甲投降者三千餘人。

耿炳文再也沒有自信了，他率領剩下的士兵退進了真定城。在城池裡他才能發揮自己的強項。

北軍大勝，他們接著攻擊城池，但耿炳文又一次證明了他能夠被選中活下來實在不是偶然的事情，當年的張士誠我都不怕，還怕你們這些人麼？

北軍連續攻擊了三天，耿炳文就憑著這些殘兵堅守真定，使得北軍毫無進展，如果這些進攻者知道耿炳文堅守城池時間的最高紀錄，只怕會暈過去。

但是無論如何，耿炳文十分清楚，自己輸了，輸得心服口服。他似乎從朱棣的身上看到了李文忠的影子。

朱棣，你贏了，你已經超越了其他人，成為這個時代最優秀的將領，而我已經被淘汰了，我不是你的對手。

但這個時代真的沒有人可以與你匹敵嗎，不會的，上天是公平的，他不會讓你獨自表演下去的，你的對手終歸會出現的，雖然不是我。

二十八　你死我活的戰爭

耿炳文是十分精明的，他知道只要自己在這裡堅守下去，北軍會逐漸瓦解，到時就能不攻自破，因為畢竟這些人是反叛者。

但是隨後朝廷中的一場爭論讓他的如意算盤化為了泡影。

黃子澄的第二次誤判

當耿炳文戰敗的消息傳到朝廷後，朱允炆才意識到問題的嚴重性，他終於慌了，此時黃子澄又出了一個餿主意，他提議由李景隆擔任主帥。關鍵時刻，齊泰堅決反對這一提議，但遺憾的是，他的意見並沒有被採納。

黃子澄又一次誤判了形勢，一個人做一件蠢事並不難，難的是一直做蠢事。只要回顧一下此人以往提出的各種天才意見，就會發現他確實完成了這個高難度的任務。如果此人後來不是盡忠而死，恐怕逃脫不了燕王間諜的嫌疑。

於是紈袴子弟李景隆就成為了新的統帥，這次他的兵力達到了五十萬，他帶著自己的軍隊浩浩蕩蕩的開赴戰場，一同帶走的還有朱允炆獲勝的希望。

李景隆的悲哀

朱棣正在自己的大營裡發愁，耿炳文確實是老狐狸，知道自己不能久戰，便堅守不出。這一招使得朱棣焦急無比卻又無法可施。

時間對於耿炳文來說並不重要，他大可每天喝喝茶，澆澆花打發時間，但對於朱棣來說，時間比黃金還要寶貴。因為朱棣是一個造反者。造反者從某種意義上來說可以歸入假冒偽劣產品之列，這種東西在亂世可能還很有市場，但現在是太平天下，對政府不滿的人並不多，要想找鬧事的人實在並不容易，萬一哪一天這些人不想造反了改當良民，把自己一個人丟下當光桿司令，那可就不妙了。

必須盡快解決這個問題。

也就在此時，他的情報人員告訴他，耿炳文被撤換，由李景隆接任指揮職務。

朱棣簡直不敢相信自己的耳朵，想什麼來什麼，他跳了起來，興高采烈的發表了一番演講。如果要給這個演講取個名字的話，可以命名為《論李景隆是軍事白癡及其失敗之必然性》。

演講共有五點，這裡就不列舉了，總之推出的結論就是李景隆必敗！

一個統帥剛走馬上任，還未打一仗，居然會讓對方主帥高興得手舞足蹈！

悲哀！李景隆，我真為你感到悲哀！

無論李景隆在朱棣的眼中是多麼的無能，但他畢竟有五十萬軍隊。朱棣可以瞧不起李景隆，但不能瞧不起那些士兵。在短暫的高興後，他又陷入了沉思。

以自己目前的兵力如要硬拼，勝算並不大，而對方的後勤補給能力要遠遠勝過自己，拼消耗也並不是理想的方法。只有積聚力量給對方一個致命的打擊才能從根本上解決問題。

但自己的力量是不夠的，雖然士兵們戰鬥力強，但數量並不多，並且還要派人防守北平附近的大片根據地，總不能找那些沒有受過訓練的老百姓去打仗吧。可是目前能夠召集的有戰鬥力的士兵就這麼多了，還有什麼力量可以借助呢？

只有那個人了，只能借助他的力量才能確保獲得勝利，沒有其他辦法！

但這件事情必須要仔細策劃，親自執行，因為別人是對付不了那個人的。可是大敵當前，李景隆就是再白癡，只要知道自己帶兵外出，就一定會來攻擊北平。北平能夠抵擋得住五十萬大軍的攻擊嗎？

顧不了那麼多了！死守在這裡也是凶多吉少，反正已經豁出去了，就賭一把吧！

朱棣把防守北平的任務交給了自己的長子朱高熾，並鄭重地告訴他：「我把城池交給你，你一定要守住，待我大軍歸來之日即是全勝之時！」

身有殘疾的朱高熾還是第一次看到父親用如此嚴肅的語氣和自己說話，他隱約的感到，一場嚴峻的考驗即將到來。

朱高熾的感覺沒有錯，這一戰不但將決定朱棣的命運，也將影響他自己未來的人生。

寧王！

朱棣一向眼界甚高，在眾多藩王中，他瞧得起的也就那麼幾個人，而寧王絕對是其中的一個。時有人評價諸王，有「燕王善戰，寧王善謀」之語。以燕王如此狡猾之輩，竟然還有寧王善謀之語，可見此人確實厲害。

而在朱棣看來，寧王最厲害的就是他手下的那支特殊武裝——朵顏三衛。這是一支朱棣做夢都想得到的部隊，也是當時戰鬥力最強的軍隊。但這些部隊已經明令歸寧王指揮，想要染指只有一個辦法，那就是先解決寧王。

在這場削藩的鬥爭中，寧王也未能倖免，建文帝對這個能征善戰的叔叔並不放心。在對燕王動手的同時，也把手伸向了寧王，而寧王顯然沒有朱棣那樣的反抗精神，他雖然不願意服從，卻也沒有反叛的企圖。不過在他的內心確實存在著兔死狐悲的複雜情感。

朱棣正是利用了這一點，他率領自己的軍隊到達了寧王的屬地，引起了寧王的警覺，雖然自己目前境況不得意，但還是不想做反賊的。他命令自己的軍隊做好準備，如有意外，就讓這位善戰的燕王受點教訓。

可是朱棣的行為讓他大吃一驚，這位王兄把軍隊部署在城外，單槍匹馬進了城，寧王這才接見了他。一見面，朱棣就擺出了一副苦大仇深的模樣，痛斥建文帝對他的迫害，並表示自己已經無處可去，只好來找兄弟當中間人向朝廷求情，赦免自己，順便在這裡混吃混喝。

寧王終於摸清了朱棣的來意，他欣然答應了朱棣的要求，在他看來，這位一向號稱藩王中最強的人也不過是個軟蛋，靖難靖到一半就準備投降了，信自然會寫，但朝廷是否饒恕他那就不關自己的事了。

此時一副可憐相的朱棣小心翼翼的提出了另一個要求，由於自己的部下都在城外，多有不便，能否允許手下部分官吏進城，也好安排相關事宜。當然大批軍隊是不會入城的。

寧王本來有些猶豫，但在得到軍隊不進入城內的保證後，也就同意了。他相信一群不帶武器的人翻不起滔天巨浪。

朱棣嚴格遵守了規定，沒有派大批軍隊入城，但他派入城中的人卻帶著另一樣威力巨大的武器——金錢。

朱棣就在寧王的地盤待了下來，每天除了吃吃喝喝就和是與寧王談天，出乎意料的是，他並沒有勸說寧王參加自己的隊伍，也沒有提出任何過分的要求。這樣的客人自然是受寧王歡迎的，但意思意思也就夠了，寧王無時無刻都在提醒自己，眼前的這個人畢竟是反賊，還是早點禮送出門的好。

但還沒等他表達出這個意思，朱棣自己就主動提出來了，他表示在此地已經待得太久了，希望回去。寧王大喜過望，這個瘟神終於要開路了。他十分高興，表示要親自去送行。

送行的儀式在郊外舉行，無論真情假意，自然也有一番依依話別。寧王此時也有些愧疚，遺憾的對朱棣說：「可惜我沒有能夠幫上老兄什麼啊。」

朱棣笑了，他一把拉住寧王，說道：「既然如此，老兄和我一起去靖難如何？」

這就不是客氣話了，寧王立刻正色說道：「如大哥需要什麼可以直說，靖難之事就不要開玩笑了。」

朱棣看著他的眼睛，認真的搖了搖頭，「我確實需要你，不但需要你，還需要你的朵顏三衛和你所有的一切，你跟我一起走吧。」

寧王終於明白朱棣的目的了，但他是不會輕易認輸的。「難道你認為在我管轄的地方可以任你胡來嗎？」

「我明白，」朱棣又笑了，「所以才讓你到郊外來送我。」

朱棣一聲令下，早已布好的伏兵一起殺出，控制了局勢，寧王也想動手，卻發現自己的手下已經不聽使喚，原來那些見錢眼開的朵顏三衛首領已經被朱棣派進城的人買通，變成了朱棣的人。霎那間，朱棣從客人變成了主人，除了大將朱鑒奮力抵抗戰死外，其他的人早已放下了武器。

人真是靠不住啊，以善謀著稱的寧王就這樣被另一個善謀的人挾持，一同踏上了靖難之路。他鬱悶的心情是可以理解的，但在目前這個環境中，他只能屈服，而他的這種態度也讓朱棣十分滿意，最後把他和他的子孫安置到了江西，也算給了他一個好的結局。

當然朱棣絕不會想到，一百年後，這位寧王的子孫也會依葫蘆畫瓢，去造他後代的反。這真是應了那句名言：

出來混，遲早要還的。

北平的防禦

就在朱棣在寧王處籌畫陰謀時，北平也遭到了攻擊，李景隆果然如朱棣所料，親自帶領五十萬南軍圍攻北平，他在北平九門都修築了堡壘，並派兵攻擊通州，同時他還在鄭壩村設置了九座大營，作為進攻的基地。

一切準備停當後，他對北平發動了進攻。

此時駐守北平的是朱棣的長子朱高熾，朱高熾是一個身有殘疾的人，根據史料分析，他可能在小的時候得過小兒麻痹症之類的病，行動不方便，出入都要人攙扶。在很多人眼裡，他只是一個廢人。但朱棣卻十分了解這個外柔內剛的兒子。他相信這個瘸子的內心遠比其外表堅強得多，而他這次將防守北平的任務交給朱高熾，也正說明了對這個兒子的信任。

但信任是一回事，守不守得住又是一回事。

事實證明，五十萬人攻城絕不是開玩笑的，南軍使用大量火炮配合攻城，幾十萬人像螞蟻一樣往城牆上爬，城內守軍雖然有萬全的準備，但還是被如此大的陣勢嚇壞了，正是這一愣神的功夫，戰局出現了變化。

順城門的守軍由於準備不足，大部潰散，南軍趁此機會，猛攻此門，眼看就要攻破，大將梁明趕到，整頓了部隊加入防守，而更讓人稱奇的是，城內的一群婦女也發揮不愛紅妝愛武裝的精神，使用特殊武器——板磚和瓦片攻擊攻城部隊，這樣看來，板磚拍人之說也算歷史悠久，古已有之。

當然這種攻擊行為有多大作用倒很難說，但是起碼它鼓舞了守城士兵的士氣，幫助他們抵擋住了這次進攻，經過激戰，圍攻順城門的部隊被擊退，北平暫時保住了。

朱高熾的思維遠比他的行為要迅速的多，他明白這樣下去，北平遲早是不保的，要想守到父親回來，必須想別的方法，於是他制定了一個大膽的計畫。

此時的李景隆看著這座搖搖欲墜的北平城，心中十分得意，他是李文忠的兒子，且生得相貌堂堂，但一直都有人說他不過是個紈袴子弟，沒有多大本事。當然紈袴子弟從來都不會承認自己紈袴的。他一直在找機會證明自己。

這就是一個絕好的機會，他相信只要攻下北平，擊敗朱棣，就能從父親的陰影中走出來，讓所有的人都承認自己！

事實證明，打仗似乎並不難，眼前的這座城市已經堅守不了多久了，孤城一座還能玩出什麼花招，勝利入城的日子不遠了。

然而夜晚來臨時，戰局卻出現了他所想不到的變化，城內的北軍居然越城而出，分成小隊，主動對城外大軍發動了偷襲進攻！南軍萬沒料到城內的孤軍竟然還敢主動出擊，一時間大亂，為了確保安全，李景隆下令退後十里紮營。

但並非所有的人都像李景隆那麼無知膽怯，都督瞿能就是一個有見識的人，他從紛亂的戰局中發現了戰機，他準確的判斷出北軍的夜襲只是掩人耳目，爭取時間，看似混亂的時候正是破城的最好時機！

他仔細觀察了城池的防守情況後，認準了張掖門是最弱的一環，率領著自己的數千人猛攻此門，情況確實如他所料，北軍確實是虛張聲勢！在他的攻擊下張掖門的守軍紛紛潰退，眼看城門就要被攻破，李景隆卻做出了一件為人不恥的事情。

李景隆果然不負其軍事白癡的聲名，沒有辜負朱棣對他突發性弱智的期望，眼看著城門就要攻破，卻立刻下令停止攻擊，原因很簡單，他不想被人把功勞搶走（景隆忌之）。

有李景隆這樣的上司，就是神仙也沒有辦法打勝仗。

所謂天予不取必受其咎是有道理的，就在李景隆準備齊集兵力再次進攻時，老天爺出來說話了。

此時正值十一月，氣溫極低。雖然歷時數百年，此地從北平到北京，名字變了多次，但除了沙塵暴日益頻繁外，天氣是沒怎麼變的。今天的街道上不斷有化雪車清除道路，行人們穿著厚厚的棉衣和防滑鞋上班還要小心翼翼。可當時的南軍士兵們要做的卻是在冰天雪地中攻城。

而城內的朱高熾雖然沒有學過物理，但應該也有不錯的自然科學造詣，他讓人往城池上不斷澆水，待得第二日來看時，北平城已變成了一座冰城，這一方法似乎也可以用來製造冰雕，簡單且實用。

城外士兵們就苦了，別說攻城，眼前的這個大冰磚連個搭手的地方都沒有，只能望城興歎。

就在李景隆的愚蠢和老天爺的幫忙下，朱高熾堅守住了城池，並等到了父親的歸來。北平防衛戰是李景隆的恥辱，卻是朱高熾的機遇，正是這一戰為他爭取了足夠的政治資本。日後他登上皇位時想必也會感謝李景隆吧。

朱棣歸來

朱棣回來了，此時的朱棣已經不是一個月前的朱棣了。在他的麾下終於聚集了當時最為強悍的朵顏三衛騎兵，對於有了強力外援加盟的優秀將領朱棣而言，手下士兵的強悍程度是與軍隊的整體戰鬥力成正比的，而對於李景隆這樣的軍事蠢材而言，士兵的素質往往只與他本人的逃跑成功率有關係。雖然朱棣的兵力數量仍然遠遠不如李景隆，但他明白，所謂五十萬軍隊的統帥李景隆不過是一隻外硬內軟的雞蛋，現在他就要把李景隆這隻雞蛋徹底碾碎！

李景隆的指揮部設在鄭村壩（距北京二十公里），他雖然反應遲鈍，卻也知道朱棣離開北平必有返回的一天，在得到朱棣班師的消息後，他派部將陳暉率一萬騎兵前去阻擊，但令陳暉哭笑不得的是，他並沒有攻擊的具體地點和目標，這是因為派他出去的李景隆也不知道朱棣在哪裡！

但命令還是要執行的，於是陳暉就帶著自己的一萬部下踏上了漫長的尋人之旅。可是這天寒地凍的時候，能見度又低，去哪裡找人呢，陳暉只好帶著自己的部隊到處亂轉，但陳暉不知道的是，朱棣就在離他不遠的地方向著北平挺進。

不知是幸運還是不幸，陳暉與朱棣的軍隊竟然擦肩而過，未曾相遇。但當陳暉經過朱棣曾經的行軍路線是，發現了大量的馬蹄印和行軍痕跡，終於找到敵人了！陳暉異常興奮，沿著痕跡一路跟隨朱棣的軍隊，他沒有馬上動手，而是準備靠近本軍大本營後來一個前後夾擊。

應該說這個計畫本來是不錯的，但可惜陳暉不是藍玉，而朱棣更不是捕魚兒海邊的北元皇帝，就在陳暉發現朱棣後不久，朱棣就察覺到自己被跟上了，他也沒有和陳暉廢話，派遣新進的朵顏騎兵去攻擊陳暉，這些蒙古人剛收了朱棣的好處，正想找個機會顯示一下自己的能力，他們三下五除二，把陳暉的一萬士兵全部打垮，陳暉本人算是運氣不錯，逃了回去。

這一戰大大增強了北軍的士氣，很快北軍就到達了李景隆的大本營鄭村壩，已經得到消息的李景隆已經整備好了軍隊，準備迎戰他的這位兒時夥伴。而朱棣也將在這裡給他這位紙上談兵的表侄上一堂真正的軍事理論課。

鄭村壩之戰就此開始，朱棣派出最強的朵顏三衛以中央突破戰術直衝南軍大營，這些蒙古騎兵果然名不虛傳，以萬軍不當之勢連續攻破南軍七營，打得南軍四散奔逃，這也深刻地說明，只要給得起價錢，是能夠請來好外援的。

南軍雖然慘敗，但畢竟實力尚存，在經過一番整頓後，逐漸穩住陣腳，開始與北軍作戰，幾十萬人奮死拼命廝殺，打得天昏地暗，血流成河。戰局陷入僵持狀態對朱棣是不利的，因為他並不適合打消耗戰，為了能夠盡快解決戰鬥，他向身邊的人徵求作戰意見。

此時一個叫馬三保的人明確指出，南軍的要害就在於李景隆的中軍，只要李景隆移動位置，便可趁其立足未穩之機以奇兵左右夾擊，定可獲勝。朱棣經過思考，採納了馬三保的意見，並任命馬三保為部將，一同參加戰鬥。此時已經天黑，李景隆果然按捺不住，親自帶領中軍前來作戰，朱棣立刻派出奇兵從其兩翼發動猛烈攻擊，李景隆果然抵擋不住，敗下陣來。

由於雙方都損失太大，不久之後達成默契，各自收兵，朱棣借著這個機會安頓好了士兵，準備明天的大戰。然而他想不到的事情發生了。李景隆遠比他想的還要無能，他不但沒有軍事才能，還膽小如鼠，以往從父親口中聽來的戰場慘況，他一直並不在意，但等到自己親眼見到殘酷屠殺的場面，他才真的被震懾住了。

這不是玩笑，也不是清談，這是幾十萬人的廝殺，是無數生命的毀滅，戰爭不應該是這樣的，它應該如兵書上所說，運籌帷幄，決勝千里，那是何等的神氣活現！

不能再這樣下去了，我是不會獲勝的，這不是我應該待的地方。

李景隆打定主意，連夜南逃，按說這也算是保存主力的一種方式，因為估計他確實也打不過朱棣，但此人可惡之處在於，他只顧自己逃跑，卻忘記通知還在圍攻北平的士兵！

那些攻打北平的仁兄也真是可憐，遇到這麼個破天氣，又攤上這麼個破主帥，豈有不敗之理。在城內城外的圍攻下，攻城部隊全線崩潰。

至此，鄭村壩戰役以李景隆的徹底失敗，朱棣的徹底勝利而告終，此戰對很多人都有著重要的意義。在這場戰役中，李景隆用實際行動表明了他的無能名聲並非虛傳，也算是證明了自己。而朱棣獲得了大量生力軍並初步確立了戰場的主動權。朱棣的長子朱高熾借助北平防禦戰的勝利獲得了父親的重視和喜愛，累積了政治資本。而那位叫馬三保的人也因在此戰中的優秀表現為朱棣所重用，並引為心腹，此人出生時父母為世道平和，平安成長之意，曾給他取名為和，又由於他在鄭村立下大功，被朱棣賜姓「鄭」，此後他便改名為鄭和。

第二次機會

戰敗的消息很快傳到了黃子澄的耳中，他十分驚慌，因為李景隆是自己推薦的，如果李景隆倒楣，自己也會被拖下水，他經過仔細思考，下定決心隱瞞真實情況。保住李景隆的指揮位置。

既然已經把寶押在了李景隆身上，就只能和他一起走到黑了，李景隆，我再信你一次！

慘敗後的李景隆終於有點清醒了，他算是明白了打仗到底怎麼一回事，不是風花雪月，不是夜臥談兵，而是刀劍刺入身體時那令人毛骨悚然的聲音，是四處噴濺的鮮紅的血，是垂死士兵聲嘶力竭的慘叫聲。

李景隆對自己產生了懷疑，在這場殘酷的戰爭中，我真的能夠戰勝朱棣嗎？但是無論他怎麼想，只要朝廷沒有命令撤換指揮官，他還是幾十萬人的統帥。

箭在弦上，不得不發，沒有其他辦法了，且把死馬當活馬醫吧。

戰敗之後，李景隆退到德州，整頓自己的部隊，並在這裡準備下一次的決戰。

他很清楚，雖然他可以以勝敗乃兵家常事來開脫自己，但如果他再次失敗，那可就不是常事了。手握幾十萬重兵卻不斷輸給人數少於自己的北軍，別說回到京城無法交代，就連部下的臉色也是不會好看的。

他畢竟是名將李文忠的兒子，他還是要面子的。只要擊敗朱棣，就一定能挽回自己的聲譽。

可是擊敗朱棣又談何容易，很明顯，這位兒時夥伴的軍事能力要遠遠強於自己，手下的士兵雖然不如自己的多，品質卻比自己的高，還有那些殺人不眨眼的蒙古騎兵，這實在是一個可怕的對手，要想擊敗他，必須尋求幫助。

找誰來幫助自己呢，這個世上有人可以與朱棣匹敵嗎？答案是肯定的，李景隆找到了可以為他打敗朱棣的人。從某種意義上說，他也確實找對了人。

李景隆的心裡總算是有了底，他開始認真謀劃進攻的準備。其實在李景隆看來，自己打不過朱棣的主要原因在於自己能力不如朱棣，而南軍的實力比不上北軍。不可否認，這些都是原因之一，但絕對不是主要原因。他和朱棣之間的根本差距在於決心。

此時，勝利的朱棣正面帶笑容的慶祝自己的勝利，但他的內心仍然是忐忑不安的，他很明白，對他而言，每一次戰鬥都是決戰，從他起兵的那一刻起，自己就已經背上了反賊的罪名。除了那幾個唯恐天下不亂的心腹外，天下是沒有幾個人支持他的。

面前這些興高采烈的部下真的信得過嗎，誰能保證他們不會在某一個夜晚把自己的腦袋拿去求一個官位，我有著過人的軍事天賦，我的鐵蹄曾踏遍蒙古，縱橫千里，但我並不是皇帝，我可以擊敗朱允炆十次，他依然是皇帝，但朱允炆只要擊敗我一次，我就可能永不翻身，淪為死囚！

這實在是一筆風險極大的生意，每一天都可能是最後一天，每一戰都可能是最後一戰，日復一日的精神壓力和折磨使得他必須不斷的以性命相搏！而這絕不是李景隆所能懂得的。李景隆輸掉戰爭還可以回家，實在不行就投降，而朱棣如果失敗，等待他的只有死亡和屈辱。

人生最痛苦的事情，莫過於不得不玩一場絕對不能輸的遊戲。

在死神陰影籠罩下的朱棣必須面對新的挑戰了，德州的李景隆已經發出了進攻信號，而他一定要去應戰，並擊敗他。對朱棣而言，獲得勝利已不是為了奪取皇位，而是為了活下去。

建文二年（一四〇〇），李景隆在做好準備後，帶領著他的大軍出發了，他的目標是白溝河，他將在那裡和自己的幫手會合。

他的幫手有兩個人，一個是武定侯郭英，另一個是安陸侯吳傑。這兩個人也算是前朝老臣了，具有豐富的戰鬥經驗，在即將開始的這場戰役中，他們將發揮極大的作用。

郭英和吳傑固然是不錯的，但李景隆找到的最得力的幫手並不是他們，而是另有其人。

就在李景隆準備從德州發動進攻時，朱棣也通過他的情報網絡得知了這一軍事情報，對於李景隆這樣的對手，他並不擔心，在他的眼中，李景隆不過是一頭羔羊，還肩負著為他運送軍需物品的運輸大隊長職務。

他輕鬆的給諸將分配軍事任務，而經過前兩次的戰役，朱棣的軍事才能和威望都得到了眾人的承認，他們相信只要跟著朱棣，就不用懼怕任何敵人。

如以往一樣，朱棣還詢問了李景隆手下將領的名字，當得知李景隆軍的先鋒由一個叫平安的人擔任時，他的部下驚奇地看到，朱棣那一貫冷靜的面容上居然閃過了一絲驚慌的表情。

應該說李景隆在這次戰役中還是做了幾件正確的事情，挑選都督平安為先鋒就是其中之一。平安，對於朱棣而言，是一個極為可怕的敵人。此人不但作戰勇猛，而且他對付朱棣還有一個旁人沒有的優勢，那就是他曾經是朱棣的部下，並跟隨作戰多年，十分了解朱棣的用兵方法。平安了解朱棣，就如同朱棣了解李景隆一樣，要和這樣一個知曉自己底細的人作戰，實在是一件困難的事情。

但事情已經到了這個地步，無論對手是誰，都必須打下去，打到底。

朱棣率領著他的軍隊向白溝河挺進，當他們到達預定地點時，李景隆已經和郭英、吳傑會師，正等待著他。

這一次，朱棣看到的是比上次更多的士兵、馬匹、營帳，按兵法所布，井井有條。人流來往不息，非常壯觀。

不壯觀是不可能的，因為這次李景隆也準備拼老本了，他一共帶來了六十萬人，號稱百萬，一定要擊敗朱棣。

但在朱棣的眼中，李景隆這隻羊帶領的六十萬人並不可怕，在他眼中真正的敵人只有平安。

他特地囑託諸將：「平安這小子，原來曾經跟隨我作戰，十分了解我用兵的方法，別人都不要管，一定要先把他打敗！」

其實根本不用朱棣囑託，因為在得知朱棣大軍到來的消息後，平安已經開始了他的第一次衝鋒。

大戰的序幕

北軍到達白溝河後，在蘇家橋宿營，可是十分不湊巧的是，他們正好遇到了先鋒平安的部隊。平安應該算是一個極其勇猛的人，在戰鬥中從來都不喊「兄弟們上」之類的話，卻經常表現出「同志們跟我來」的道德風尚。

這次也不例外，他操起長槍以身作則，帶頭向北軍衝去，在上次戰役中有良好表現的瞿能父子看見主將衝了上去，也不甘示弱，緊跟平安發起了衝鋒。他們手下的士兵被這一情景驚呆了，愣神後終於反應過來，領導都衝鋒了，小兵怎麼能待著不動！

於是平安的先鋒軍就如發瘋般衝入北軍營中，大肆砍殺，往來縱橫，大敗北軍。北軍也沒有想到，在他們眼中一向柔弱的南軍竟然如此勇猛，毫無思想準備，紛紛潰退。

剛開戰就出現這種情況，是北軍沒有預料到的，無法之下，他們只得撤退。由此可見，榜樣的力量是無窮的。

但是北軍的噩夢還沒有結束，因為另一位將領郭英已經為他們準備了一份意外的禮物。

郭英從真定出發，比李景隆晚到白溝河，他的軍隊中雖然沒有平安那樣的勇將，卻攜帶著大量新式武器——火器。而從史料分析，這些火器可以被埋在土裡攻擊敵人，那麼我們就可以給這種火器一個現代的名字——地雷。

在平安與北軍交鋒時，郭英並沒有閒著，他預計到了北軍的行動路線，在他們的必經之路上埋下了大量地雷。當北軍被擊敗並撤退時，他們及時收到了郭英的這份大禮。

可憐的北軍並沒有掃雷器，也沒有所謂的工兵，要想過去，只能拿人來掃雷了，於是大家一擁而上，踩上地雷的只能算你運氣不好，下輩子再投胎，運氣好的算是撿了一條命。史載，此戰中燕王朱棣「從三騎殿後」，我曾一直為朱棣同志這種捨己為人的精神所感動，但綜合起來看，似乎並不盡然，此舉甚有引人為己排雷的嫌疑。

殿後的朱棣沒有被地雷炸，卻也有了不小的麻煩，由於北軍大敗，情況混亂，等到休戰時已是深夜，伸手不見五指，朱棣竟然迷了路。當然，在那個地方，是不可能找警察叔叔問路的。

朱棣只好下馬趴在地上辨別河流的方向（這個動作似乎並不雅觀），找了半天，才弄清楚東南西北，這才灰頭土臉的回到自己營中。

回到營裡的朱棣越想越氣，自出兵以來，如此狼狽不堪還是第一次，憤怒驅使他作出一個大膽的決定，不再像以往一樣整頓部隊。命令各位將領立刻整兵準備出戰，天明之時，即是決戰之日！

李景隆十分興奮，他終於看到了一次勝利，這說明朱棣也是普通人，他也是可以戰勝的，自從戰敗以來將領們的指責，士兵們的抱怨每時每刻都纏繞著他，無形的壓力使得他抬不起頭來，現在洗刷恥辱的時候終於到了。

朱棣，我的光榮在你身上失去，就從你的身上拿回來！

雙方在同一個夜晚，準備著同樣的事情，擦亮盔甲，磨礪兵器，等待著天明的一刻。對於他們中的很多人來說，這將是最後一個夜晚，他們不會去思考自己人生的意義，對於他們而言，唯一要做的就是等待那個時刻的到來，然後拿起刀劍去殺戮那些自己並不認識的人。

這個夜晚無比漫長，卻又極其短暫。

決戰的時刻終於還是到來了。

朱棣率領著他的全部人馬列隊走向了戰場，在對岸等待他的是李景隆的六十萬大軍。

可怕的平安

戰役仍然是由南軍發起的，在昨天有著良好的表現的平安和瞿能更是不講客套，捲袖子操傢伙就上，但你若認為此二人有勇無謀，你就錯了。他們衝擊的不是北軍的正面，而是後翼！

平安和瞿能帶著自己的軍隊繞了很大的一個圈子，跑到了北軍的後面，他們選擇的攻擊對象是房寬率領的後軍。平安一馬當先，殺入敵陣，用長槍橫掃北軍，先後擊傷多名北軍大將，竟無人可擋！在這兩個狂人的指揮下，房寬軍很快崩潰。

朱棣的作戰計畫就這樣被打亂，在紛亂的局勢中，他作出了冷靜的判斷，要想取勝，唯一的方法就是全力攻擊李景隆中軍，只要中軍被擊退，戰局就一定會大為改觀。

為達到這一目的，他命令大將邱福率軍進攻對方中軍，邱福領命後奮力攻擊李景隆中軍，卻沒有絲毫效果，李景隆的中軍巍然不動，在這次戰役中，邱福辜負了朱棣的期望，而後來的歷史事實證明，這並不是他最後一次讓朱棣失望。

邱福的失敗雖然讓朱棣有些失望，但並未影響他的計畫，因為從某種程度上來說，邱福只是他引開對方注意的一個棋子，那致命的一著將由他自己去下。

與朱棣交過手的人會發現，此人雖有善戰之名，卻喜歡用陰招。他很少從正面衝擊對手，而是常常從對方的側翼發動突然攻擊。此正是兵法中所謂「以正合，以奇勝」。也是朱棣指揮藝術中最大的特點。

這次也不例外，就在他對邱福發出進攻中軍的命令之後不久，他便親率大軍繞到李景隆軍左翼，他將在那裡徹底擊潰李景隆，在以往的無數次戰役中他都是用類似的手段取得了勝利，他相信，這次也不例外。

可是當他到達敵軍左翼準備發動進攻時，卻聽見了自己後軍的嘈雜聲，讓他萬萬沒有想到的事情發生了。李景隆軍居然以其人之道反其人之身，在朱棣轉向的同時抄了他的側翼，並發動了進攻。現在北軍已陷入苦戰。

這下朱棣傻眼了，他萬沒有想到戰局會發展到這個程度，這其中有很大一部分原因在於他把李景隆當成了真的白癡，要知道李景隆雖然會出現間歇性弱智的病狀，大部分時間卻還是個正常人，他已經在朱棣的這一招上吃了很多虧，無論如何都會長記性的。

此時的朱棣已經陷入極其危險的境況，他深入敵境，已成為眾矢之的。南軍已經將他團團圍住，只等著拿他邀功請賞。

朱棣的危局

在這種情況下，朱棣展現了他的勇將風範，等別人來救是不現實的，只有自己救自己。往年征戰練就的真功夫此時派上了用場，朱棣如同困獸一般，奮死拼殺，他先用弓箭射擊敵軍，隨身攜帶的箭支射完後，他又抽出隨身寶劍，亂砍亂殺，結果連劍也被砍斷，座下戰馬已經換了三匹，鮮血染紅了他的盔甲，他也實在無法支撐下去了。

朱棣明白，繼續在這個地方待下去定會死無全屍，這麼多人圍著，即使每人只砍一刀，把自己剁成肉餡包餃子也是綽綽有餘的，他決定退回河堤。

可是仗打到這個地步，不是他想退就能退的，等他千辛萬苦到達河堤時，南軍大將平安和瞿能也如約趕到，如果不是部下拼死相救，只怕戰役就到此結束了。

眼見戰局大好，李景隆發布了命令：全軍總攻！

北軍只能苦苦支撐，此時的朱棣已經沒有任何預備隊和後援，而李景隆的大軍正向河堤逼近，這是朱棣有生以來最為危急的時刻。眼看九五至尊的夢想就要破滅，萬念俱灰的朱棣似乎已能夠感受到冰冷的長槍刺入自己身體時的感覺。

就在最後的時刻，朱棣居然想出了一個不是辦法的辦法，他決定再玩一次花招。

他不顧危險，騎馬跑到河堤的最高處，不斷的揮舞馬鞭作出召喚人的動作，這似乎有剽竊三國演義中張飛守長阪橋的手法的嫌疑。朱棣這樣做並不是想成為箭靶子，他的行為類似今天街上的流氓打架時那一聲吆喝：「你小子別走，等我叫人來收拾你！」

但這一招是否有用並不決定於朱棣本人，而是取決於另一個人的愚蠢程度，他之所以要跑到高處，也正是希望自己的這個舉動被此人看見。

這個人就是李景隆，這一次他又沒有辜負朱棣的期望，看見朱棣的這一行動後，他作出了錯誤的判斷，即認為北軍有埋伏，隨即號令南軍退後。就趁著這個時機，朱棣終於逃離了河堤，北軍也獲得了暫時的喘息之機。

李景隆雖然判斷錯誤，但他畢竟仍然佔據優勢，而此時的朱棣卻是真正的叫苦不迭。自從起兵到現在，還未經歷過如此慘烈的戰役，自己的全部軍隊已經投入戰場，再也拿不出一兵一卒，而自己本人也已經身被數創，極度疲憊，難道自己長達十餘年的準備和隱忍就要到此結束嗎？

不會，我絕不甘心！堅持下去，只要能夠堅持下去，事情一定會有轉機的！

就在這樣的信念支持下，朱棣率領他的軍隊繼續與南軍血戰。

堅持固然是可貴的，但是堅持就一定能夠換來勝利嗎，從此時的戰局來看，朱棣翻盤的機會微乎其微，看來除了指望老天爺幫他外，其他的可能性都不存在了。

而且如果朱棣真的相信有老天爺的話，他恐怕也不會造反了。

朱棣的厄運還遠沒有到頭，此時的北軍雖然處於劣勢，但由於其素質較高，一時之間倒也能夠形成僵持的局面，然而就在此刻，南軍的一名將領又發動了新的攻勢，打破了這個僵局。

大將瞿能是南軍中最為勇猛的將領之一，僅次於平安，而在這場戰役中，他更是極其活躍，狀態上佳，如同打了興奮劑一般。他左衝右突，砍殺了無數北軍士兵，勇猛過人。但此人絕非只有匹夫之勇。

在僵持的戰局中，他以自己敏銳的直覺察覺到了戰機，朱棣已經抵擋不住了，只要再來一次衝擊，他就會被完全殲滅！成此大功，捨我其誰！

此時戰場上的士兵們已經殺紅了眼，自天明打到中午，雙方隊形已經完全混亂，夾雜在一起，僅憑衣着展開激戰，完全談不上什麼戰術了。

瞿能以其冷靜的頭腦組織了大群士兵，並將他們重新整隊編排，他要發動最後的攻勢，徹底打敗朱棣！在準備妥當後，他大呼「滅燕！滅燕！」的口號率先向北軍發動衝鋒，估計隊伍中也有人喊「同去，同去！」他手下的士兵見主帥如此拼命，大受鼓舞，紛紛冒死向敵陣衝去。

瞿能的衝鋒徹底打亂了朱棣的防守體系，原本已經十分薄弱的防線又被南軍騎兵分割成幾段，看來朱棣的天子之路就要到此為止了。

但接下來卻發生了一件讓人匪夷所思的事情，這件事出乎所有人的意料，而其詭異之程度實在不能用歷史規律來解釋。

此事發生在瞿能發動衝鋒，朱棣軍隊即將崩潰時，要形容這件事情，我們必須換用《封神榜》或是《西遊記》中的語言：「本是晴空萬里之天，突然天地變色，飛沙走石，妖風四起，但見那妖風纏繞營中帥旗，只聽得咔嚓一聲，旗杆折斷，大旗落地！」

這件事實在令人匪夷所思，這風早不颳晚不颳，單單就在這個時候颳起來，這麼大的戰場，颳點什麼不好，偏偏就把帥旗颳斷了。若非此事載於正史，也真是讓人難以相信。

南軍懵了，這個變故是誰也沒有想到的，當時的士兵們十個裡面有九個都是封建迷信的受害者，朱棣起兵時房上掉兩片瓦，都要費盡口舌解釋半天。如今連打仗的旗幟也被吹斷了，就如同做生意的被人砸了招牌，惶恐不安之際哪裡還有心思去打仗？

而朱棣卻是大喜過望，他的運氣真是太好了，毫無出路之時竟然出現如此轉機，其發生概率大概相當於我們今天買兩塊錢彩票中五百萬鉅款。當然更讓他想不到的是，在他後來的軍事生涯中，他還會再中兩次五百萬。

朱棣是一個能夠抓住戰機的人，他趁著南軍驚恐不安之時，繞到南軍後側，發動了猛攻，南軍驚慌失措之餘無力抵擋，全軍潰敗。朱棣好人做到底，送佛送上天，借著風勢順便放了一把火，火借風勢，風助火威！在漫天大火之中，北軍發動了總攻擊。

突然發生的變化，讓瞿能大為意外，回眼望去，大本營已經陷入一片火海，士兵們四散奔逃，北軍騎兵到處出擊追殺逃跑的南軍。敗局已定，大勢已去，而自己突入敵陣已被重重包圍，想要突圍也是不可能的事了，他回望一直跟隨自己拼殺的兒子，苦笑道：「今日即在此地為國盡忠吧。」隨即率軍奮死拼殺，父子倆最終都死於陣中。

南軍大敗，最能作戰的平安也撐不住了，抵擋不住北軍的攻勢，率軍敗走，而素來有逃跑傳統的李景隆更是二話不說，率大軍向南方逃竄，老前輩郭英也不甘人後，估計他對李景隆失望已極，逃命都不願意和他一起走，獨自向西逃去。

此戰南軍損失十餘萬人，其餘全部逃散，所謂兵敗如山倒，朱棣自然不會放過追擊的機會，他下令北軍全線發動反攻，誓要將南軍六十萬人全部一網打盡。按照戰場的形勢，他本來是很容易達成這個願望的，但一支軍隊的出現打破了他的美夢。

當朱棣追擊時，意外地發現一支士氣高昂，未受損失的精銳部隊擋住了他前進的路線。率領這支軍隊的正是徐輝祖。徐輝祖怎麼會突然率領一支毫髮無損的部隊殿後呢，這還要從戰前說起。

在此戰開始之前，朱允炆曾單獨召見徐輝祖，並交給他為大軍殿後的任務。因為朱允炆雖將大軍交給李景隆，卻也對此人的指揮能力有所懷疑，為以防萬一，他特地讓徐輝祖斷後。沒有想到這一招竟然真的起了作用。

徐輝祖的掩護為軍隊的撤退贏得了時間，也為下一次的反攻保留了力量。

白溝河戰役結束了，在此戰中，朱棣戰勝了強大的南軍，雖然勝得有些僥倖，但畢竟還是勝了，他從此初步掌握了戰場的主動權，而此戰的勝利也使他的聲望達到了頂點，即使是他的敵人也不得不承認，朱棣確實是這個時代最為優秀的將領。

而京城的朱允炆應該也從此戰中獲得了不少教訓和經驗，在我看來，至少有三條：一、李景隆確實是軍事蠢材，應該像扔垃圾一樣扔掉。二、環境保護是個大問題，應該多搞點綠化，防止大風揚沙天氣的蔓延。三、旗杆應該換成鐵製，不可偷工減料。

獲得勝利的朱棣帶著滿身的傷痛和疲憊回到了自己的大營。這實在是他經歷過的最為艱苦的戰役，若不是那場大風，勝負誰屬還很難說，但不管怎樣，他還是贏了。

自從起兵以來，他終於能夠睡個安穩覺了，李景隆的六十萬大軍被打敗了，是被僅有十餘萬軍隊的自己打敗的！這是一個了不起的成就，自信一點點在他的胸中蔓延開來，他甚至開始認為，這個時代就是為自己而設置的舞臺，在這個舞臺上，沒有人可以做他的對手。他將繼續獨自表演，直至走向這條天子之路的終點。

放眼天下，何人是我敵手！

就在朱棣為他自己的戰績得意時，李景隆的拙劣表演還沒有結束，他抵達德州沒多久，北軍就追了過來，李景隆二話不說就棄城逃跑，他忠誠的完成了為朱棣運送軍用物資的使命。給北軍留下了上百萬石糧食。而得到糧食的北軍似乎從這位運輸大隊長身上嘗到了甜頭，繼續追著他不放，一直追到了濟南。

朱棣原先的軍事行動都是在自己屬地附近進行的，所以南軍即使被擊敗，也可以再次組織進攻，但是這次不同了，如果北軍佔據了濟南，他們就將佔據這個水陸要衝，退可保北平，進可攻京城。這就好比在朱允炆家門口修了個炮樓，什麼時候心血來潮就打兩炮過去，到那個時候，南軍就真的回天無力了。

可是局勢已經到了這個地步，南軍的最強主力也已經被擊敗，誰還能挽救危局呢？

其實朱棣也是這樣想的，朱允炆手下還有多少籌碼他閉著眼睛都能數出來，還有什麼人能抵擋自己呢？他已經收拾好行李，準備去城內的大明湖釣魚了。

到此為止吧，朱棣，上天畢竟還是公平的，你所期待的對手已經到來了，他就在你眼前的這座城市裡等待著你！

二十九　朱棣的對手

一個管糧餉的人

在李景隆進行白溝河之戰時，一位山東的官員承擔了為李景隆大軍押運糧餉的任務，他很盡責，糧餉從來不缺。但他的辛勤工作並不能挽救戰役失敗的結局。李景隆潰敗的時候，他跟隨李景隆撤退，但他撤退的速度要遠遠慢於這位長腿主帥。

一路上，他不斷的收攏那些被擊潰的士兵，並將他們組織起來，在當時人們的眼中。這實在是一種讓人很難理解的行為。所謂大廈將傾，獨木難支，而且隨著李景隆的潰敗，沿路的各府縣都聞風而降。江山隨時可能易主，大家都已經開始為自己將來的前途打算了。可是這個人卻仍舊做著這樣的工作，其實不只官員和將領們不理解，連他收容的那些士兵們也不理解，他們不知道這個人為什麼要收容他們，準備把他們帶到哪裡去。

「濟南。」他說道，「我們要去守衛濟南。」

「主帥都跑了，大人您能守得住嗎？」

「我是山東參政，是朝廷委派的官員，這是我的職責。」

這個按時運送糧餉，盡職盡責，在危急時刻挺身而出的人叫做鐵鉉。

鐵鉉，河南鄧州人（今河南鄧州市），他的履歷並沒有什麼引人注目之處，但讓人吃驚的事，他是一個不懂軍事的知識份子，洪武年間他由國子監生直接授官為禮部給事中，建文帝登基後被任命為山東參政。

然而就是這麼一個不懂軍事的知識份子挑起了那副誰也不願承擔的重擔——挽救國家危亡。

鐵鉉並不是那種幼年熟讀兵法，聞雞起舞的遊俠之人，在此之前，他的人生就是讀好書和做好官。第一次看到戰場上血腥屠殺的場面，他也曾經猶豫和膽怯過，以他的官職，如果願意投奔朱棣，是能夠撈個好前途的。但他最終選擇了堅持自己的原則和信念。

因為在他的眼中，朱棣並不是什麼遭受奸臣迫害，被逼靖難的英雄，而只是一個攪亂太平盛世，圖謀不軌的亂臣賊子。他的道德觀念使得他無法去接受這樣的一個人成為國家新的主宰。

不接受是容易的，但要挺身而出反抗就難了。鐵鉉雖然是個書生，卻也明白戰爭絕非兒戲，如果選擇對抗，他就將面對這個時代最為優秀的統帥——朱棣。

拿什麼去對抗這個可怕的敵人呢，四書五經？仁義道德？

這些都沒有用，但鐵鉉用他自己的武器，那就是愛國的熱情和不屈的信念。

在他組織士兵趕往濟南的路上，他遇到了一個叫高巍的人，正是此人堅定了他的意志。

高巍，遼州（今山西左權縣）人，他與鐵鉉很早就相識，且情誼深重，就在官員們紛紛跑去投靠朱棣時，高巍卻從朱棣的屬地裡逃了出來，他的目的和鐵鉉是一致的——以身許國。

鐵鉉在臨邑遇到了這位老相識，兩人抱頭痛哭，表明心跡，立誓盡責守護濟南，至死方休！

除了鐵鉉和高巍外，另一個平凡的官員也因為他英勇不屈的事蹟在歷史上留下了他的名字。

這個人叫王省，戰爭到來之前，他在濟陽擔任教諭的職務，過著平靜的生活。所謂教諭是官方的教職，相當於今天的教育局官員。他的日常工作就是教授學生知識。李景隆潰敗之後，他被攻入城中的被軍士兵抓獲，逼他投降，但他英勇不屈，慷慨陳詞，北軍士兵竟然為他所感動，放走了他。

但更出人意料的事，他被放走後並未回家繼續過自己的日子，而是召集他的學生們，在平日上課的明倫堂教授了他人生中的最後一堂課。

他對自己的學生說道：「我平時教了你們很多東西，但其中要義你們未必知道，今天我就告訴你們，其中精髓就在於此堂之名明倫二字，請諸君牢記。」說完他便以頭撞柱而死。學生們見此慘狀嚎啕大哭，上前救護，已然回天乏術。

王省不畏強權，不求苟活，為自己的信念而死，死得其所，死得其所。

已經死去的王省和正在趕路的鐵鉉是相同的人，他們都為了自己心中的信念而奮鬥，區別只是在於一個報國無門，一個效力有方而已。

即使你的敵人無比強大，即使你沒有好的應對方法，但只要你有敢於面對強敵的決心和勇氣，你就會發現，奇蹟是可以創造的。

鐵鉉和高巍兩個人以必死的決心帶領一群殘兵奔赴濟南，可當他們到達濟南後，卻意外的發現李景隆又吃了一次敗仗。原來李景隆一口氣逃到濟南後，整頓了部隊，此時他的手下還有十幾萬人。他本打算抵抗一下，沒有想到朱棣沒有留給他這個機會。

朱棣率領大軍向李景隆發動了猛烈的進攻，而李景隆已經被打出了恐朱症，一觸即潰，這次他逃得更為徹底，單人匹馬跑了回去，把十幾萬將士都送給了朱棣。

鐵鉉就是在這種情況下進入濟南的，他不會想到，作為一介書生的他將在這裡立下不朽功績，並為這個城市的人世代傳頌。

就在濟南城中，鐵鉉遇到了另一個影響他一生的人，此人叫盛庸，是李景隆手下的都指揮使。這位盛庸名中雖有一個庸字，但他本人卻絕不昏庸。相反，他是一個極具軍事才能的將領，不過在李景隆的手下，再有才能的人也是沒有用的。

李景隆的逃走對他們而言也算是一件好事，鐵鉉和盛庸終於可以擺脫這個蹩腳的傢伙，去創造屬於他們自己的奇蹟。

濟南的堅守

此時的濟南城裡，擠滿了人心惶惶的逃難百姓和打了敗仗的殘兵敗將，治安情況也不好，有戰鬥力的士兵極度缺乏，鐵鉉面對的就是這樣一個爛攤子。而且上天也沒有給他更多的時間，朱棣已經帶領著他的十幾萬軍隊準備攻城了。

這又是一場看似勝負懸殊的較量，很多人如果處在書生鐵鉉的角色上，早就開門投降了，事實擺在那裡，李景隆最強大的六十萬軍隊已經被打垮了，現在城內的不過是些漏網之魚，而論軍事素養，鐵鉉等人更是無法和朱棣相比。

朱棣似乎也是這樣認為的，他一反常態，不再畏首畏尾，而是第一次主動採取攻勢，他把自己的所有軍隊列隊紮營於城下。他已經打敗了所有強大的敵人，擁有了更強的實力，無數的州府都投降於他，但出乎他意料的是，眼前的這座柔弱不堪的城池居然不投降，而且擋住了自己的去路！

他決定改變自己的戰術，硬拼一下，他要讓這座城市徹底屈服於他。

朱棣過於得意忘形了，他似乎忘記了他當年是怎樣戰勝比自己強大的敵人的。決定戰爭勝負的並不一定是先進的武器和士兵的數量，而是人的決心和智慧。

善守者潛於九地之下

鐵鉉雖然不是科班出生，不懂得軍事，但他是一個極有悟性的人，他在嚴酷的戰勝中鍛鍊了自己，了解了戰爭的規律，並最終被推舉為濟南城的鎮守者。而具有豐富軍事經驗的盛庸更是成為了他的得力助手，這兩個人的組合將在今後數年內讓朱棣寢食難安。

朱棣在準備妥當後，派遣士兵向濟南發動了進攻，北軍日夜攻打，鐵鉉親自在城上指揮戰鬥，身先士卒，他的這種行為感動了原本垂頭喪氣的士兵們，在這些戰敗者的眼中，鐵鉉是一個可以信任和依靠的人。在鐵鉉的鼓舞下，防守官兵士氣大振，連續打退朱棣多次進攻，北軍在城下徘徊數日，始終不得門道，每天除了抬回無數具屍體，再無任何進展。

朱棣向來不是一個蠻幹的人，他觀察了濟南的地形後，想出了一條很是毒辣的計策，他決堤放水，希望用洪水淹沒濟南城，並摧毀城內守軍的意志，這一招確實厲害，守軍是不可能一邊游泳一邊打水仗的，而這種人為的灌水法用編織袋是堵不住的，眼看城池就要失守，但鐵鉉並不慌亂，他想出了一個絕妙的方法，不但可以緩解眼前的危機，還有希望畢其功於一役。

鐵鉉的計畫是這樣的，他預備了一千人前去詐降，並希望朱棣單騎入城接受投降，以表明他的誠意。他相信，在危急時刻的投降，朱棣是不會懷疑的。

果然，朱棣上當了，他真的是一個人來的，濟南城城門大開，似乎在等待著它的新主人的到來，而實際上，這座不設防的城市是鐵鉉張開的一口麻袋，正等待著獵物的到來。

就在朱棣騎馬即將進入城內時，城內忽然有人叫了一聲：「千歲！」這正是行動的暗號，叫聲未絕，麻袋已經收口，從城門上突然降下類似武俠片中機關的鐵板，意圖將朱棣困在城內。

這算得上是一個極為精妙的設計，可惜，那位操作的仁兄手稍微急了點，鐵板沒有隔住朱棣，卻正好打在他的馬頭上。朱棣被這道天降鐵板搞懵了，他慌不擇路，立刻換了一匹馬逃命去了。

這件事情使得朱棣十分氣惱，他難得信別人一回，卻被欺騙了，他那並不純潔的心靈受到了鐵鉉無情的傷害，於是他再次命令士兵猛攻濟南城，但濟南仍舊防守嚴密，朱棣一連打了三個月，都沒有任何進展。

為了打破僵局，朱棣決定使用他最後的秘密武器——大炮，明代的大炮已經廣泛應用於戰場，在靖難之戰中，南北兩軍都使用這種武器，但總體而言，北軍使用的頻率要少得多，究其原因，可能是由於北軍以騎兵為主，而朱棣的戰術是突襲，這樣的戰術特點決定了他們不願意也不可能隨時帶著這些動輒幾百公斤重的大傢伙。但現在既然是攻城戰，大炮就派得上用場了。

這下鐵鉉終於要面對他鎮守濟南以來最大的危機了，當時鐵鉉的手中沒有火箭炮，憑著火銃和弓箭也是不可能摧毀對方的炮兵陣地的，他只能眼睜睜的看著北軍士兵一邊唱著小曲，一邊裝填彈藥，然後點燃引線，把特製的禮物——各種大鐵球，以空降的形式送給自己。

當然了，能人總是能夠從沒有辦法的地方想出辦法來的，如果鐵鉉真的無計可施，讓北軍就此攻破城池，相信濟南城內就不會到今天還有紀念他的鐵公祠了。順便說一句，我也曾經去拜過，因為即使單憑他處理這次炮轟濟南的危機時表現出來的智慧，他也有資格被後人崇拜了。

正當朱棣準備好大炮和彈藥準備炮轟濟南城時，城頭上出現的一幕讓他目瞪口呆，他立刻下令不許開炮，因為當他看到城頭上鐵鉉掛出來的那些東西時，他知道，打不打得下濟南只是小事情，要是開炮把這些玩意打壞，那才真是大麻煩。

到底是什麼東西讓朱棣如此投鼠忌器呢？鐵鉉手中似乎也沒有什麼值錢的東西了，而且即使有什麼值錢的玩意，只要開炮打進城去，所有的一切都將歸自己所有了，還忌諱什麼呢？

事情滑稽就滑稽在這裡，鐵鉉掛出的這些玩意一點不值錢，但卻是真要命，就算你打死朱棣他也是不敢開炮的。原來鐵鉉找人連夜做了十幾個大牌子，上面工工整整地寫了「大明太祖高皇帝神牌」幾個大字，掛在城牆的四周。

這些木牌子真是比防彈衣還頂用，朱棣在城下氣急敗壞，破口大罵，但就是不敢動真格的，而這一切都早在鐵鉉的預料之中。

要知道這個世界上的事情沒有朱棣不敢做的，他敢對皇帝無禮，敢瞧不起皇帝，還敢公開造反，而這些木牌不過是用普通的木頭寫上幾個字而已，為什麼鐵鉉斷定朱棣絕對不敢損壞這些木牌呢？

如果說當時有心理戰的話，那麼鐵鉉應該就是其中高手，他準確地抓住了朱棣的弱點。朱棣弱點並不多，但確實是有的。他的弱點就是出兵的理由。

雖然天下所有的人都知道朱棣是反賊，但是朱棣畢竟還是有一定的理論支持的，這個支持就是他老子朱元璋的遺訓，所謂藩王靖難，掃除奸臣是也。其實也就是用老子來壓孫子。可是現在鐵鉉掛出這些自己父親的神牌，如果用大炮攻城的話，豈不是連老爹的神位也敢毀？

這是萬萬使不得的，朱棣何嘗不知道這些所謂神牌可能是鐵鉉派人上山砍了木頭下來，找幾個測字先生寫的，有何神聖性可言。但怪就怪在這裡，大家都知道這玩意是假的，可就是沒人敢動手去砸了它。而朱棣這種既當婊子又想立牌坊的心裡也被鐵鉉充分利用，弄出了這麼一幕滑稽戲。

城下的朱棣大炮齊備，兵馬強壯，只要命令開始攻擊，濟南唾手可得，可他暴跳如雷，有怒難發，就是不敢開炮。城上的鐵鉉得意洋洋，敲打著那些昨天可能還是山中林木的所謂神牌，以挑釁的眼光看著下面的朱棣，就差喊出「向我開炮」這樣的豪言壯語，那意思似乎是說：有種你就開炮啊！

朱棣沒種開炮，只好收兵回營，這應該是朱棣軍事生涯中最為窩囊和鬱悶的一天。

這一幕後來被很多電視劇引用，皆未注明轉載，在此本人也為鐵鉉先生聲明一下，此舉為鐵鉉先生原創，他的智慧和這種玩弄敵軍於股掌之間的氣魄確實值得我們景仰。

朱棣終於感覺到了自己對手的強大，一群殘兵敗將，一個沒有打過仗的書生，一座似乎踢一腳就會落下幾塊磚頭的城池，居然擋住了自己。而這也是他開戰的第一次失敗。

看來上天是不會讓我一個人來主宰這個時代的，我失敗了，濟南並不屬於我，至少現在不是，還是班師回去吧。

可是他想走就能走得了嗎，城中的鐵鉉敏銳地發覺了朱棣撤退的跡象，他和盛庸率軍追擊，狠狠地打了一次落水狗，朱棣兵敗，一退幾百里。鐵鉉趁勢進攻，收復德州。

鐵鉉和盛庸在危急時刻挺身而出，敢於迎戰強大的朱棣，並憑藉自己不懈的努力和堅持的信念獲得了濟南守備戰的勝利，為下一步的反攻爭取了時間，可謂力挽狂瀾。而鐵鉉也因他在戰役中表現出來的智慧和勇氣，作為一位傳奇人物為濟南人所銘記。

此戰的勝利給長期以來鬱悶無比的建文帝帶來了一絲曙光，他晉升鐵鉉為山東布政使，之後又讓他擔任了兵部尚書，這位並非幹軍事出身的書生能夠擔任最高軍事長官，實在要感謝朱元璋的清除功臣活動和李景隆的愚蠢無知。

而建文帝終於也做出了一個十分英明的決定，他撤換了李景隆總司令的職務，並將此職授予盛庸，事實證明，在當時，盛庸確實是這個職務最適合的人選。

同時，逃跑比賽冠軍李景隆一溜煙回到了京城，這位仁兄實在是讓人無話可說，出師時候的六十萬大軍輸得一乾二淨，只剩下了他本人光著屁股跑回來，連當初保舉他的黃子澄都想拿把刀砍死他，黃子澄覺得自己罪孽深重，恨透了李景隆，便聯合御史大夫練子寧和御史葉希賢向建文帝慷慨陳詞：立斬李景隆！

但是建文帝拒絕了他們的要求，他拒絕的理由似乎也很充分，李景隆是他的親戚，建文帝一向以慈悲為懷，具有博愛精神，對造自己反的叔叔都關愛有加，更何況是一個打了敗仗的表親。而且在他看來，李景隆打敗仗已經是即成事實，殺掉他沒有多大用處，養著他也不過每年多費點糧食，何必一定要取人性命呢？

但是建文帝錯了，他不會想到這個打了敗仗的李景隆其實還有著第二個身分，在不久的將來他會對局勢產生重要影響。

不管怎樣，南軍方面終於從開戰後的一頭霧水，稀裡糊塗的狀態中恢復過來，他們確實找到了能夠對付朱棣的將領，並開始積聚反攻的力量。

經過休整後，重新布置的南軍準備向朱棣發動反攻，保守的耿炳文和愚蠢的李景隆將不再出現，朱棣將面對由新一代的優秀將領組成的南軍最強陣容，也將迎來他人生中最為慘痛的失敗。

善攻者動於九天之上

朱棣從來都不是一個被動挨打的人，在得知盛庸準備北伐後，他已經提前做好準備，開始了進攻。

建文二年（一四〇〇）十一月，朱棣向南軍重兵駐守的滄州發動進攻，殲滅數萬南軍，並俘獲大將徐凱，之後朱棣馬不停蹄，繼續發動猛烈進攻，攻克德州、濟寧、臨清等地。

此時的統帥盛庸在得知朱棣先發制人後，準確地判斷了形勢，並準備轉攻為守，吸引北軍前進，他明白小打小鬧是解決不了問題的，與朱棣的決戰是在所難免了。

他在仔細勘查地形後，選定了決戰的戰場——東昌，這裡即將成為北軍的集體公墓。

為了吸引朱棣前來決戰，盛庸放棄了很多城市，避其鋒芒，他有步驟地安排自己的軍隊節節後退，以引誘朱棣繼續前進。他相信，濟南的失敗必然會使得朱棣更具有進攻性，也更容易掉進自己布下的陷阱。

盛庸的估計是正確的，此時的朱棣確實有著比以往更強的進攻欲望，濟南的失敗讓他寢食難安，特別是鐵鉉使用掛神牌這樣的手段逼退自己更是讓他有被人耍弄的感覺。但他還是有充分的自信的，即使鐵鉉再聰明，那也只是防守的本事而已。真正決定戰場勝負的還是進攻。

若論進攻，放眼天下，有何人可與自己匹敵！

他並非沒有察覺到盛庸的企圖，但他有著充分的自信，在他年少時，已經投身軍伍，得到過無數名將的指點，經歷過戰場的血腥廝殺，他戰勝了無數可怕的敵人，有著充足的戰鬥經驗，南軍的那些將領，不是太老，就是太嫩，不可能成為自己的對手。

在南軍中堪稱自己敵手的只有一個平安，此人確實是一個勁敵，如果他成為南軍統帥，倒真是難以對付，但可喜的是朱允炆似乎又犯了一個錯誤，他任命李景隆手下的都督盛庸接替了指揮位置，讓平安做了盛庸的副手。

他也曾事先探查過敵軍主帥盛庸的情況，果然不出他所料，盛庸並沒有什麼耀人的功績，原先只不過是李景隆的部下，而且此人有一個弱點，那就是不善於指揮騎兵。

在冷兵器時代，騎兵是戰爭中的主力兵種，以往在對付外來游牧民族入侵時，騎兵是最主要的軍事依靠。而在朱棣的那個時代，南北軍中公認最為優秀的騎兵將領恰恰是朱棣本人。他曾親率大軍深入大漠，清剿北元，累積了豐富的軍事經驗，他還有著足以自傲的指揮能力和強壯的士兵，而對手卻只是自己手下敗將的部下，與自己相比，盛庸不過是一個無名小卒。

在朱棣看來，這場戰役是沒有懸念的，他堅信在面對面的交鋒中，精銳的北軍騎兵將摧枯拉朽般把敵人打得粉碎，而自己將注定是戰役最後的勝利者。

不過事實證明，每個人固然有自己的短處，但也必然有著自己的長處。盛庸雖然沒有朱棣那樣優秀的騎兵指揮能力，但他也有自己擅長指揮的兵種。

朱棣的大軍仍在前進，同年十二月份，北軍先後攻佔了東阿，東平等地，不斷向盛庸預先設計的戰場——東昌前進。

在離東昌不遠的滑口，朱棣遭遇了盛庸手下大將孫霖帶領的前鋒部隊，似乎與他所預想的一樣，盛庸的軍隊不堪一擊，他沒有費多大工夫就擊潰了對手。這使他更加相信，盛庸將和李景隆一樣，敗在他的手下，然後灰溜溜的逃回去。意氣風發的朱棣終於擺脫了濟南作戰的陰影，他率領著十餘萬大軍抵達了最終的決戰地點——東昌。

盛庸正在這裡等待著他，說起盛庸這個人還真是有幾分傳奇色彩，《明史・盛庸傳》第一句話就是：盛庸，不知何許人也。看似滑稽的語言說明這是一個生平不明的人，用今天的話來說就是黑戶，出生地，出生日期，父母皆未注明。但有一點是清楚的，那就是他打過很多敗仗。

他先在耿炳文手下當參將，經歷了真定之敗，然後隨著李景隆代替了耿炳文的位置，他就轉而跟隨李景隆。應該說在李景隆的手下，盛庸還是學會了很多東西，比如打敗仗後如何逃跑、如何選擇逃跑路線，如何收拾殘兵敗將等等。

在那一次又一次的失敗戰役裡，他已經習慣了戰敗者的角色，他似乎是在被人追逐中度過自己前兩年的軍事生涯的，人家跑，他也跑，從真定跑到北平，再跑到德州、濟南，一直以來他都被像趕鴨子一樣趕來趕去。

對於盛庸來說，所謂軍人的尊嚴在他那裡不過是一句笑話而已，失敗、逃亡、再失敗、再逃亡，如同喪家之犬一樣的生活還有什麼尊嚴可言？

當然，如果盛庸就這樣混下去，那麼在歷史上也就不會有盛庸傳了，他在歷史中最多會留下一句諸如某將名盛庸被斬於某役中的記載。後來的事實證明，他是一個有著卓越軍事才能的人，雖然他沒有跟對領導，但在那一次又一次的失敗中，他學到的絕不僅僅是逃跑，失敗磨礪了他的心，而他從失敗中獲得的最珍貴的財富，就是他終於可以從旁人質疑責怪的眼光中站起來，大聲說道：

「勝利終歸是會屬於我的！」

盛庸曾多次在陣中看到過朱棣的身影，朱棣那快速的進攻和突破，選擇時機的突然性和準確的戰場判斷力都給他留下了深刻的印象，每次當他看到朱棣身先士卒，率領他的精銳騎兵來往縱橫，無人可擋的雄姿時，他都會產生無盡的感慨和疑問：這個人是可以戰勝的嗎？

在那一次次的失敗中，盛庸不斷的學習和總結著經驗教訓，他漸漸的摸清了朱棣的進攻套路和方法，即以騎兵突擊側翼，正合奇勝的軍事策略。而在白溝河之敗後，他逃到了濟南，見到了並非軍伍出身的鐵鉉，在那危急的時刻，他與鐵鉉齊心協力，終於第一次擊敗了朱棣的軍隊。這件事情讓他認識到，朱棣並不是所謂的戰神，他也是可以被擊敗的。

在經過仔細謀劃後，他根據朱棣的攻擊方式專門設定了一套獨特的戰法，並在東昌設下戰場，準備迎擊朱棣，其實盛庸的心裡也很清楚，濟南之戰的勝利多少有點僥倖，而要想在野戰中戰勝朱棣就十分困難了。朱棣統帥的北軍長期以來都依靠騎兵為其主力，多次征伐蒙古，極善野外作戰，而盛庸也確實如朱棣所料，他並不是一位卓越的騎兵指揮官，但他敢於迎戰朱棣，是因為他有著自己擅長使用的秘密武器和應戰方略。

前哨已經向盛庸報告了朱棣到達東昌的消息，盛庸知道，他終於要面對這個可怕的敵人了，這一次戰役中，自己不再需要向任何人去報告軍情了，但這未必是一件好事，因為所有的責任和重擔都壓到了自己的身上，再沒有任何人可以依靠。

出乎盛庸手下將領的意料，盛庸並沒有選擇堅守城池，這些將領們都和盛庸一樣，在數次敗仗中吃夠了朱棣的苦，深知其厲害，對於正面與朱棣作戰都存在著或多或少的恐懼心理。所以當盛庸宣布他將列隊背城迎戰時，手下將領一片譁然，爭論之聲四起。

盛庸並沒有說話，而是靜靜地看著他的將領們，慢慢的，將領們也終於安靜下來。此時盛庸終於開口說話：「我相信諸位絕非貪生怕死之輩，燕王確實厲害，但若一味死守城池，待其侵掠而來又席捲而去，我等為人驅趕，何日方休！但請各位齊心協力，與其決一死戰，勝負雖未可定，忠義必可留名青史！」

背城而戰，有進無退，有生無死！再也不能逃跑了，即便是為了軍人的尊嚴，也要決一死戰！

朱棣，就讓你看看我這個無名小卒的厲害！

東昌決戰

朱棣帶領著他的精銳部隊來到了東昌，開始了與盛庸的決戰。正如他所料，盛庸的軍隊中騎兵既不多也不精，但這些士兵卻裝備了另一種武器——火器和弓弩。

盛庸深知，要在騎兵對衝中戰勝朱棣，無異於癡人說夢，於是他發揮了自己的特長，大量裝備了火器和弓弩，為了增加殺傷力，他還命人在弓弩的箭支上塗抹了毒藥，不給北軍負傷後等救護車的時間，務必做到一擊必殺。

朱棣看見這個陣勢，終於明白了來者不善，但箭在弦上，不得不發，就看是你的弓弩快，還是我的精騎快吧！

在一聲號令之下，朱棣親自率領騎兵攻擊，如以往一樣，他選擇的攻擊方向還是盛庸軍的左翼，但在他全力攻擊之下，左軍竟然巋然不動。朱棣反覆衝擊，卻毫無效果。

朱棣的這一招實在是老掉牙了，盛庸對此早有準備，他不但派重兵保護自己的左翼，還設計了一個朱棣做夢也想不到的圈套。他決定將計就計，利用朱棣的這一進攻特點徹底的擊敗朱棣。

進攻失敗的朱棣及時調整了軍隊部署，他決定改變突破口，以中央突破戰術攻擊盛庸中軍，以求獲得全線擊潰之效。他重整了部隊，轉移到了中軍方向，準備發起一次致命的攻擊，但他預料不到的是，當他威風凜凜的整肅隊伍準備進攻時，他和他的部隊已經站在了盛庸的麻袋口上。

很快，朱棣率領他的騎兵發動了最大規模的進攻，如他所料，盛庸的中軍一觸即潰，紛紛向後逃散，朱棣大喜，發動全軍追擊敵人。可是他的追擊沒有持續多久，朱棣就驚奇的發現，越往裡突進，南軍的人數越多，而且他們並不像是逃散的士兵，手中都拿著火器和弓弩。正瞄準著自己的軍隊。

一個念頭瞬間閃過朱棣的腦袋，「上當了！」

這正是盛庸的計畫，他料定朱棣左翼攻擊失敗後會轉而攻擊中軍，便設下陷阱，遇朱棣攻擊時安排中軍後撤，待其進入包圍圈後再進行合圍發動進攻。

朱棣又一次陷入了危機之中，這一次他不可能如白溝河之戰那樣去欺騙敵軍主帥了。盛庸不是李景隆，而且朱棣已經成為囊中之物，他這次就是把馬鞭揮斷，也不會再有任何效果了。

救兵

此時在包圍圈外，還聚集著朱棣的大批士兵，但由於主帥被圍，大家都不知所措，經驗告訴我們，關鍵時刻總是會有英雄人物出現的。這次充當英雄的是朱能。

他緊跟朱棣攻擊南軍，但在一片眼花繚亂的陣法變換之後，他發現自己把主帥給丟了，這還了得！再不把人找到，全軍就有崩潰的危險！

當他得知朱棣已被包圍時，立刻率領自己的親兵向南軍包圍圈猛衝，此人實在是少有的勇猛忠義之人，也出了名的不要命，之前他曾有過帶領三十餘人追擊數萬大軍的光輝紀錄。這一次他也沒有讓朱棣失望，左沖右突之後，他居然在亂軍中找了朱棣，並和他一同衝出重圍。

此時遠處指揮的盛庸怒不可遏，他沒有想到自己花心思設計的圈套居然還是被朱棣跳了出去，既然朱棣已經逃走了，那就去攻擊北軍士兵，一個也不要讓他們溜走！

所謂有失必有得，盛庸設置的圈套雖然沒有能夠套住朱棣，卻套住了另一個人。

朱棣被包圍之後，最為著急並不只是朱能一人，張玉也是其中之一。他是公認的朱棣手下第一大將，在以往的戰役中，他身先士卒，居功至偉。朱棣也與他交誼深厚，眼見自己敬愛的領導被陷了進去，張玉也效法朱能，拼命衝進包圍圈。

經過奮死拼殺，張玉終於衝了進去，但他看到的不是朱棣，而是死神的笑容。

此時朱棣已經被朱能救走，而殺紅了眼的南軍士兵眼看著到手的鴨子飛了，正想找個人發洩一下，而張玉的出現正好滿足了他們的願望。於是眾人一擁而上，人手一刀，把張玉砍成肉醬。此時以往被朱棣追著跑的將領們都意識到，有怨報怨，有仇報仇的時候到了。他們不需要盛庸的動員，拼命追殺落水狗，北軍隨即一潰不可收拾。

所謂屋漏偏逢連夜雨，破鼓總有萬人捶，在這全軍敗退之時，偏偏朱棣的另一個剋星平安又率部趕到，與盛庸合兵一處，追著朱棣跑，一生幾乎從未打過敗仗的朱棣就這樣敗在了一個無名小卒的手上。

東昌之戰成就了盛庸的名聲，他不畏強敵，敢於憑藉自己的勇氣和意志挑戰當時最優秀的將領朱棣，從某種意義上說，正是他打破了朱棣不可戰勝的神話。而朱棣也終於領教了這個無名小卒的厲害，此戰他苦心經營的北軍精銳大部被殲滅，元氣大傷。

所謂戰場之上刀劍無眼，沒有人是絕對安全的，即使是勝利的南軍統帥盛庸也有被北軍箭弩擊中的危險，說來十分滑稽，雖然此戰中盛庸大量使用了火器和弓弩，並幾乎全殲了朱棣的北軍，在這場戰役中，最安全的人卻是敗軍主帥朱棣，無論南軍士兵多麼勇猛，那些火器弓弩都不敢朝朱棣身上招呼，這也是為什麼朱棣在亂軍之中得以倖免的主要原因。

這一罕見現象的締造者正是朱棣的死對頭朱允炆，正是他的那道不能傷害朱棣性命的旨意使得朱棣數次死裡逃生。而那些打仗的士兵們並不是傻瓜，他們十分了解其中的利害關係。

朱棣和朱允炆是叔侄倆，雖然現在刀兵相見，屬於敵我矛盾，但萬一哪天兩人決定不打了，來一場認親大會，再來個和解，轉化為了人民內部矛盾，那可就大大的不妙了。朱棣沒準還能當個王爺，閒來無事的時候寫本回憶錄，記憶起某年某月某日，某某人在某場戰役中砍我一刀或者射我一箭，雖然那時朱棣可能仕途上並不得意，但要整個把小兵還是很容易的。

正是出於士兵們的這種考慮，朱棣才得以在亂軍之中得以倖免，朱允炆的這道指令最厲害的地方並不在於所謂不得傷害朱棣的命令本身，而是在於無數的南軍將領和士兵們從此命令中看到了兩人和解的可能性，面前的這個敵人將來有一天甚至可能會成為自己的主人，所以動手殺朱棣這種費力不討好的事情實在是沒有多少人會去做的。

朱允炆是一個不合格的政治家，在打仗之前，他很體貼的給自己的敵人穿上了一件厚厚的防彈衣，然後鼓勵對方向自己進攻，如此作戰，豈有不敗之理！

天與不取，反受其咎啊。

穿著防彈衣的朱棣回到了北平，雖然他本人在戰役中並沒有吃多大虧，但他苦心經營的北軍精銳部隊幾乎被全殲，這才是他最大的損失。此時的北軍也終於明白，他們並不是百戰百勝，縱橫天下的，自己的對手南軍也有著很強的實力，而東昌決戰的失利使得他們的士氣降到了最低點。

情緒低落的朱棣照常去找自己的謀士道衍商量應對之策，但這一次他不再是和和氣氣，禮遇有加了。他看著自己眼前的這個和尚，心中充滿怨氣。如果不是這個和尚，自己也不會毅然決然地走上這條不歸之路。現在說什麼也晚了，只好問問這個和尚下一步該怎麼辦？

道衍卻沒有朱棣那樣焦急的心態，對他而言，遊戲才剛剛開始。

他不緊不慢的告訴朱棣，現在已經不能回頭了，最緊要的事情應該是立刻整頓士氣，為下一次的戰役做好準備。

北軍剛遇大敗，要恢復士氣又談何容易？但道衍似乎總是有辦法的，他為朱棣提供了一個可以用來做感情文章的人——張玉。

張玉被稱為朱棣手下第一大將，有著很高的威信，朱棣本也對他的死去痛惜不已，便順水推舟，為張玉舉行了隆重的葬禮，並命令所有部下都要參加。由於張玉是死於亂軍之中，估計是沒有屍首的，所以遺體告別儀式也沒法舉行，但朱棣還是下足了功夫，他親自為張玉寫悼文，並當著眾人的面脫下了衣服燒掉以示哀悼，雖然根據其財富估計，他的衣服很多，但這一舉動卻打動了在場的很多人，他們紛紛流下眼淚，表示願意繼續作戰，為張玉復仇。

朱棣用他精彩的表演告訴了我們一個真理：死人往往比活人更好利用。

毫無退路

完成表演任務的朱棣疲憊的坐在椅子上，看著對面打坐的道衍，即使這個怪異的和尚已經跟了他十餘年，但他依然認為這是一個奇特的人。這個和尚從不安心過日子，一心一意想造反，更讓朱棣驚歎的是，此人無論碰到什麼緊急情況，總是不慌不忙，悠然自得。

真是個難以捉摸的人啊！

朱棣深深的吸了一口氣，從出兵到如今，他才真正體會到天子之路的艱難，要想獲得那無上的榮光，就必須付出極大的代價。即使自己有著無與倫比的軍事政治天賦，但仍然走得無比艱難，而這次失敗也又一次重重的提醒了他，前路兇險無比。

朱棣似乎有點厭倦了這種生活，每一天都在擔驚受怕中度過，何時是個頭呢？

他又看了一眼坐在對面的道衍，這個始作俑者此刻似乎變成了一個與此事毫無關係的人，他搖搖頭，苦笑著對道衍說道：「此次靖難如此艱難，實出意料，若與大師一同出家為僧，倒也不失為一件樂事。」

聽到朱棣的這番話，一直閉眼打坐的道衍突然間站了起來，走向了對面的朱棣，他沒有如同以往一樣向朱棣行禮，而是做出了一個出人意料的動作。

他一把抓住朱棣的衣袖，用近乎咆哮的語氣對朱棣喊道：「殿下，已經無法回頭了！我們犯了謀逆之罪，已是亂臣賊子，若然失敗，只有死路一條！」

朱棣被驚呆了，這些話的意思他不是不知道，他也明白自己失敗後的結局只有一個死，但他仍然不願意面對這殘酷的現實。不做天子，就不能再做人了。

在道衍那可怕的逼視下，朱棣帶著一絲無奈的表情垂下了頭，半晌，他又抬起了頭，臉上已經恢復了以往那冷酷的表情。

「是的，你是對的，我們沒有退路了。」

再戰盛庸

東昌之戰成全了盛庸的威名，這位在失敗中成長起來的將領終於獲得了一次真正的成功，朱允炆大喜過望，決定去祭祀太廟，想來祭祀內容無非是告訴他的爺爺朱元璋，你的孫子朱允炆戰勝了你的兒子朱棣。真不知如朱元璋在天有靈，會作何感想。

而盛庸則借此戰確立了他的統帥地位，朱允炆終於將軍隊交給了正確的指揮官，但很可惜，此刻已經不是正確的時機了。消滅朱棣的最好時機已經被李景隆錯過了。朱棣雖然主力受損，但實力尚存，他終究還會與盛庸在戰場上相遇的，但他不會再輕敵了。

建文三年（一四〇一）三月，盛庸率領二十萬大軍在夾河再次遭遇朱棣的軍隊，他將在這裡第二次挑戰朱棣。

朱棣已經不敢再小看這位對手了，很明顯，盛庸充分研究了自己的攻擊特點，並找到了一套行之有效的方法來對付自己。相對而言，自己卻不了解盛庸，朱棣明白只有知己知彼，才能百戰百勝，這就需要詳細的偵察敵軍陣形和列隊情況，並找出對方的弱點。

但問題在於，盛庸所擅長使用的正是火器和弓弩，如果派騎兵去偵查，只怕還沒有靠近就被打成了篩子。但如果不了解敵情，此戰取勝機會更是渺茫。朱棣靈機一動，他決定利用戰場規則上的一個漏洞，派出自己的敢死隊去偵察敵情。

應該說執行這樣任務的人確實是敢死的，因為死亡的機率是相當的高，可是朱棣派出的這支敢死隊卻不用擔心這個問題，因為率領這支隊伍的正是他自己，而他身上穿著朱允炆為他貼身準備的防彈衣。

第二天一早，盛庸軍全副武裝列隊出營，他的陣勢和上次沒有什麼區別，以盾牌列於隊伍前方及左右翼，防止北軍的突襲，並裝備大量的火器和弓弩，隨時可以打擊北軍騎兵。

盛庸在中軍觀察著敵人的動向，不久如他所料，敵人的先頭騎兵就衝了過來，但讓他沒有想到的是，衝過來的這個人竟然就是朱棣！

他曾經很多次夢想過要親手抓住朱棣，洗雪以前失敗的恥辱，現在這個人竟然孤軍衝到了自己的面前，大功就要告成！

然而朱棣並未接近自己所布的陣形，而是從旁掠過，很明顯他的目的是偵察。此時盛庸也終於發現，自己並不能把朱棣怎麼樣！對付這種偵察騎兵，最好的方法就是給他一槍，把他打下馬來，可是皇帝陛下的教導始終縈繞在耳邊，無論如何是不能開槍或者射箭的，因為那會讓仁慈的皇帝陛下擔負殺害叔叔的罪名。

雖然盛庸不止一次的懷疑過皇帝這種近乎弱智的仁愛之心的適當性和可行性，雖然他很難忍受這種看得見卻吃不著的極度痛苦和失落，但他還是不敢違抗命令。他只能派出自己的騎兵去追擊對方，結果當然是不了了之。

穿著防彈衣的朱棣大大方方的檢閱了盛庸的軍隊，雖然佇列中的每個人都對他抱以憤怒的眼神和大聲地責罵，他卻依然從容不迫的完成了這次檢閱任務。在這個作戰系統中，朱棣是一個利用規則的作弊者，而他首先要感謝的，就是這個愚蠢系統規則的制定者朱允炆。

朱棣完成了偵察任務，但卻沒有更好的攻擊方法，因為他發現這個陣勢似乎並沒有破綻，無論從那個側面進攻都撈不到好處，盛庸實在不是浪得虛名，此人深得兵法之奧妙。朱棣看似神氣的轉了一圈，其實也不過是精神勝利法而已。盛庸依然在那裡等待著他。

經過仔細的考慮後，朱棣仍然選擇了攻擊對方陣形的左翼，其實朱棣的這一行動無非是要探個虛實而已，並沒有全軍進攻的意思，但他的部下卻不這樣想，於是一件出乎朱棣意料之外的事情發生了。

就在朱棣發動試探性進攻的同時，朱棣大將譚淵看見左翼大戰，估計由於視力不好加上過於興奮，誤認為是正式進攻的開始，二話不說就率領自己所部投入了戰鬥，但當他到達敵軍陣前時，才發現自己從一個湊熱鬧的龍套變成了主角。

盛庸在中軍清楚地辨明了形勢，他立刻命令後軍大將莊得帶領大軍前去合攻譚淵，莊得在南軍中素來以勇猛聞名，他在盛庸的指揮下對譚淵發動夾擊，譚淵沒有提防，被莊得一刀砍死。

譚淵是北軍中僅次於張玉和朱能的戰將，他的死對北軍是一個很大的打擊。但朱棣又一次發揮了他利用死人的特長，他迅速的化悲憤為力量，利用譚淵引起的南軍短時間混亂發動了總攻！

盛庸是一個很小心謹慎的將領，他的戰術以防守反擊為主，正好克制朱棣的閃擊側翼戰術，在沒有判斷出朱棣準確地行動方針前，他是不會發動進攻的。然而粗人譚淵的魯莽行動使得他不得不調動中軍進行圍剿並打敗了北軍，卻也露出了破綻。雖然破綻出現的時間很短。

如果他所面對的是一般的將領也就罷了，可惜他的敵人是朱棣。

朱棣是一個天生的戰爭動物，他對時機的把握就如同鯊魚對血液一樣敏感。譚淵用生命換來的這短短的一刻戰機被朱棣牢牢地抓在了手裡！

此時天色已經見黑，黑燈瞎火裡搞偷襲正是朱棣的強項，他立刻率領朱能張武等人向出現空檔的南軍後側發動猛攻，在騎兵的突然衝擊下，南軍陣勢被衝垮，軍中大將，剛剛斬殺譚淵的莊得也死於亂軍之中，他大概不會想到，光榮和死亡原來靠得這麼近。

但盛庸實在厲害，他及時穩住了陣腳，抵擋住了朱棣的騎兵攻擊，朱棣敏銳地發現了南軍陣形的恢復，他立刻意識到此仗不能再打下去了，便決定撤走部隊。

在撤走時，社會青年朱棣又玩了一次作弊的把戲，他仗著自己有防彈衣，便親率少數騎兵殿後，揚長而去。這種把戲他在今後還會不斷使用，並將之作為勝利的重要資本之一。

愚蠢的朱允炆並不真正了解他的這位朱棣叔叔，從某種意義上來說，朱棣是一個無賴，他可以使用任何他想用的方法，只要能夠達到目的就行。而朱允炆最大的錯誤就在於他不知道，對付無賴，要用無賴的方法。

回到營中的朱棣召集他的將領們召開了軍事會議，然而會議上的氣氛實在讓人壓抑，這些將領們個個身經百戰，他們都能看出，要想勝過對手很難，而盛庸這個原來的手下敗將、無名小卒確實十分厲害。想到前路茫茫，說不定明天就要掉腦袋，這些原先張口就是打到京城，橫掃南軍的武將都變成了啞巴。

沒有人說話，因為所有人都知道，在這關鍵時刻，該說話的是帶他們上這條賊船的人——朱棣。

面對著這讓人難以忍受的沉默，朱棣終於發言了，他面帶笑容，用輕鬆的口氣說道：「譚淵之所以會攻擊失敗，是因為他的時機把握不準，現在兩軍對壘，我軍機動性強，只要找到敵軍的空隙，奮勇作戰，一定能夠擊敗敵人！」

將領們聽到這裡才稍微提起了精神，朱棣趁熱打鐵，拔出手中寶劍，大聲喝道：「昔日光武劉秀敢以千人衝破王尋數十萬大軍，我等又有何懼，兩軍交陣，勇者必勝！」

他結束了自己的演講，用自信的眼光看著每一個人，他相信自己一定能夠鼓舞這些將領的勇氣。

他確實做到了，原本對勝利失去希望的人們又重新聚攏在他的周圍，他們就像三年前一樣相信眼前的這個人，相信這個人是真正的真命天子，能夠帶領他們取得最後的勝利。

可是問題在於，朱棣自己相信嗎？

恐懼

將領們回營了，他們要準備明天的大戰，然後享受可能是此生最後的一次美夢。但朱棣卻很難睡著，因為他比誰都清楚，自己並沒有必勝的把握。要鼓動別人是很容易的，激動人心的話語、封建迷信、必要的時候還可以擠出一點眼淚，就可以驅動這些棋子們為自己去拼命。

但他鼓動不了自己，絕對不能。他比誰都清楚自己到底是個什麼貨色，什麼天子天命都是狗屁胡說，只要盛庸那鋒利的大刀在自己的脖子上輕輕的作一個旋轉動作，他也會像其他人一樣多一個大疤且可以保證絕對不會長出第二個頭來。

盛庸實在太可怕了，他太了解自己了。他的陣勢是如此的完美，那令人生懼的火器和箭弩足可以把任何攻擊他們的人射成刺猬，除了拼死作戰，衝鋒陷陣，似乎也沒有什麼更好的制敵方法。自己固然是劉秀，可是盛庸卻絕不是愚蠢的王尋。

三年了，這實在是一條過於艱辛的道路，沒有一天能夠安枕無憂，沒有一天可以心無牽掛，整日盼不到頭的是方孝孺那言辭尖利的討伐文書、一批又一批的討逆軍和天下人那鄙夷的目光以及每日掛在口中的「反賊」的光榮稱號。

而這些並不是朱棣最恐懼的，他真正害怕的是失敗，即使天下人都反對自己，但只要造反成功，自然會有人來對他頂禮膜拜。但問題是他真的能夠成功嗎？打敗了無數的敵人，卻又出來更多更厲害的對手，勝利遙不可及，遙不可及！難道這就是自己想要的生活嗎，在恐懼中度過每一天，然後去面對明天那不可知的命運？

坐在黑暗中的朱棣靜靜的沉思著，但思考解決不了任何問題，事情已經到了這個地步，恐懼也沒有任何用處，該來的始終會來，去勇敢地迎接即將到來的命運吧。他站起身，走到營外，注視著那無盡的黑夜。

「天快亮了。」

第二次中獎

這又是一個晴朗的天氣，清澈的河水伴著水聲不斷奔湧，初春的綠草已經開始發芽，但此時此地的人們並沒有欣賞美景的心情。他們身著盔甲，手持刀劍，即將開始第二次拼殺。

在戰役開始前，雙方布置了自己的陣形方位，北軍東北向布陣，南軍西南向布陣。按說這種布陣方向應該只是無意為之，並沒有什麼特別之處，但估計朱棣本人也不會想到，正是布陣的方向決定了這場戰役的結局。

此戰仍是朱棣首先發起進攻，他一改之前策略，率領騎兵從盛庸軍兩翼同時發動進攻，其目的無非是想使盛庸顧此失彼，然後找出他的破綻發動攻擊。朱棣打了一個不錯的算盤，但盛庸這個精明的商人讓朱棣失算了。

盛庸早已料到朱棣的這一招，他的軍隊左右翼都十分強悍，完全沒有留給北軍任何機會。雖然北軍奮力衝擊，仍然無法攻破盛庸的軍陣。雙方鏖戰甚久，不分勝負。但兩軍的主帥心情卻是完全不同。

盛庸並不著急，他本來就是要通過固陣之法耗盡北軍銳氣再發動進攻，時間僵持越久對他就越有利。而朱棣則不同，他所率領的是機動化騎兵部隊，但並不是機械化坦克部隊。騎兵部隊的機動性是取決於人和馬的，而這二者都是需要吃飯、啃草和充足休息的，喝汽油不能解決問題。如若陷入苦戰，必不能持久。

朱棣雖然明白這一點，但他卻無法改變狀況，盛庸活像縮在龜殼裡的烏龜，任朱棣攻打就是不露頭，時不時還反咬一口。遇到這種敵人，朱棣也無可奈何。

雙方就在一攻一守中消磨著時間和人的生命，戰鬥完全陷入了僵局。朱棣和盛庸都在盡全力支撐著，因為他們都知道，無論什麼樣的僵局，總有打破的那一刻，就看誰能堅持下去了。

他們都沒有料錯，打破僵局的時刻終於來到了，但卻是以他們都想不到的一種方式。

接下來的詭異的事情又一次發生了，情節是這樣的：「本是晴空萬里之天，突然天地變色，飛沙走石，妖風四起！」這段話看起來十分眼熟，不錯，此段描述曾在白溝河之戰中使用過，這裡再次使用實在是因為以我之能力，實在無法解釋這股妖風為何總是在關鍵時刻關鍵地點颳起來。想來當時的作戰雙方都沒有天氣預報的能力，大型鼓風機沒有發明，戰場也並非任何一方所能挑選的，所以應該可以排除人為因素的作用。因此我們對這一現象的反覆出現只能感歎道：這是一個神奇的世界。

風不但颳了起來，偏偏還是東北風，真是活見鬼，南軍的士兵們頂著大風沙，眼睛都睜不開，更別談什麼作戰，北軍士兵就像趕鴨子一樣將他們擊潰，盛庸本人見勢不妙，立刻收拾人馬逃走。他似乎意識到了上天並不站在自己這邊。

朱棣及時抓住了機會，對南軍發動了總攻，並最終打敗了盛庸。這是他第二次中獎了，兩次都有大風助陣，相信朱棣也會認為自己真有天命在身吧。

失敗的盛庸並不需要為戰敗感到羞恥，他已經盡到了自己的最大努力，而他也應該從這次戰役中間領悟頗多，他完全可以向天喊出：「天要亡我，非戰之罪！」這樣的話，因為事實本就如此。而沙塵暴的頻繁出現及其影響也告訴了我們，環境保護實在是個大問題，某些時候還會演變成嚴肅的政治軍事問題。

夾河之戰的勝利大大提升了朱棣軍隊的士氣，而原本接應盛庸軍的吳傑、平安部隊聽到己軍戰敗消息後都聞風而逃，轉而駐守真定。戰爭形勢又一次向有利於朱棣的方向發展。

朱棣發揚連續作戰的精神，並貫徹了他一直以來不用陽謀，只玩陰招的戰術思想，誘使真定守軍出戰，吳傑果然上當，在滹沱河和朱棣又打了一仗。在此戰中，朱棣仍然充分發揮了防彈衣的作用，並在戰役最關鍵時刻又得到了大風的幫助，順風破敵，打敗了吳傑軍。

之所以不對此戰做更多地描述，實在是因為此戰與之前的戰役雷同之處太多。靖難之戰本來十分激烈，其中展現出來的軍事謀略和戰略思想也是值得我們認真分析的。但在這場戰爭中出現的兩個不符合平常戰爭規律的因素，反而更讓人感興趣。

第一個因素是永遠打不死的朱棣，說來實在讓人難以相信，這位仁兄似乎成為了美國大片中永遠打不死的超級英雄，他身經百戰，衝鋒陷陣，卻從未負過重傷。要知道刀劍無眼，在戰場上帶頭衝鋒的大將和士兵被打死的機率是沒有多大差別的，而朱棣之所以如此厲害並非是因為他有什麼超能力，而是因為他的敵人朱允炆愚蠢的命令部下不得傷害他的性命。這種不公平的比賽實在讓人覺得興趣索然。

第二個因素是永遠颳不停的大風，北方多風沙是正常的事情，問題在於颳風的時間和地點，每次都是早不颳，晚不颳，偏偏在兩軍交戰正激烈時就開始颳風，北方地盤那麼大，可風沙就是喜歡光顧那麼一小片戰場，更讓人不可思議的是每次颳風都是有利於朱棣的，不是把敵軍帥旗颳斷就是對著南軍猛吹，讓士兵們睜不開眼。我曾經懷疑過朱棣當時是否已經發明了鼓風機之類的玩意，否則這風怎麼會如同朱棣家養的一樣，想吹就吹，想怎麼吹就怎麼吹。

如果沒有以上這兩個讓人莫名其妙的因素影響，朱棣的墳頭只怕已經可以收莊稼了。靖難之戰，一場奇特的戰爭。

三十　離勝利只差一步！

創造性思維

勝利的朱棣並不輕鬆，因為他的地盤還是很小，他的軍隊仍然不多。在戰勝吳傑之後他又多次出兵，取得了一些勝利，並在徐州沛縣燒掉了南軍大批糧草，斷了敵軍的後勤補給。朱棣本想趁勝追擊，但南軍卻早有準備，河北山西一帶將領也紛紛出擊朱棣老巢北平。朱棣為保大本營，只好收兵回城。

此時的朱棣終於感受到了前所未有的壓力，這種壓力並不是因為某次戰役的失敗造成的，而是因為他已經隱約感覺到自己的這次冒險行動似乎不可能成功了。朱允炆佔據了全國大部分地區，而自己所有的地盤不過是北平、保定、永平三個郡而已。論人力資源、物資儲備自己都遠遠比不上朱允炆。雖然屢戰屢勝，但畢竟無法徹底擊敗對手。

朱棣已經開始相信，戰爭如果這樣繼續下去，總有一天，他會率領著越打越少的部下被對方的幾個小兵抓住送去領賞，然後屈辱的活著或者是屈辱的死去。

失敗算不了什麼，希望的喪失才是最大的痛苦。

一直支撐著朱棣的希望之火看來也已快要熄滅了，還有什麼指望呢，那年頭炒房地產的不多，也沒有那麼多工地，總不能企盼朱允炆被天上掉下來的磚頭砸死吧。況且就算朱允炆死了，皇位依然輪不到自己。奈何，奈何！

就在此時，一個消息改變了朱棣的命運，這個消息是朱棣潛伏在宮中的宦官提供的，他們派人給朱棣送信，表示京師兵力十分空虛，如趁虛而入，一定可以一戰而定。

這是一個十分重要的情報，但朱棣看後卻是無一絲雀躍，為什麼呢，因為朱棣的並非身在蘇杭，從北平打到京城，談何容易！自己打了三年仗就是為了達到這個目的，可問題在於朱允炆是絕不可能讓開一條路讓他打到京城的。

而在通往京城的路上，最大的障礙就是山東，此地民風彪悍，士兵作戰勇猛，而且還有名將鎮守，無論如何也是很難打過去的。在朱棣看來這是一個很難克服的障礙。但這個障礙真的存在嗎？朱棣不會想到，自己在無意中已經陷入了一個思維的陷阱：去京城就一定要打山東嗎？

在我們的思維中，經常會出現一些盲點，而創造性思維就是專門來消滅這些盲點的。所謂創造性思維並不一定是提出多麼高明的主意，很多時候，這種思維提出的解決方法是很多人都知道和了解的，但問題在於他們都沒有意識到這些方法。我們用一個歷史實例可以說明這個問題：

這件事發生在美國，美國太空總署發現，太空梭上的一個零件總是出故障，不是這裡壞就是那裡壞，花費很多人力物力始終無法解決，最後一個工程師提出，是否可以不要這個零件。事實證明，這個零件確實是多餘的。

這個啼笑皆非的事件告訴我們，在我們的思維中，是存在著某些盲點的，而我們自己往往會陷入鑽牛角尖的困境中。對於朱棣而言，山東就是他的盲點，由於在濟南遭受的失敗給了他太深的印象，他似乎認為如果不攻下濟南就無法打下京城。

如果朱棣就這樣鑽下去，他將不可避免地走向失敗，但關鍵時刻一個具備這種思維的人點醒了他，這個人就是道衍。

道衍之所以被認為是那個時代最出色的謀士，是有道理的。他不讀死書，不認死理，善於變通，他敏銳地發現了朱棣思維中的這個盲點。

朱棣就如同一個高明的小偷，想要入室盜竊，精通撬鎖技術，但濟南這把鎖他卻怎麼也打不開，無論用什麼萬能鑰匙費多少時間也無濟於事。此時老偷道衍來到他的身邊，告訴他，其實你的目的並不是打開那把鎖，而是進入門內，現在在你眼前的只是一扇木門。

於是朱棣放棄了撬鎖的企圖，抬起他的腳踢開了那扇門。

門被打開了，通往京城的道路被打開了，朱棣終於看到了天子之路的終點——那閃閃發光的寶座。

在地圖上，那扇門的名字叫徐州。

建文三年（一四〇一）十二月，朱棣在他的行宮內又一次披上了盔甲，召集他的將領們，準備出發，但這次的進攻與以往並不相同，因為朱棣已經下定了決心，這將是他的最後一次進攻，他看著自己的將領們，長年的出兵征戰，這些身邊的人一個接一個的死去，張玉、譚淵、還有很多的人。而自己卻總是回到同一個起點。與其這樣磨下去等死，不如奮力一博！

「打了這麼多年仗，什麼時候才到頭！此次出兵作戰，當作最後之決斷，有去無回，有生無死！」

不成功，便成仁！

最後的衝擊

建文四年（一四〇二）元月，朱棣開始了他的最後一次衝擊，他的老冤家盛庸、平安、鐵鉉等人已經得到了消息，修好城牆等待著朱棣來攻堅，然而事情發展讓他們大出意料的是，朱棣並沒有去找他們的麻煩，而是取道館陶渡河，連克東阿、東平、單縣，兵峰直指徐州！

盛庸和鐵鉉慌亂了，他們明白朱棣的企圖，他的目標不再是德州、濟南，而是那最終的目的地——京城，如果讓朱棣達到目的，一切就全完了，於是他們一反防守的常態，開始了對朱棣的追擊。

第一個追上來的是平安，他率領四萬軍隊尾隨而來，速度極快，在平安看來，朱棣雖然出其不意發動進攻，但徐州城防堅固，足以抵擋北軍，至少可以延緩一段時間，到那時可以內外夾攻，徹底擊破北軍。然而他想不到的是，朱棣竟然沒有攻擊徐州！

原來朱棣在擊敗城中守軍之後，守軍便龜縮不出，企圖固守。但朱棣玩了一招更絕的，他繞開了徐州，轉而攻擊宿州。平安得到消息後大吃一驚，朱棣竟然置徐州於不顧，很明顯他的目標只是京城！

朱棣就如同一頭火牛，什麼都不顧，只向著自己的目標挺進。這種豁出一切的敵人是最為可怕的。

追上他，一定要追上他！

三月，平安得到消息，朱棣已經離開徐州，趨進宿州，眼見北軍行動如此迅速，平安命令士兵急行軍，終於趕到了宿州附近的淝河，在他看來，朱棣急於打到京城，必然不會多作停留，只要能夠追上北軍，就是勝利。

然而平安萬沒料到的是，跑步前進的朱棣並沒有忘了自己，朱棣已經在淝河預備了禮物相送，權當是感謝平安率軍為他送行。

當平安上氣不接下氣的跑到淝河時，立刻遭到了朱棣的伏擊，原來朱棣為了切掉這根討厭的尾巴，已經在這裡埋伏了兩天，等平安軍一到，立刻發動了進攻。平安沒有想到，追了一個多月的朱棣竟然在這裡等待著自己，全軍毫無防備，被輕易擊潰。平安反應很快，立刻扯著自己的戰馬繼續狂奔，只是奔跑的方向與剛才的完全不同而已。而他的殘餘部隊也紛紛效仿，這樣看來平安這一個月時間的主要工作就是不斷的跑來跑去。

朱棣的攻擊雖然打垮了平安，但也減慢了自己軍隊的前進速度，而南軍也利用這段時間完成了追擊的部署，重新集結人馬追了上來，而朱棣也終於明白，盛庸等人是不會讓他安心上路的，只有解決掉這些後顧之憂，才能獲得最終的勝利。

五月，南軍和北軍終於正式相遇在睢水附近的小河，南軍的統帥依然是平安，事實證明，如果光明正大的開打，北軍是沒有多少優勢的。雙方經過激戰，北軍雖然略佔優勢，但一時之間也無法打敗這支攔路虎，而此時正值南軍糧草不足，朱棣判斷，現在正是南軍最為虛弱的時候，如果發動總攻是可以解決問題的。但朱棣從來都不是一個光明正大出牌的人，他還是用了自己拿手的方法——偷襲。

他如往常一樣在河對岸安置了士兵，卻把主力連夜撤到三十里外，趁著三更半夜渡河對南軍發動了進攻。朱棣晚上不睡覺，摸黑出來親自指揮了偷襲，他本以為這次夜渡對岸一定能夠全殲南軍，但他也沒有料到，在對岸，他會遇到一個曾給他帶來很多麻煩的老熟人。

朱棣整隊上岸之後便對平安軍發動了進攻，平安軍果然沒有防備，陣腳大亂，就在全軍即將崩潰之刻，一支軍隊出現了，這支軍隊正是南軍的援軍，帶隊的就是朱棣的大舅子徐輝祖，他帶領部隊日夜兼程，所謂來得早不如來得巧，他立刻命令軍隊投入進攻。

朱棣萬沒料到，螳螂捕蟬，黃雀在後，深夜裡又多出一支軍隊來，在糊裡糊塗的挨了徐輝祖幾悶棍後，他意識到大事不好，隨即率領全軍撤回。徐輝祖趁勢大敗北軍，並斬殺了北軍大將李斌。

朱棣的這次夜襲可以用偷雞不著蝕把米來形容，不但沒有完成戰略任務，反而丟了不少士兵的性命。而更大的麻煩還在等待著他。

回到大營後，將領們長久以來積累的憤怒終於爆發了，他們一直背負著反賊的罪名，拿著自己的腦袋去拼命，雖然朱棣帶給過他們很多勝利，但隨著戰局的發展，他們也已看出，勝利似乎還很遙遠。此次出征可以說是孤注一擲，直撲京城，但現在遭遇大敗，卻連京城的郊區都還沒有看到。掉腦袋的事情，是決計不能馬虎的，至少要討個說法。於是他們紛紛向朱棣進言，要求渡河另找地方紮營（其實就是變相撤退）。

其實朱棣的心中也是七上八下，所謂直搗京城不過是個許諾而已，怎麼可能當真？何況路上有這麼多車匪路霸，要想唱著歌進城只怕是難上加難，但事情已經到了這個地步，如果後撤軍心必然大亂，無論如何都要堅持下去！

他一如既往的用堅決的語氣說道：「此戰有進無退！」然後他下令願意留在此地的站到右邊，願意渡河的站在左邊。朱棣又打起了如意算盤，一般這種類似記名投票之類的群體活動都是做做樣子，他相信誰也不敢公開和他作對，但這一次，他錯了。

將領們呼啦啦的大都站到了左邊，這下子朱棣就真沒辦法了，他十分生氣地說道：「你們自己看著辦吧！」然後坐下一個人生悶氣，在這個困難的時候，朱能站了出來，他支持了朱棣，並大聲對那些將領們說道：「請諸位堅持下去吧，當年漢高祖劉邦十戰九不勝，最終不也佔據天下了嗎，現在敵軍已經疲弊，坐困於此地，我軍勝利在望，怎麼能夠有退卻的念頭呢？」

將領們都不說話了，這倒未必是他們相信了朱能的話，而是由於張玉死後，朱能已經成為第一大將，素有威信，且軍中親信眾多，得罪了他未必有好果子吃。經過這一鬧，該出的氣也出了，該說的話也說了，反正已經上了賊船，就這麼著吧。

朱棣以一種近似感恩的眼神看著朱能，看著在這艱難時刻挺身而出支持他的人。他也曾經動搖過，但嚴酷的現實告訴他，必須堅持下去，就如同以往一樣，不管多麼困難，只要堅持下去，就一定會有希望的。

戰爭的勝負往往就決定於那「再堅持一下」的努力之中。

靈璧，最後的勝利

似乎是要配合朱棣的決心，朝廷方面不知是誰出的餿主意，說北軍即將失敗，應該把徐輝祖調回來保衛京城，於是剛剛取勝的徐輝祖又被調了回去。留在小河與朱棣對峙的只剩下了平安和何福，由於感覺此地不易防守，兩人經過商議，決定合兵到靈璧堅守。

可是屋漏偏逢連夜雨，兩人屬下士兵本來就已經疲累交加，護送糧餉的隊伍卻又被朱棣擊敗，糧餉全部被奪走，這下子可算是要了南軍的老命，飯都吃不飽，還打什麼仗。於是兩人一碰頭，決定明天突圍逃跑，為保證行動一致，他們還制定了暗號：三聲炮響。

第二天，南軍士兵正在打包袱，準備溜號，突然之間三聲炮響聲起，士兵們聽到暗號，二話不說，撒腿就跑。可他們萬萬沒有想到，這三聲炮並不是自己人放的逃跑暗號，正好相反，這是北軍的進攻信號！

原來北軍也在同一天制定了進攻暗號，而這個暗號正好也是三聲炮響！

真是命苦不能怨政府啊。

這是一個極為滑稽的場面，準備進攻的北軍正好遇到了倉皇出逃的南軍，哪裡還講什麼客氣？北軍順勢追殺，不但全殲南軍，還俘獲了平安等三十七員大將，只有何福跑得快，單人匹馬逃了回去。

朱棣的堅持終於換來了勝利，他踢開了前進路上的最後一顆絆腳石，開始向最後的目標挺進。

靈璧之戰徹底擊潰了南軍的主力，至此之後，南軍再也沒有能夠組織起像樣的反攻，在歷經千辛萬苦，戰勝無數敵人後，朱棣終於看到了勝利的曙光。

盛庸、鐵鉉、平安已成為過去，沒有人能夠阻擋我前進的步伐！

朱棣的下一個目標是揚州，此時城內的守護者是監察御史王彬，此人本想抵抗，卻被屬下出賣，揚州不戰而降。

揚州的失陷沉重的打擊了南軍的士氣，今天的我們不用看地圖，只要稍微有點地理常識，也知道揚州和南京有多遠，朱棣的靖難之戰終於到了最後階段，他只要再邁出一腳，就能夠踏入朝思暮想的京城。

坐在皇城裡的朱允炆已經慌亂到了極點，他萬萬想不到，削藩竟然會使得自己皇位不保。他六神無主，而齊泰和黃子澄此時並不在京城之中，他的智囊團只剩下了方孝孺。既然如此，也只能向這個書呆子討計策了。

方孝孺倒是胸有成竹，他不慌不忙的拿出做學問的態度，列出了幾條對策：首先派出大臣外出募兵，然後號召天下勤王，為爭取時間，要派人去找朱棣談判，表示願意割讓土地，麻痺朱棣。

朱允炆看他如此有把握，便按照他的計畫行事，希望這位書呆子能夠在最後時刻拉他一把。

後來的事實證明，方孝孺確實是一等忠臣，但卻絕對不是一等功臣。他所提出的外出募兵、號召勤王都是無法從根本上解決問題的，朱棣已經打到了門口，怎麼來得及？而所謂找朱棣談判割讓土地換取時間就更是癡人說夢了。玩弄詭計爭取時間正是朱棣的強項，哪裡會上方孝孺的當。朱棣辛辛苦苦，勤勤懇懇的造了四年反，並不是為了拿一塊土地當地主，他要的是天下所有的一切。

話雖如此，當時的大臣們還是按照方孝孺的部署去安排一切，其中最重要的與朱棣談判的任務被交給了慶成郡主。請諸位千萬不要誤從這位郡主的封號來判斷她的輩分，事實上，她是朱元璋的侄女，朱允炆的長輩，按照身分和年齡計算，她是朱棣的堂姐。

慶成郡主親自過江去和朱棣談判，朱棣熱情地接待了她，這也使得這位郡主認為朱棣是一個可以商量的人，她曉之以理，動之以情，說了一大堆兄弟骨肉不要相殘之類的話，朱棣聽得很認真，並不斷點頭稱是。

慶成郡主頓覺形勢一片大好，便停下來等待朱棣的答覆。朱棣看她已經講完，才終於開口說話，而他所說的話卻着實讓慶成郡主嚇了一跳。

朱棣用平靜的口氣說道：「我這次起兵，只是要為父皇報仇（不知仇從何來），誅滅奸臣，仿效當年的周公輔政足矣，希望皇上答應我的要求。」

然後他意味深長的看了這位堂姐一眼，接著說道：「如果不答應我的要求，我攻破城池之日，希望諸位兄弟姐妹馬上搬家，去父親的陵墓暫住，我怕到時候驚嚇了各位。」

說完後，朱棣即沉吟不語。

這是恐嚇，是赤裸裸的恐嚇！慶成郡主以難以置信的眼神看著自己的這個弟弟，原來自己剛才所說的全都是廢話，而這位好弟弟不但一意孤行，竟然還敢威脅自己，她這才明白，在這個人眼中根本沒有兄弟姐妹，在他看來，世界上只有兩種人，不是支持他的，就是反對他的。

慶成郡主不了解朱棣，也不可能了解朱棣，她根本無法想像朱棣是經歷了多少痛苦的抉擇和苦難的煎熬才走到了今天。眼看勝利就在眼前，竟然想用幾句話打發走人，簡直是白日做夢！

朱棣把他與慶成郡主的談話寫成了一封信，並交給她帶回去，表明自己的態度。

朱允炆知道了談判的結果，他終於意識到，自己所有的幻想都破滅了，他的對手沒有也不會下一道「勿傷我侄」的命令，他審視著皇宮中的一切，那些宦官宮女和大臣們仍舊對他畢恭畢敬，但他心裡明白，即使不久之後這裡換了新的主人，他們依然會這樣做的。

因為他們只是僕人，只要保證他們的利益，主人之間的更替對於他們而言實在不是一個很重要的問題。

朱允炆終於發現，所謂擁有天下的自己不過是一個孤獨的人，一個無助的人，他的一生並不是用來享受富貴和尊榮的，從他坐上皇位的那一天起，痛苦已經開始，他要防備大臣、防備藩王、防備宦官和身邊的所有人。他和他的寶座是一個公開的目標，要隨時應付外來和內在的壓力與打擊。

他要用自己的一生去守護自己的權力，一旦權力寶座被人奪走，也就同時意味著他生命的終結。因為皇帝這種稀有產品在一個統一的時代有且僅能有一個。這既是自然法則，也是社會法則。

朱允炆最大的錯誤在於他不知道，朱棣起兵靖難的那一刻其實已經決定了兩個人的命運，一個是朱棣自己，另一個就是他，造反的朱棣固然沒有回頭路，其實他也沒有。因為自古以來權力鬥爭只能有一個獲勝者，非此即彼。

事情已經到了這步田地，聽天由命吧！

一張空頭支票

朱棣在回絕了朱允炆的求和後，發動了最後的進攻，他陳兵於浦子口，準備從這裡渡江攻擊京城，而他沒有料到的是，在這最後的時刻竟然遇到了頑強的抵抗。

抵抗者是盛庸，他率領著南軍士兵作了殊死的反擊，並打敗了北軍，暫時擋住了朱棣。盛庸確實無愧於名將之稱號，他在最後關頭也沒有放棄希望，而是選擇了頑強的堅持下去。他用行動證明了自己的忠誠。雖然他並沒有把這種忠誠保持到底。

盛庸的抵抗達到了意想不到的效果，朱棣的軍隊長期征戰也已經到了強弩之末，士兵們十分疲勞，都不願意再打，希望回去休整。這一次朱棣也動搖了，因為他也看出部隊確實已經到了極限，如果再打下去可能會全軍崩潰。

如果朱棣就此退走，可能歷史就要改寫了，所謂天助有心人，當年被黃子澄的英明決策放走的無賴朱高煦帶領援軍前來助戰，這可是幫了朱棣的大忙。他十分興奮，拍著自己兒子的背深情地說道：「努力，世子身體不好！」

這個所謂世子就是他的長子朱高熾，這句話在朱高煦聽來無疑是一個傳位於他的指令。於是便使出吃奶的力氣拼命攻打盛庸，在生力軍朱高煦的全力支持下，北軍大破盛庸，之後一舉度過長江，到達了最終的目的地——京城。

朱高煦是肯定會拼命的，因為打下的江山將來全部都是自己的，自己不拼命誰拼命？不過他似乎並沒有仔細分析朱棣的話，朱棣其實只是說是世子身體不好，也沒有說要傳位給他。這句話絕就絕在看你怎麼理解，而後來的歷史事實證明，這句隱含了太多自由信息的話對於朱高煦來說只是一張空頭支票。

朱高煦是大家公認的精明人，但要論機靈程度，他還是不如他的父親，他似乎忘記了支票只有兌現才有效，而他的父親很明顯並不開銀行，卻是以搶銀行起家的，這樣的一個人開出的支票如果能夠兌現，那才是怪事。

無論後來如何，至少此時的朱棣達到了他的目的，順利的過了江。下一步就是進城了，可這最後的一步並不那麼容易，我們前面說過，當時的京城是由富商沈萬三贊助與明朝政府一同修建的，城牆都是用花崗石混合糯米石灰砌成，十分堅固。而城內還有十餘萬軍隊，要想攻下談何容易！

城內的朱允炆也認識到了這一點，所以他拒絕了逃往南方的決定，聽從了方孝孺的建議，堅守城池。這位方孝孺實在是個硬漢，當朱允炆怕守不住，向他詢問如果城池失守該當如何時，他竟然說道：「即使守不住城池，皇帝陛下為江山社稷而死，是理所應當的事！」

方孝孺雖是書生，一生未經刀兵，但大難臨頭卻有錚錚傲骨，可佩！可歎！

話雖如此，但當時京城的堅固防禦也是方孝孺敢說硬話的原因之一，朱棣連濟南都攻不下，何況京城？

可是方孝孺並不懂得，這個世界上最堅固的堡壘往往都是從內部被攻破的。朱棣也不是傻瓜，他敢於率軍圍城，自然有破城的方法，而且這個方法十分有效。

朱棣的攻城法就是他的間諜，現在是時候介紹他的兩位高級間諜了，這兩個人負責鎮守京城的金川門，一個是谷王朱橞，另一個是李景隆。

李景隆與朱棣自幼相識，後雖交戰，但李景隆頗有點公私分明的精神，不管打得多厲害，並不影響他和朱棣的感情。而且從他那糟糕的指揮來看，他也算是朱棣奪得天下的功臣。

雖然李景隆打過很多敗仗，被人罵作草包飯桶，但畢竟在氣節上沒有什麼問題。而其後來私通朱棣的行為卻給他戴上了一頂新的帽子——「內奸」。如果把靖難比作一場足球賽，李景隆原先的行為可以被認為是一個蹩腳的後衛踢進了烏龍球，而在他決定出賣自己的主人後，他就變成了一個打假球的人。

至此，李景隆終於解下了自己的所有偽裝，他不但不要臉，連面具也不要了。此後他在朱棣的統治下繼續苟延殘喘的活著，綜合看來，他的一生是草包的一生，無恥的一生，如果李文忠知道自己生出了這樣的兒子，可能會再氣死一次。

無恥的李景隆無恥的活了下去，並不奇怪，因為這正是他的生活方式。

在這兩個內奸的幫助下，朱棣的軍隊攻入了京城，江山易主。

三十一 殉國、疑團、殘暴、軟弱

氣節

所謂氣節這樣東西，平日被很多人掛在嘴邊，也經常被當作大棒來打別人，但真正的氣節總是在危急關頭表現出來的。而在這種時候，堅持氣節的下場往往不會是鮮花和掌聲。只有那些真正的英雄，才能在面對屠刀時表現出自己的氣節。

這種氣節才是真正的勇氣。

朱允炆呆坐在宮中，他並非對這一天的到來毫無預料，但當它終於來臨的時候，還是顯得那麼殘酷，皇帝做不成了，老百姓也做不成了。走上了這條路，真的不能回頭了。

而此時他身邊的謀臣已然不見蹤影，那些平日高談闊論的書呆子終於明白理論和實際是有差距的。在這最後的時刻，連齊泰和黃子澄也不見蹤影。朱允炆徹底懂得了什麼叫做眾叛親離，他憤怒的對著空曠的大殿喊道：「是你們這些人給我出的主意，事到臨頭卻各自逃命！」但此時他的怒喝不會再有群臣的回應了，回應他的只有深邃大殿的回聲。

到這個時候，無論斥責誰都已經沒有意義了，他回望著這座宮殿，在這裡他度過了自己的童年，這是一個人人嚮往尊崇的地方，生在帝王之家，何等顯耀、何等榮光！

這裡的一草一木他都非常熟悉，但身為皇子，他卻對此地並無好感，作為皇位的繼承人，他一直以來都承擔著太多太大的壓力。在他看來，這裡的每一個人都是怪物，他們不顧一切，使用各種陰謀手段，坑害、誣衊、殘害他人，只是為了一個目標——權力。

難道頂峰的風景就真的那麼好嗎？朱允炆苦笑，他深有體會，高處不勝寒啊，但是富有戲劇性的是，似乎每個人都知道這句話的含義，但每個人都不理會它。他們仍然不斷地向著頂峰爬去。

燒掉這座宮殿吧，把它徹底毀掉！

朱允炆的抱怨和憤怒是有道理的，但他卻低估了他的那些謀臣們的氣節，齊泰和黃子澄以及許許多多的人沒有逃跑，他們正在以一己之力挽救朝廷的危亡。

齊泰在廣德募兵，黃子澄在蘇州募兵，練子寧、黃觀在杭州募兵。這些書呆子們的行動雖然並不能真正挽救國家，但他們畢竟盡到了自己的努力，兌現了自己的諾言，所以在今天，我們可以說，他們是一群勇敢，有氣節的人。

齊泰和黃子澄先後被抓，並被處死，寧死不屈。

黃觀，我們之前提到過這個人，他就是明朝的另一個連中三元者，當時他的職務是右侍中。他的募兵沒有多大效果，但在聽到京城即將不保的消息後，他仍然堅持要到京城去，雖然他也明白這一去必無生理。但對於他而言，履行諾言，盡到職責的意義要遠遠大於苟且偷生。

當他走到安慶時，消息傳來：京城淪陷了，新皇帝已經登基。黃觀明白大勢已去，但他卻沒有人們想像中的慌張，只是哀歎痛哭道：「我的妻子是有氣節的人，她一定已經死了。」

之後他為妻子招魂，辦理完必要的儀式，便坐船沿江而下。到羅剎磯時，他穿戴整齊，向東而拜，投江自盡。

黃觀沒有說錯，他的妻子在他之前已經帶著兩個女兒和十個親屬在淮清橋上投江而死。無論如何，他們夫婦最終還是團圓了。

黃觀作為朱允炆的親信和殉節者，遭到了朱棣的妒恨，他把黃觀的名字從登科榜上劃去，於是明朝的歷史上只留下了一位連中三元者的記載。雖然之前我們曾經提到過這件事情，但在此我還是要為這位勇敢的人再次正名：

黃觀，洪武年間連中三元，其登科名為篡權者朱棣劃去，盡忠而死。

我相信，真相是永遠無法掩蓋的。

有氣節的人並不只有以上的這幾個人，與齊泰一同在廣德募兵的翰林修撰黃岩、王叔英在聽到齊泰被抓的消息後，知道大勢已去，便沐浴更衣，寫下了他們人生最後的遺言：

生即已矣，未有補於當時；

死亦徒然，庶無慚於後世！

然後他們雙雙自盡而死。對於這兩位書生而言，他們已經做得夠多了，誠如他們的遺言所述，他們一生光明磊落，無愧於後世。

事實證明，氣節絕不只屬於那些士大夫們，普通人也有氣節。

台州的一位樵夫就是一個有氣節的人，他是一個沒有在歷史上留下自己名字的人，這也很正常，因為在當時，他只不過是一個普通人，每天上山砍柴，然後挑到城裡去賣。他賣柴從不開二價，也從不騙人。很多人買他的柴，但無論從哪個角度來看，他都不應該與靖難扯上什麼關係。然而他這樣的一個人卻在聽說京城陷落後，投東湖而死。

也許有人會覺得他很傻，無論哪個皇帝登基，你不是照樣砍你的柴，過你的日子，但我卻認為他的行為已經告訴了我們，公道自在人心。

他雖是一個普通的樵夫，卻心繫天下，作為一個普通人，他沒有辦法去表達自己的憤怒和抗議，投湖自盡就是他唯一的表達方式。

普通人也可以成為英雄的，只要你有勇氣。

除去文人和老百姓外，一位武將也表現出了他的忠誠，此人是盛庸手下的大將張倫，在盛庸兵敗投降後，北軍也希望招降他，張倫笑著說道：「你覺得我是一個會出賣自己的人嗎？」

說完毅然赴死。

張倫是一個不起眼的將領，我們之前也並沒有提到過他，他雖然沒有什麼戰功，卻是一個了不起的人，與之相反的事，如盛庸、平安這些職業武將卻全部投降了朱棣。

盛庸、平安身負大才，素有謀略，歷經百戰，卻反而不如自己的部下和一個普通的樵夫！誠然可歎。

疑團

朱允炆當然並不知道臣下的這些義舉，他燒毀了自己的宮殿，然後不知所終，於是歷史上最大的疑團之一誕生了。但其實這個疑團並不是由朱允炆的失蹤開始的，早在朱棣攻入京城時，北軍就接到了一個奇怪的命令，即不入皇城，而是退守龍江驛。很明顯，朱棣並不想背上殺掉自己侄子的罪名，他圍困皇城，給朱允炆自絕或是讓位的時間。

但朱允炆的選擇卻出乎他的意料，燒毀宮殿說明朱允炆並不想讓位，但這位有幾分骨氣的侄子卻也沒有自殺，因為在入宮後，朱棣並沒有找到朱允炆的屍體。既不退位，也不自殺，那就只剩下逃跑了。

朱允炆的下落從此成了千古之謎，此事後來引起了巨大的反響和連鎖效應，而朱允炆的逃走本身就如同一部偵探小說，我們將在後面對此進行詳細地分析，這裡暫不詳述。

暴行

朱棣終於坐上了他的寶座，他認為這是自己當之無愧的，因為他為之已經付出了太多太多。多少次命懸一線，多少次功敗垂成，才換來了今天的勝利和成功。

而在短時間的興奮後，朱棣立刻意識到，他有更重要的事情要做，那就是清除那些反對他坐上皇帝寶座的人。於是歷史上一幕罕見的暴行開演了。

朱棣首先找到的是方孝孺，他知道方孝孺名滿天下，而且道衍早在他攻下京城之前就對他說過：「殿下攻下京城後，方孝孺一定不會投降，但你一定不能殺他！如果殺了他，天下的讀書種子就會絕了！」

有這位軍師的警告，朱棣自然不敢怠慢，他預料到方孝孺一定不會輕易投降，但他也不會想到事情居然會演變成一次破歷史紀錄的慘劇。

朱棣在大殿接見了方孝孺，他希望方孝孺能夠為他起草詔書，其實所謂起草詔書找其他人也可以，但如果是方孝孺親自寫的，能夠起到安撫天下人心等更好的作用。所以這份詔書非要方孝孺寫不可。

但朱棣絕不會想到，方孝孺應召而來，並不是給他寫詔書的，而是拿出了言官的本領，要和朱棣來一場繼位權的法律辯論。

方孝孺哭著進了大殿，不理朱棣，也不行禮，朱棣十分尷尬，勸說道：「先生不要這樣了，我不過是仿照周公輔政而已啊。」

這句話激起了方孝孺的憤怒，他應聲問道：「成王在哪裡？」

「自焚死了。」

「成王的兒子呢？」

「國家要年長的君主。」

「那成王的弟弟呢？」

「這是我的家事。」

社會青年朱棣終於領教了最佳辯論手兼繼承法專家方孝孺的厲害，他沒有那麼多的耐心，讓人拿出了紙和筆給方孝孺，逼他寫。

方孝孺不寫。

繼續強逼。

方孝孺寫下「燕賊篡位」四字。

朱棣已經憤怒得喪失了理智。

「你不寫，不怕我滅你九族嗎？」

「誅我十族又如何！」

實事求是地看，方孝孺說這句話並不一定真想讓朱棣去誅滅自己的九族，然而他卻不了解朱棣，朱棣不是那種口口聲聲威脅說不讓你看到明天的太陽之類的話的人，但他卻可以保證明年的太陽一定會照在你的墳頭。

而且他十分精通暴力法則，並且會在適當的時候使用它，至少他的使用技巧已經超過了當年的陳友諒，因為他懂得一條重要準則：

暴力不能解決一切，卻可以解決你。

他讓人把方孝孺拉了出去。

方孝孺的最終結局是：凌遲，滅十族。

歷史上從來只有九族，但人類又一次展現了他驚人的的創造力。那多出來的一族要感謝朱棣的發明創造，他為了湊數，在屠殺的目錄中加入了方孝孺的朋友和學生。

方孝孺是一個敢於反抗強暴的人，他雖然死得很慘，卻很有價值，他的行為應該成為讀書人的楷模，為我們所懷念。

從犯罪心理學的角度來分析，殺人犯在殘殺第一個人時是最困難的，但只要開了先例，殺下去是很容易的。

於是，朱棣開始了他的屠殺。

由於下面的內容過於血腥殘暴，我將盡量用簡短文言表達，心理承受能力差者可以免觀。

鐵鉉，割耳鼻後煮熟，塞入其本人口中，朱棣問：「甘否？」鐵鉉答：「忠臣孝子之肉，有何不甘！」凌遲，殺其子。

黃子澄，凌遲，滅三族；

齊秦，凌遲，滅三族；

練子寧，凌遲，滅族；

卓敬，凌遲，滅族；

陳迪，凌遲，殺其子。

此外，鐵鉉妻、女，方孝孺女，齊泰妻，黃子澄妹沒入教坊司為妓女。

無言以對，無言可評。

軟弱

很多人在讀到這裡時，經常會發出朱棣是變態殺人狂之類的感歎，但事實可能並非如此。如我們前面所說，朱棣是一個有兩張面孔的人，他的殘暴只是對準那些反對他的人，而這些屠殺反對者的暴行並不能說明他的強大，恰恰相反，卻說明了他的心虛。

古羅馬的凱撒在得知自己的妻子與一個政治家通姦後，並未發作，雖然以他的權勢地位完全可以懲處那個人。他與自己的妻子離了婚，並在後來重用了那個與他妻子通姦的人。

凱撒並不是傻瓜，也不是武大郎，他是一個有著很強的權利欲望的人，他之所以能夠不理會自己妻子的背叛行為，是因為他對自己的地位和威望有著極強的自信，他胸懷天下，相信屬於他的東西始終是他的。

是的，從歷史中我們可以知道，寬容從來都不是軟弱。

朱棣是一個軟弱的人，由於他的皇位來源不正，他日夜都擔心有另一個人會仿效他奪走自己的位置，他也畏懼那些街頭巷尾的議論，所以他不斷的屠殺那些反對者，修改了歷史。但事實證明反對者是始終存在著的，而歷史也留下了他殘暴的印記。

越過那歷史的迷霧，我們看到的並不是一個強大自信朱棣，相反，在那光輝的寶座上，坐著的是一個面色蒼白的中年人，用警惕的眼光看著周圍的人，並不斷地對他們說：

「這是我的寶座，你們不要過來。」

我相信這就是歷史的真相。

事情終於告一段落了，朱棣一如既往地陷入了沉思之中，經歷了如此的風雨波折，沒有人知道他此刻在想什麼。一般在這個時候，沒有人敢打擾他，但朱能例外，他戰功顯赫，是朱棣的頭號親信。為了報告搜捕建文餘黨的消息，他如往常一樣走到朱棣的身邊，開口打斷了沉默：

「殿下，……」

朱棣的頭猛地抬了起來，用一種極其陰冷的眼光注視著朱能。

朱能畏懼了，那可怕的目光讓他不寒而慄，即使戰場上的拼殺也從未讓他如此膽寒，他知道自己犯了一個嚴重的錯誤，於是他改正了這個錯誤。

「皇上！」

尾聲

朱棣終於還是走入了代表最高權力的大殿，這個大殿他並不陌生，以前他經常來磕頭朝拜，或是上貢祈憐。但這次不同了，他已經成為了這裏的主人。他正坐在皇帝的寶座上，俯視著群臣。雖然這個位置不久之前還屬於他的侄子朱允炆，雖然他的即位無論從法律的實體性和程序性上來說都不正常，但有一條規則卻可以保證他合理但不合法的佔據這個地位。

這條規則的名字叫做成王敗寇。

朱棣終於勝利了，他接受著群臣的朝拜，這是他應得的，他付出了努力，現在是得到回報的時候了。父親的身影似乎又在眼前浮現。

你雖然沒有把皇位交給我，但我還是爭取到了，憑藉我自己的努力。我會用我的行動證明我才是這個帝國最適合的繼任者。我不會讓你失望的，這個龐大的帝國將在我的手中變得更加強大！我將把你的光輝傳揚下去，讓所有的人都仰視我們，仰視我們這個偉大的國家！

大明！

明朝那些事兒・壹， 朱元璋卷／當年明月著.
-- 一版. -- 臺北市：大地，2008.02
面： 公分. --（History：27）

ISBN 978-986-7480-86-6（平裝）

856.9 96025732

明朝那些事兒（壹）朱元璋卷

HISTORY 027

作者	當年明月
發行人	吳錫清
主編	陳玟玟
出版者	大地出版社
社址	114台北市內湖區瑞光路358巷38弄36號4樓之2
劃撥帳號	50031946（戶名 大地出版社有限公司）
電話	02-26277749
傳真	02-26270895
E-mail	vastplai@ms45.hinet.net
網址	www.vasplain.com.tw
美術設計	普林特斯資訊股份有限公司
印刷者	普林特斯資訊股份有限公司
一版一刷	2008年2月
一版十刷	2010年11月

大地

定 價：250元